크라임퍼즐

2

MURDLE: VOLUME 2

문장 속에 숨겨진 범인을 찾는 두뇌 게임 100

크라임 퍼즐

Season 2

G. T. Karber 지음 | 박나림 옮김

중앙books

사건을 해결하는 방법

《크라임 퍼즐 시즌 2》는 세계 최고의 명탐정, 논리탐정 로지코의 사건 파일을 펴낸 공식 기록입니다. 다른 범죄 해결 기록들과 달리, 크라임 퍼즐은 읽어야 할 이야기가 아니라 풀어야 할 퍼즐입니다. 이 사건들은 날카로운 연필과 날카로운 정신으로 풀 수 있습니다.

논리탐정 로지코가 추리대학 3학년 때 해결한 첫 사건을 복기하면서 직접 확인해 보세요. 당시 학생회장이 살해된 채 발견되었고, 조사를 통해 로지코는 세 사람 중 하나가 범인이라는 확신이 들었습니다.

용의자

허니 시장

깊이 묻힌 비밀들을 알고,
언제나 표를 얻어내는 사람.

183cm / 왼손잡이 / 녹갈색 눈 / 밝은 갈색 머리

글라우 학장

추리대학 무슨 학부의 학장.
하는 일이라면, 일단 돈을 다루고….

168cm / 오른손잡이 / 밝은 갈색 눈 / 밝은 갈색 머리

루스카니 총장

추리대학 총장으로서, 부유층 부모들이 자식들의
논리학 학위에 기꺼이 들일 돈의 액수를 정확하게 추리해 냈다.

165cm / 왼손잡이 / 녹색 눈 / 금발

그리고 학생탐정 로지코는 세 용의자가 각각 다음 장소 중 하나에 있었고 무기를 하나씩만 가졌던 것도 알아냈습니다.

장소

경기장	서점	구본관
실외	실내	실내
돈으로 살 수 있는 최고급 가짜 잔디가 바닥에 깔린 곳.	교내에서 돈을 제일 잘 버는 곳. 교재 두 권에 500달러라는 문구가 걸려 있다.	교내 최초의 건물이자 관리 상태가 최악인 곳. 벽에서 페인트가 벗겨질 정도다!

무기

날카로운 연필	무거운 백팩	학위복 술끈
가벼움	무거움	가벼움
당시에는 진짜 납이 들어 있었다. 찔리면 납 중독으로 죽을 수 있다.	드디어 그 많은 논리학 교재들의 실용성을 찾았다(그것은 바로 둔기).	이 끈에 목이 졸려 죽는 것도 학계의 큰 영광이 아닐까?

로지코는 장소와 무기의 설명만으로 누군가를 추측할 수 없다는 것을 압니다! 시장이 무거운 백팩을 메기도 하고, 교수들이 경기장에 가기도 합니다. 누가 어디에서 무엇을 가지고 있었는지 알아내려면 단서와 증거를 살펴야 합니다.

아래 사실들은 로지코가 조사한 단서들입니다.

▶경기장에는 오른손잡이가 있었다.

▶날카로운 연필을 가진 용의자는 구본관에 있는 사람을 싫어한다.

▶학위복 술끈을 가진 용의자는 눈이 아름다운 녹갈색이다.

▶글라우 학장은 논리학 교재를 여러 권 가지고 다닌다.

▶시체 옆에서 벗겨진 페인트가 발견되었다.

마지막으로, 로지코는 탐정 노트를 꺼내 표를 그리고 각 열과 행에 용의자, 무기, 장소를 나타내는 그림을 붙였습니다. 장소는 옆과 아래에 한 번씩 해서 도합 두 번 나왔기 때문에 모든 칸이 고유한 쌍에 대응됩니다.

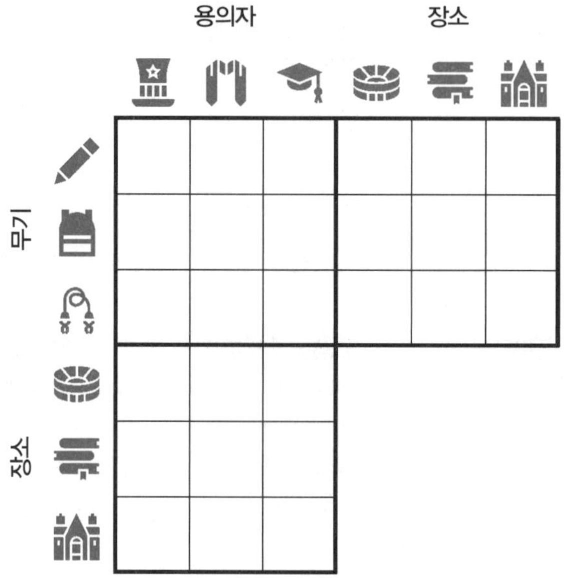

이 방법은 추리대학에서 가르치는 강력한 기법입니다. 생각을 정리하고 결론을 알아내는 데 유용하죠. 사실 전까지는 이 표가 살인 사건을 해결하는 데 쓰인 적이 없었습니다. 추리대학에서는 순수하게 추상적인 영역에만 논리를 적용합니다. 모든 X가 Y이고 모든 Y가 Z이면… 같은 식으로요. 로지코는 이 지루한 표를 새롭고, 흥미진진하고, 위험한 크라임 퍼즐로 바꿨습니다!

크라임 퍼즐을 다 그리고 나면, 로지코가 가장 좋아하는 추리의 시간입니다. 로지코는 단서를 읽고 알아낸 사실을 표시하기 시작했습니다.

▶경기장에는 오른손잡이가 있었다.

로지코의 용의자 메모에서 오른손잡이는 글라우 학장뿐입니다. 따라서 경기장에는 글라우 학장이 있었습니다. 로지코는 표에 다음과 같이 표시했습니다. 하지만 그 단서로 알 수 있는 사실은 더 있습니다.

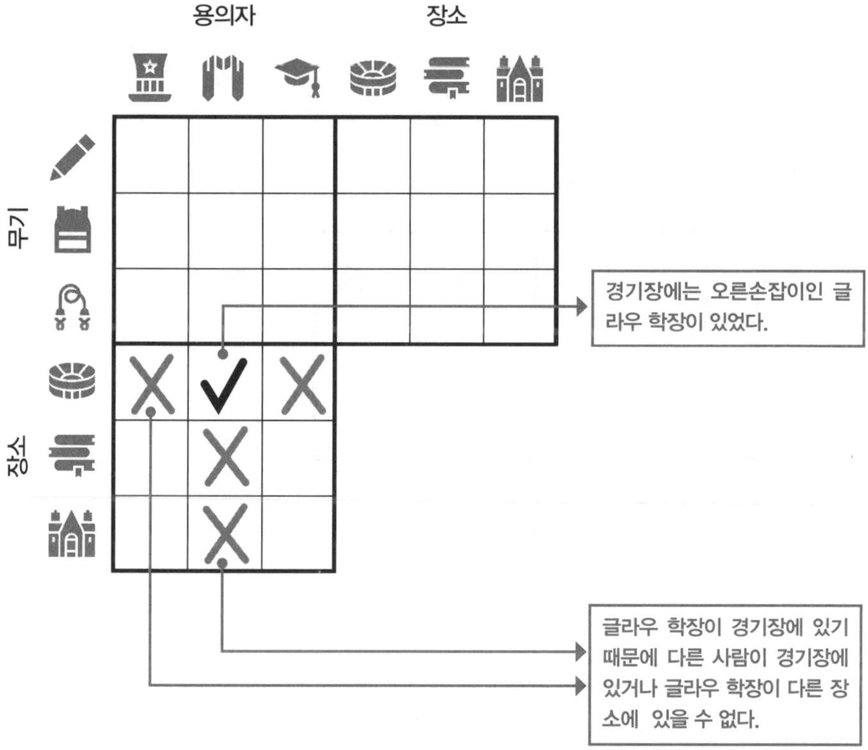

용의자
장소
무기
장소
경기장에는 오른손잡이인 글라우 학장이 있었다.
글라우 학장이 경기장에 있기 때문에 다른 사람이 경기장에 있거나 글라우 학장이 다른 장소에 있을 수 없다.

글라우 학장이 경기장에 있었다면, 서점이나 구본관에는 그가 없습니다. 사람은 한 장소에만 있을 수 있거든요. 또 한 장소에는 용의자가 한 명만 있을 수 있기 때문에 루스카니 총장이나 허니 시장은 경기장에 없었습니다. 로지코는 표에 ×를 적어서 그 사실을 표시했습니다. 원칙이 하나 나왔습니다. 어떤 사람의 장소나 무기를 알아내면 그 행과 열에서 다른 칸은 ×로 지워집니다. 로지코는 다음 단서를 확인했습니다.

▶날카로운 연필을 가진 용의자는 구본관에 있는 사람을 싫어한다.

이 단서는 사람 사이의 관계를 말하는 것처럼 보입니다. 하지만 탐정은 오직 사실에만 관심이 있습니다. 이 단서가 말하는 사실은, 날카로운 연필을 가진 사람과 구본관에 있는 사람은 동일인이 아니라는 점입니다.

따라서, 날카로운 연필은 구본관에 없었습니다. 로지코는 그 사실도 크라임 퍼즐에 기록했습니다.

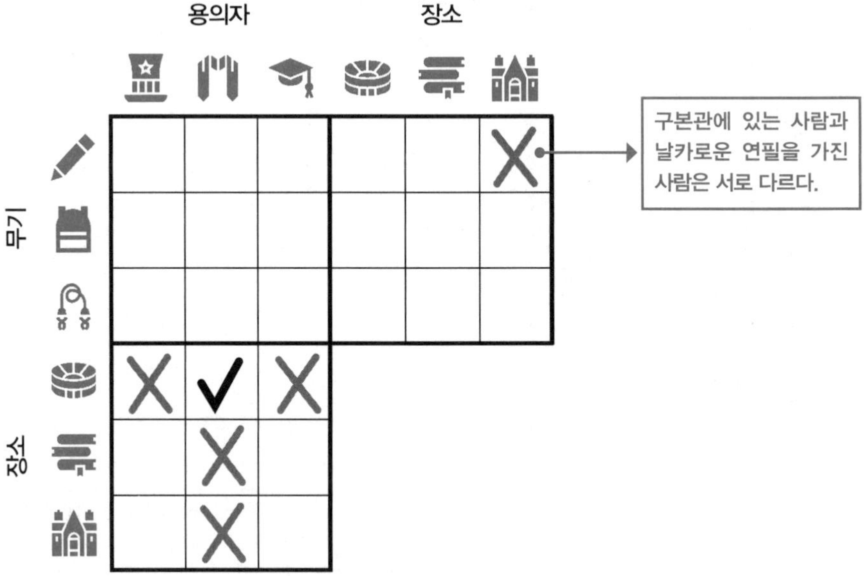

용의자
장소
무기
장소
구본관에 있는 사람과 날카로운 연필을 가진 사람은 서로 다르다.

▶학위복 술끈을 가진 용의자는 눈이 아름다운 녹갈색이다.

눈이 아름답다는 말은 무시하고 중요한 사실에 집중하면, 녹갈색 눈을 가진 사람은 허니 시장뿐입니다. 따라서 학위복 술끈은 허니 시장에게 있었습니다.

이번에도 행과 열의 나머지 칸을 전부 지웠습니다!

학위복 술끈이 허니 시장에게 있었다면, 루스카니 총장이나 글라우 학장에게는 없었을 것이기 때문입니다. 또한 각 용의자가 무기를 하나씩만 가지고 있었기 때문에, 허니 시장에게는 무거운 백팩이나 날카로운 연필이 없습니다.

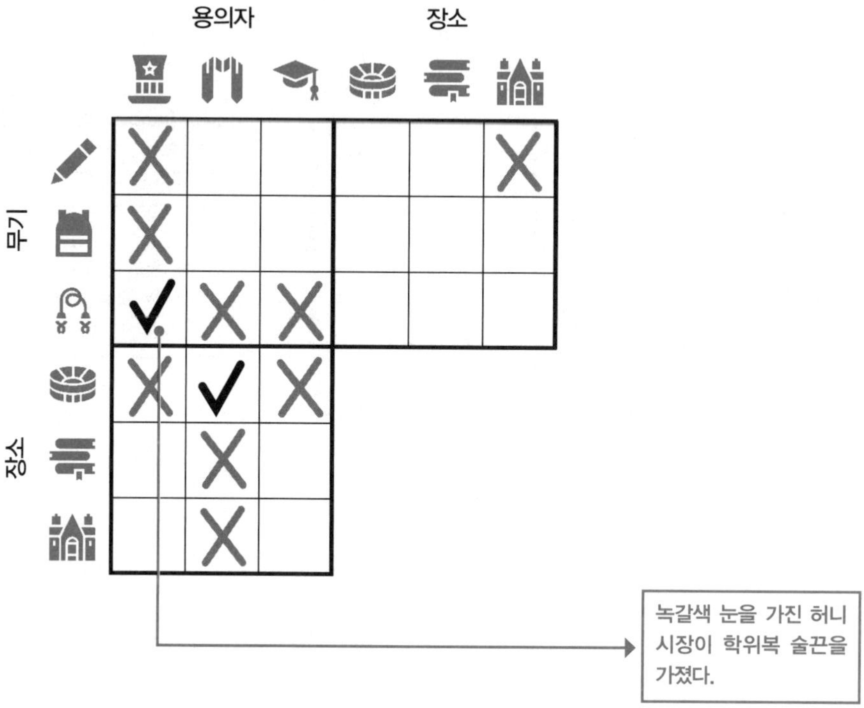
용의자
장소
무기
장소
녹갈색 눈을 가진 허니 시장이 학위복 술끈을 가졌다.

▶글라우 학장은 논리학 교재를 여러 권 가지고 다닌다.

이게 무슨 뜻일까요? 논리학 교재는 무기 목록에 없습니다. 하지만 무기 설명을 읽다 보면 무거운 백팩의 내용에 눈이 갑니다. "드디어 그 많은 논리학 교재들의 실용성을 찾았다(그것은 바로 둔기)." 글라우 학장이 논리학 교재 여러 권을 가지고 다녔다면, 당연히 무거운 백팩을 들었겠지요!

크라임 퍼즐에서는 논리를 몇 번씩 건너뛸 필요가 없습니다. 알아야 할 단서는 모두 주어졌습니다. 글라우 학장이 무거운 백팩을 안 쓰고 논리학 책을 들었을 수도 있다고요? 여기서 그런 일은 없습니다!

로지코는 글라우 학장이 무거운 백팩을 가지고 있었다고 표시한 후 그 행과 열의 나머지 칸을 ×표로 지웠습니다. 그러고 나니 웃음이 나왔습니다. 허니 시장이 학위복 술끈을, 글라우 학장이 무거운 백팩을 가지고 있었다면 날카로운 연필은 루스카니 총장에게 있을 수밖에 없습니다.

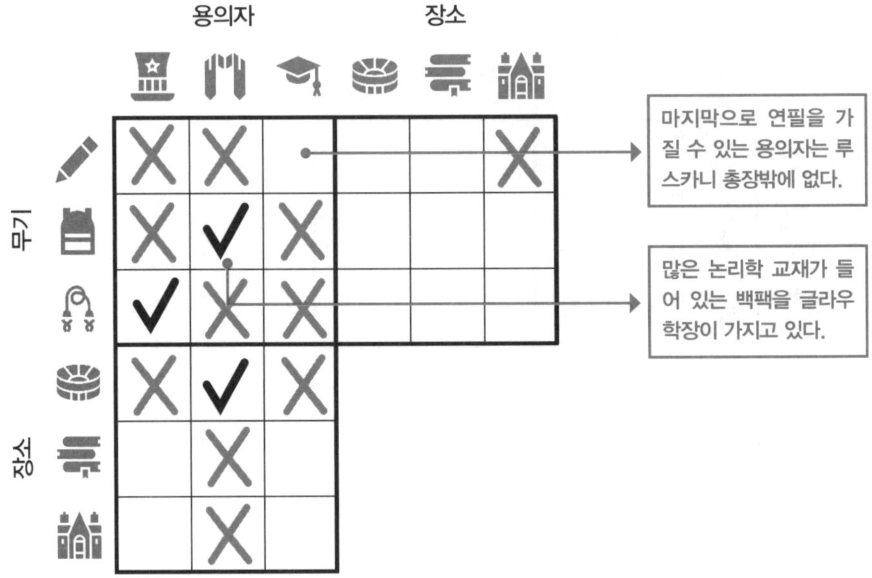
용의자
장소
무기
장소
마지막으로 연필을 가질 수 있는 용의자는 루스카니 총장밖에 없다.
많은 논리학 교재가 들어 있는 백팩을 글라우 학장이 가지고 있다.

다음 단계가 이 책의 모든 살인 사건을 해결하는 과정에서 특히 중요합니다. 루스카니 총장이 날카로운 연필을 가졌고, 날카로운 연필은 구본관에 없었으니 루스카니 총장도 구본관에 없었습니다.

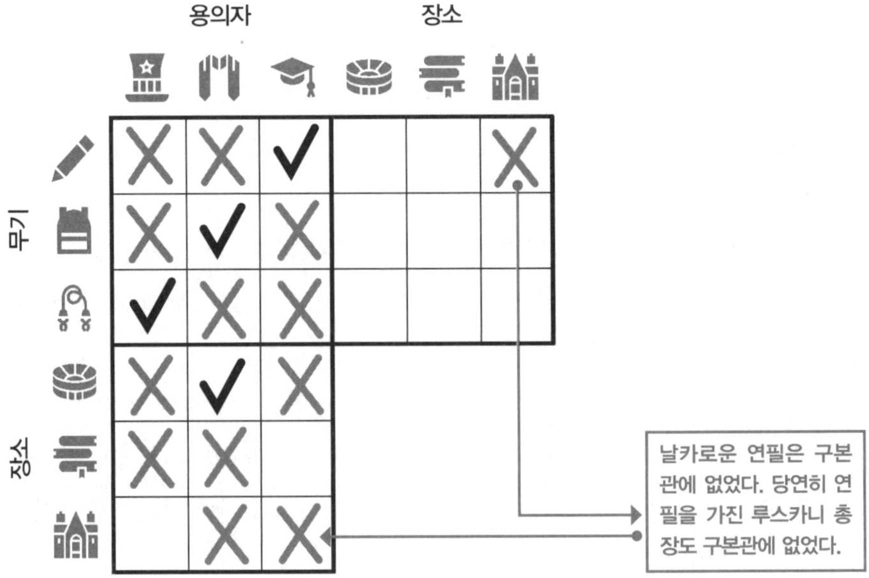
용의자
장소
무기
장소
날카로운 연필은 구본관에 없었다. 당연히 연필을 가진 루스카니 총장도 구본관에 없었다.

따라서, 루스카니 총장은 유일하게 가능한 장소인 서점에 있었고 날카로운 연필 역시 서점에 있었습니다. 로지코는 크라임 퍼즐에 그 사실을 표시하고 그 행과 열의 나머지 칸을 또 지웠습니다. 그러자 허니 시장이 구본관에 있었다는 추론이 나왔고, 그 사실 역시 표시했습니다.

허니 시장이 학위복 술끈을 가지고 구본관에 있었으니 학위복 술끈도 구본관에 있었습니다. 글라우 학장이 무거운 백팩을 들고 경기장에 있었으니 무거운 백팩도 경기장에 있었습니다.

▶시체 옆에서 벗겨진 페인트가 발견되었다.

로지코는 완성된 크라임 퍼즐을 보며 충실감을 느꼈습니다! 이제 마지막 단서만 남았군요. 마지막 단서는 특별합니다. 누가 어떤 무기를 가지고 어디에 있었는지를 알리는 내용이 아니라, 살인 사건 자체에 관한 내용입니다!

구본관 설명에 벗겨진 페인트에 관한 내용이 있으니, 이 단서는 살인 현장이 구본관임을 의미합니다. 따라서, 구본관에 있었던 허니 시장이 범인입니다.

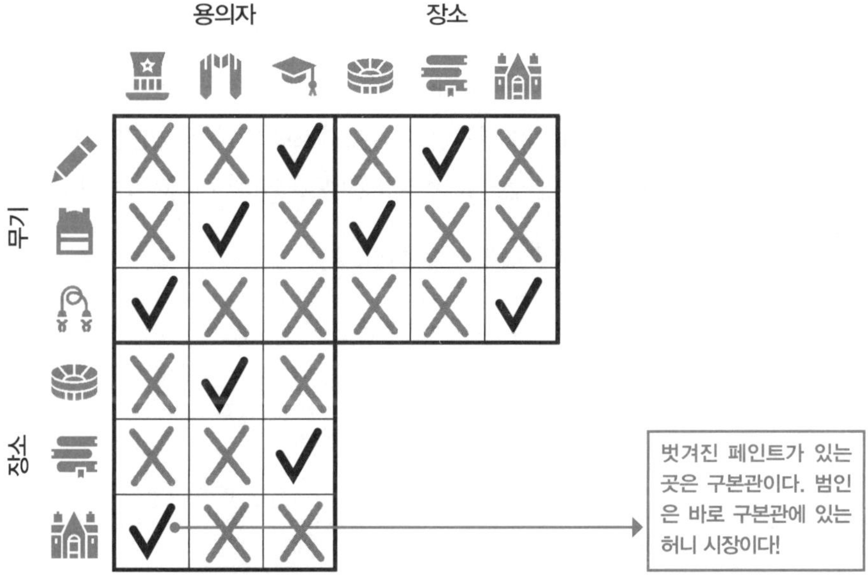
용의자
장소
무기
장소
벗겨진 페인트가 있는 곳은 구본관이다. 범인은 바로 구본관에 있는 허니 시장이다!

추리에 확신을 가진 로지코는 총장실로 당당하게 들어가 말했습니다. “허니 시장이 구본관에서 학위복 술끈으로 죽였어요!”

루스카니 총장은 로지코의 정성에 감동해서 A^+를 주었습니다. 허니 시장은 논리의 압제에 반대하는 긴 연설로 포퓰리즘 전략을 펼쳐 재선거에서 압승했습니다. 그래도 로지코는 괜찮았습니다. 중요한 것은 추리로 얻은 성과가 아니라 추리 자체였기 때문입니다.

학생탐정 로지코는 그렇게 대학에서 배운 이론을 현실의 문제에 처음 적용해 냈습니다. 졸업 후에는 도시로 이사한 후 유일한 논리탐정으로 영업을 시작했습니다.

이 책에는 논리탐정 로지코가 크라임 퍼즐을 이용해서 해결해야 할 100가지 사건이 들어 있습니다. 암호 해독도 하고, 목격자 진술도 점검하고, 수많은 비밀을 알아내야 합니다. 앞으로 나아갈수록 수수께끼는 더욱 깊어지고, 추리도 힘들어집니다. 추리에도 다양한 면이 있기 때문에 새로운 기법을 배우고 개척할 여지도 항상 있습니다.

사건을 해결했다면 사건 해결에 걸린 시간을 기록하거나 성공했는지를 표시해 보세요. 진행이 막혀도 좌절하지 마세요! 책의 뒤쪽에 ‘힌트’가 준비되어 있습니다. 범인을 지목할 준비가 되면 좀 더 뒤에 있는 ‘사건 해결’을 확인하세요. 사건을 해결할 때마다 더 큰 이야기가 펼쳐집니다. 조심스럽게 읽어가며 전진하세요. 그리고 논리탐정은 논리만으로 모든 사건을 해결할 수 있다는 점을 기억하세요.

탐정 여러분의 행운을 빕니다!

차례

논리탐정 로지코가 길고 힘든 밤을 보내고 돌아와 보니 문에 암호 쪽지가 붙어 있었습니다. 로지코는 그 암호를 풀 수가 없어서 신비탐정 이라티노에게 도움을 청했습니다. 이라티노는 그 쪽지가 오컬트 주문이라고 주장했습니다. 다행히 로지코는 지나가던 탐정의 조언을 받았고, 마침내 메시지를 전부 해독했습니다.

> 로지코,
> 바이올렛 제도의 저희 가문 저택에서 열리는
> 옛 드라코니언 축일 파티에 초대합니다.
> 이곳은 밤을 먹는 자나 붉은 정부로부터 안전하지만,
> 그래도 문제는 있답니다. 탐정님의 도움이 필요합니다.
> 서둘러 주세요!

이라티노는 동행인 추가에 관한 내용이 없어서 실망했습니다.
“어두운 비밀을 밝히는 일이라면 정말 돕고 싶은데요.”
로지코가 말했습니다. “어두운 비밀이요? 그런 말은 없었는데요.”
“어두운 비밀이야 당연히 있지요. 항상 있기 마련이니까.”
당신은 이번 단계의 25개 사건을 풀어낼 수 있을까요? 생각이 막히면 언제든지 뒤쪽의 힌트를 확인해보세요. 만약 문제가 너무 쉬운 것 같으면 또 다른 미스터리도 해결해보세요. 당신은 로지코보다 빨리 바이올렛 제도의 비밀을 알아낼 수 있을까요?

추리의 기본

자료 A

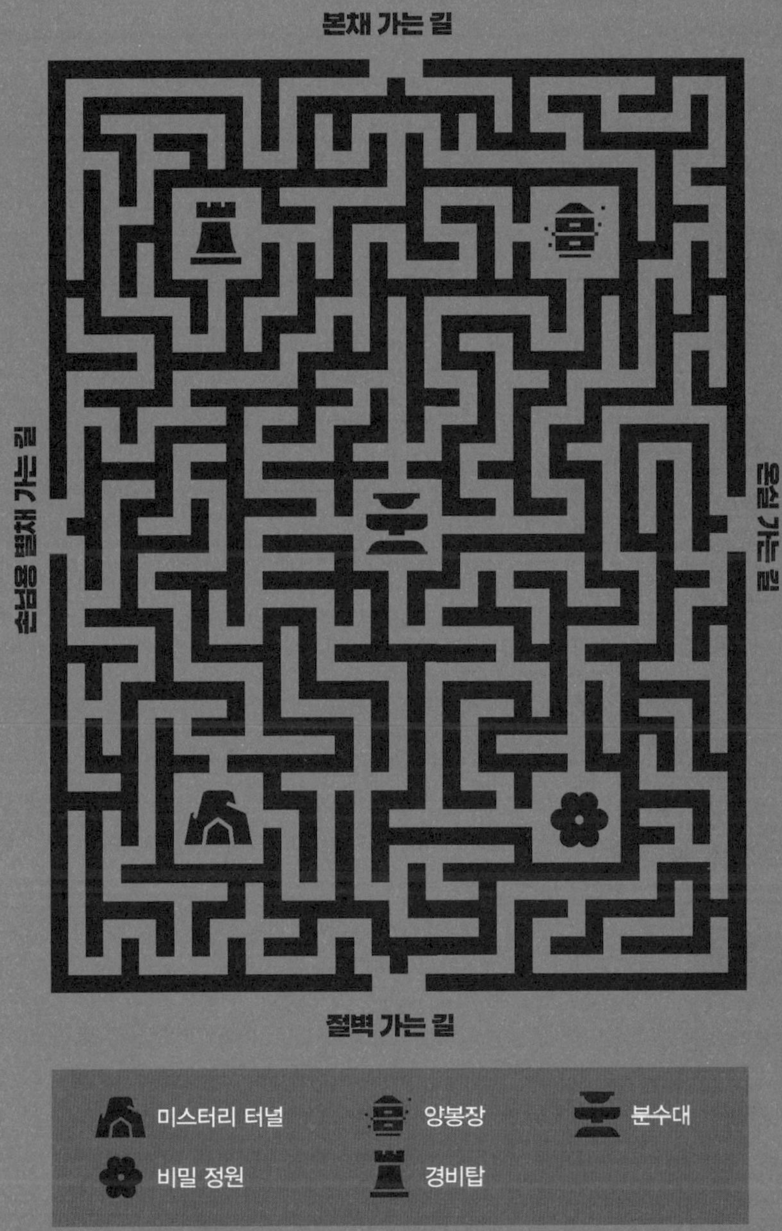

바이올렛 섬 정원 미로 지도

1 | 탐정 클럽의 살인자

로지코는 축일 기간 내내 열리는 여러 파티에 참가하러 가기 전에 친구들에게 좋은 소식을 전하려고 탐정 클럽에 들렀습니다. 아쉽게도 그곳에서는 나쁜 소식이 기다리고 있었습니다. 클럽 회장(이제는 전 회장)이 살해된 것입니다! 범인은 누구일까요?

용의자

미스 사프론

미스 사프론은 귀족으로 분류되지만,
그냥 갑부라고 말하는 편이 더 정확하다.

157cm / 왼손잡이 / 녹갈색 눈 / 금발

커피 장군

탐정 클럽 본부에 커피 바가 생긴 후로 매일 와서 시간을 보낸다.

183cm / 오른손잡이 / 갈색 눈 / 대머리

그랜드마스터 로즈

체스도 미스터리의 일종이니까 그랜드마스터 로즈가 탐정 클럽 본부에
있는 것도 당연하다(상대의 첫수는 1. g4: 그롭 오프닝).

170cm / 왼손잡이 / 갈색 눈 / 갈색 머리

장소

탐정 키트 보관실	옥상 전망대	음모론 회의실
실내	**실외**	**실내**
회원 카드를 찍는 인쇄기 옆에 페도라 모양 배지가 쌓여 있다. 당신도 지금 바로 가입하세요!	입구와 비둘기들을 지켜볼 수 있는 곳.	코르크 판으로 된 벽에 빨간 줄로 연결한 신문 기사들이 가득하다.

무기

《크라임 퍼즐》
보통 무게
《크라임 퍼즐》 시리즈의 첫 권. 선물로도 좋고, 무기로는 더 좋다.

돋보기
보통 무게
단서를 찾거나 작은 불을 낼 수 있다. 두 가지를 동시에 할 수도 있다!

붉은 청어
보통 무게
꼬리를 잡으면 꽤 강하게 휘두를 수 있다.

단서

- ▶커피 장군은 인쇄기로 〈콩과 총에 관하여〉라는 선언문을 찍는 중이었다.
- ▶그랜드마스터 로즈는 높은 곳을 무서워하기 때문에 옥상에는 간 적이 없다.
- ▶이 시리즈의 첫 번째 책은 음모론 회의실에 없었다.
- ▶미스 사프론이 돋보기를 가지고 있었다.
- ▶**이 살인에서는 비릿한 냄새가 난다. 범인이 물고기인 걸까?**

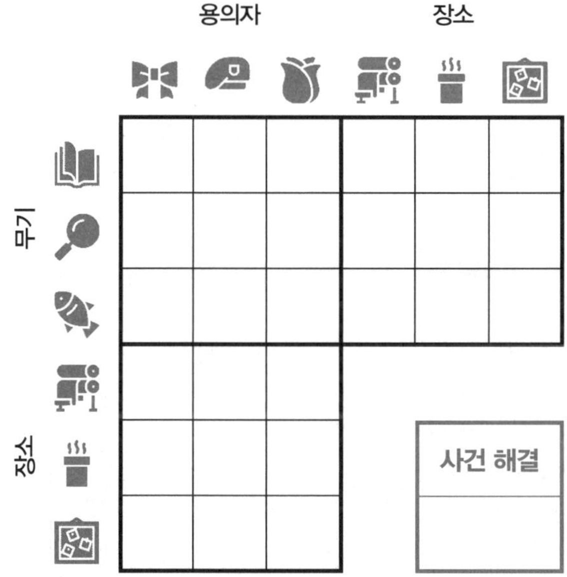

누가?

무엇으로?

어디에서?

2 | 비행선에서의 삶과 죽음

장거리 여행에서 가장 빠른 길은 하늘이라는 말이 있습니다. 그 말을 한 사람은 드라코니아까지 비행선을 타고 간 적이 없는 게 분명합니다. 다행히도 논리탐정 로지코는 조종사 살인 사건을 해결하면서 지루함을 달랠 수 있었습니다.

용의자

슬레이트 대위

우주비행사. 달의 뒷면을 탐험한 최초의 여성이자, 우주선 부조종사 살인 혐의를 받은 최초의 인물.

165cm / 왼손잡이 / 갈색 눈 / 갈색 머리

화이트 대표

세력을 되찾으려는 귀족들의 정당인 왕당파 레지스탕스에서 적절한 절차에 따라 선출된 대표. 인장 반지를 끼었다.

178cm / 오른손잡이 / 회색 눈 / 백발

크림슨 원장

원장은 인종과 사상에 관계없이 누구나 의료 혜택을 받아야 한다고 생각한다. 물론 돈만 충분하다면.

175cm / 왼손잡이 / 녹색 눈 / 붉은 머리

장소

객실

실내

여객기는 좌석 공간이 이렇게 넓지도 않고 승객 수만큼 낙하산을 준비해 놓지도 않는다.

화물칸

실내

캐리어가 하나같이 명품이다. 안에 든 내용물 값보다 캐리어 값이 더 비싸다.

조종실

실내

다행히도 텍코 퓨처스에서 만든 로봇 부조종사가 있다.

무기

전기 충격기	소화기	너무나 뜨거운 커피
가벼움	무거움	보통 무게
비살상용이라고 광고하지만, 모든 것은 제대로 쓰면 살상력이 있다.	머리를 내려쳐서 사람을 죽일 수 있다. 일단 불을 낸 다음 이걸 안 쓰는 방법도 있다.	일생 최고로 뜨거운 커피이자, 평생의 마지막 커피!

단서

▶크림슨 원장은 소화기를 가져온 사람에게 무언가를 팔려고 했다.

▶슬레이트 대위는 화물칸에 가지 않았다.

▶너무나 뜨거운 커피에 갈색 눈이 비쳐 보였다.

▶로봇 부조종사의 근접 센서에 소화기가 잡혔다.

▶비살상용이라고 알려진 무기가 조종사 살해에 쓰였다.

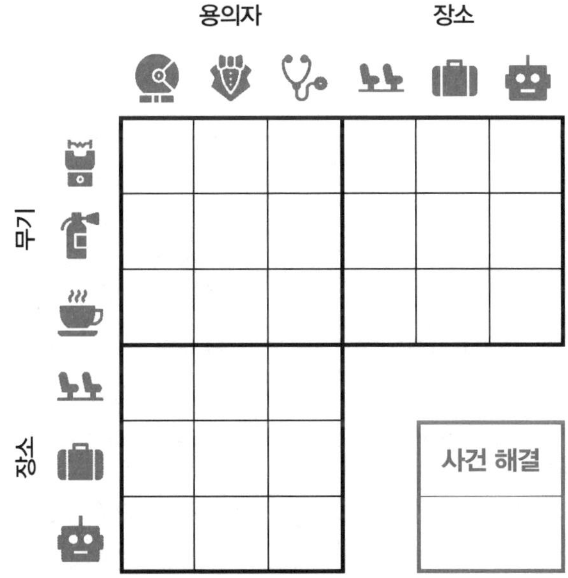

누가?

무엇으로?

어디에서?

3 | 착륙하고 보니 살인 현장

비행선이 인민도시 공항에 착륙하자, 로지코는 그곳이 고향의 공항보다 훨씬 깨끗하고 좋고 아름다운 것을 보고 놀랐습니다. 잠시 후 로지코는 마중 나온 운전사를 찾다가 경비원의 시체를 발견했습니다.

용의자

슬레이트 대위

우주비행사. 달의 뒷면을 탐험한 최초의 여성이자,
우주선 부조종사 살인 혐의를 받은 최초의 인물.

165cm / 왼손잡이 / 갈색 눈 / 갈색 머리

브론즈 운전사

레이디 바이올렛의 운전사. 이 사람도 귀족인 것을 보면
레이디 바이올렛이 얼마나 중요한 사람인지 알 수 있다.

178cm / 오른손잡이 / 갈색 눈 / 금발

차콜 두목

옛 시절의 갱 보스. 당시 갱 보스는
그래도 지금보다 의미가 있는 자리였다.

180cm / 오른손잡이 / 갈색 눈 / 검은 머리

장소

활주로
실외
정치범들이 활주해서
도망치기 좋은 곳이라고
붙인 이름이다.

수하물 수취대
실내
무사히 짐을 찾기를 비는 곳.
내 캐리어는 분실되었을까,
도난당했을까?

환전소
실내
환율이 무시무시하다.
드라코니아 달러와
미국 달러를 1대1로 바꿔 준다.

무기

벗겨진 전선	생수병	1980년대 휴대폰
가벼움	**보통 무게**	**무거움**
절대로 접촉하고 싶지 않다. 너무 짜릿하다!	얄궂은 일이지만, 이 무기가 없어도 죽는다.	1980년대 자동차 중에 이보다 가벼운 것도 있다. 지금 기준으로 보면 고대 기술이다.

단서

▶차콜 두목은 언제나 다양한 화폐를 가지고 다니기 때문에 환전소에 가지 않는다.
▶슬레이트 대위는 수상하게 목이 말라 보였다. 계속 생수병을 들고 물을 들이켰다.
▶귀족들은 예민하기 때문에 결코 벗겨진 전선 근처에 가지 않는다.
▶고대 기술의 산물이 활주로에 놓여 있었다.
▶경비원의 시체는 수하물 수취대에서 발견되었다.

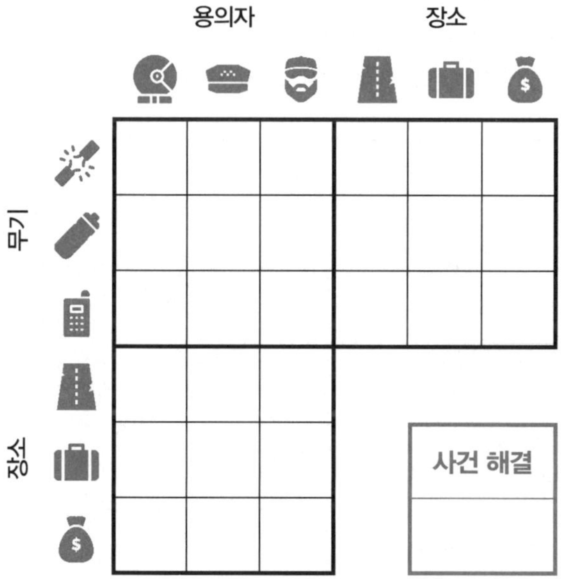

누가?

무엇으로?

어디에서?

4 | 잠긴 방의 미스터리

논리탐정 로지코는 공항 밖으로 나오기가 무섭게 자유 드라코니아 경찰에 체포되어 감옥에 끌려갔습니다. 감옥에 도착했더니 화가 잔뜩 난 군인들이 최근 체포된 죄수의 살인 사건을 해결하라고 윽박질렀습니다. 도대체 무슨 일일까요?

용의자

카퍼 경관

자유 드라코니아 정부에 고용되었기 때문에
이제는 부패 경관이 아니다(부패 공무원의 처벌은 사형).

165cm / 오른손잡이 / 파란 눈 / 금발

샴페인 동무

드라코니아에 온 후로는 남들처럼 일을 한다.

180cm / 왼손잡이 / 녹갈색 눈 / 금발

우주인 블루스키

전직 소련 우주비행사. 빨간 피가 흐른다.
물론 그게 보통이지만, 그래도 이건 애국의 상징이다.

188cm / 왼손잡이 / 갈색 눈 / 검은 머리

장소

취조실	비상 탈출구	관찰실
실내	**실외**	**실내**
벽면 전체를 차지한 거울에 불편한 의자 두 개와 탁자 하나가 비친다.	25층 창문을 가리키는 은어. 경비원들은 빨리 치워야 할 사람을 여기에서 밖으로 던진다.	양면 거울의 반대쪽. 푹신한 소파에 앉아 취조실을 볼 수 있다.

무기

커다란 붉은 책	무거운 부츠	싸구려 펜
보통 무게	**무거움**	**가벼움**
레드 소령의 저서. 지배자가 없는 세상을 논한다 (물론 저자는 예외).	휘둘러서 철제 앞코로 사람을 칠 수 있다 (발로 차면 더 좋다!).	값비싼 펜에 죽어도 충분히 억울하겠지만….

단서

▶푹신한 소파 밑에서 레드 소령의 명언–"길에서 싸우면 언제나 열 명이 한 명을 이긴다"–이 적힌 쪽지가 발견되었다.

▶가장 키 큰 용의자가 가장 값싼 펜을 쓴다는 것이 드라코니아의 상식이다.

▶샴페인 동무는 25층 창문 근처에 간 적이 없다.

▶비상 탈출구 옆에서 싸구려 펜이 발견되었거나, 그게 아니면 카퍼 경관이 커다란 붉은 책을 가지고 있었다.

▶죄수는 무거운 부츠로 살해되었다(아마도 발길질에).

누가?

무엇으로?

어디에서?

5 | 얕은 바다에서의 죽음

논리탐정 로지코는 감옥에서 나온 후, 레이디 바이올렛의 다른 손님들과 함께 연락선을 타고 붉은 만을 건넜습니다. 안개 속에서 바이올렛 저택의 윤곽이 보이기 시작하자 모두가 그 모습을 보며 불길한 예감에 휩싸였습니다. 이미 죽은 한 명만 빼고요.

용의자

네이비 제독

네이비 제독의 맏아들인 네이비 제독의 맏아들.

175cm / 오른손잡이 / 파란 눈 / 갈색 머리

버밀리온 공작부인

크고 오래된 비밀을 간직한 키 크고 나이 많은 여성.
만약 살인자라면, 이번이 처음은 아닐 것이다.

175cm / 왼손잡이 / 회색 눈 / 백발

미드나이트 삼촌

아버지가 사망하자 사막에 수영장 딸린 저택을 사서 은퇴했다.
당시 나이가 17세였다.

173cm / 왼손잡이 / 파란 눈 / 갈색 머리

장소

선외	**선장실**	**갑판**
실외	**실내**	**실외**
여기서는 상어에게도 죽을 수 있다.	선장이 로지코에게 옛 전설을 말해 준 곳. 전설의 바이올렛 경은 가장 좋아하는 집사를 살해한 범인을 죽여 복수했다.	바다를 내려다볼 수 있다. 너무 멀리 보면 누군가에게 밀려 떨어질 수 있으니 조심.

무기

구명대
보통 무게
이걸로 죽는 것도
참 아이러니겠지.

다이아몬드 목걸이
가벼움
이 책 전체에서
가장 비싼 무기일 것이다.
다이아몬드 하나가 빠져 있다!

물고기 뼈
가벼움
역사상 가장 많은 사람의
숨을 막히게 한 물건.

단서

▶갑판을 샅샅이 수색해 보아도 다이아몬드는 발견되지 않았다.
▶상어 옆에서 아이러니한 무기가 발견되었다.
▶갑판에 있던 용의자는 17세에 은퇴했다.
▶버밀리온 공작부인은 구명대를 가져온 사람에게 매력을 느꼈다.
▶죽은 승객은 로지코가 전설을 들은 장소에서 발견되었다.

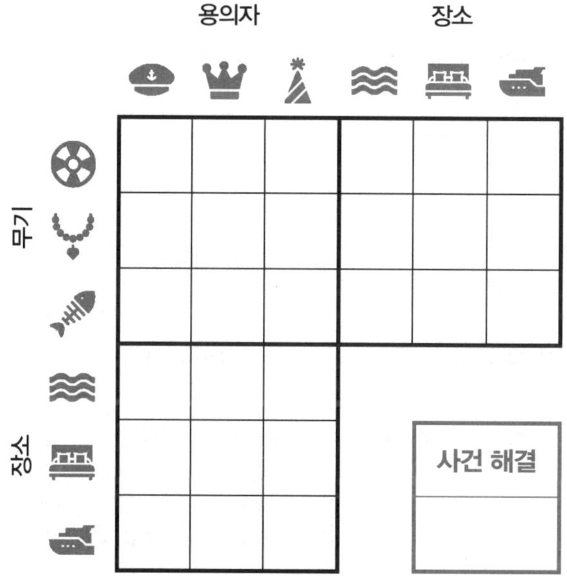

누가?

무엇으로?

어디에서?

6 | 조그만 섬의 살인 미스터리

바이올렛 섬으로 반쯤 갔을 때 배가 조그만 섬에 좌초됐습니다. 논리탐정 로지코가 바로 앞으로 나섰습니다. "전에도 이런 일을 겪어 본 적이 있어요. 이제 아무도 죽지 않게 하는 게 제일 중요합니다." 하지만 이미 늦었습니다. 선장이 죽었으니까요.

용의자

조난 당한 세이블

불안하고 부스스한 모습의 세이블은 기억나는 것보다 오래전부터 이 섬에 살았다(6일째).

165cm / 왼손잡이 / 녹갈색 눈 / 검은 머리

미드나이트 삼촌

아버지가 사망하자 사막에 수영장 딸린 저택을 사서 은퇴했다. 당시 나이가 17세였다.

173cm / 왼손잡이 / 파란 눈 / 갈색 머리

네이비 제독

네이비 제독의 맏아들인 네이비 제독의 맏아들.

175cm / 오른손잡이 / 파란 눈 / 갈색 머리

장소

야자수 한 그루	좌초된 연락선	외로운 묘비
실외	실내	실외
코코넛 몇 개가 달려 있다. 너무나 전형적이다.	이 배가 걸리는 바람에 섬 크기가 거의 두 배가 되었다.	메시지가 새겨져 있다. "소중한 집사 베릴에게 평온이 함께하기를. 비공개 장례로 잠들다."

무기

상한 수프	사나운 게	인간 두개골
보통 무게	**보통 무게**	**보통 무게**
한 입만 먹어도 바로 게워낼 맛 (공교롭게도 게 수프였다).	집게에 독이 발렸다는 말을 듣기 전까지는 별로 무섭지 않아 보인다.	"아, 불쌍한 요릭, 나는 그 친구를 알았지. 이제는 이렇게 그 친구의 해골을 사람들에게 휘두르고 있지만."

단서

▶사나운 게는 좌초된 연락선 어디에도 없었다.

▶네이비 제독은 인간 두개골을 쥔 채로 셰익스피어를 인용했다.

▶미드나이트 삼촌은 상한 수프를 가진 사람이 마음에 들었다.

▶조난 당한 세이블은 6일 전부터 그랬듯이 코코넛 아래에서 쉬고 있었다.

▶살인은 메시지가 새겨진 곳에서 일어났다.

용의자 장소

무기

장소

사건 해결

누가?

무엇으로?

어디에서?

7 | 똑딱똑딱, 부두에서 사람이 죽었다!

마침내 바이올렛 섬에 도착했습니다. 레이디 바이올렛은 초대한 손님들을 위해 부두에서 성대한 환영식을 열 계획이었습니다. 하지만 부두 노동자 한 명이 살해되는 바람에 일정을 망쳤습니다.

용의자

네이비 제독

네이비 제독의 맏아들인 네이비 제독의 맏아들.

175cm / 오른손잡이 / 파란 눈 / 갈색 머리

레이디 바이올렛

사법권이 미치지 않는 세계 최대의 영역인
바이올렛 제도의 상속자.

152cm / 오른손잡이 / 파란 눈 / 금발

조난 당한 세이블

부두에 도착해서 마실 것을 받자 생명의 활기가 돌아왔다.

165cm / 왼손잡이 / 녹갈색 눈 / 검은 머리

장소

낚시꾼 오두막	**나무로 된 부두**	**돌계단**
실내	**실외**	**실외**
온갖 낚시 장비가 가득 찬 오두막.	말도 안 되게 비싼 마호가니로 만들었다.	절벽을 둘러가는 좁은 계단. 부두를 출입하는 유일한 길이다.

무기

부러진 검	맹독성 복어	독이 든 병
무거움	보통 무게	가벼움
절반만 남은 검. 피해자에게는 안타깝게도 위험한 쪽 절반이다.	조심해서 준비하면 안전하게 먹을 수 있다. 더 조심해서 준비하면 살인에 쓸 수 있다.	독이 든 평범한 병이다. 고전적인 방법을 무시하지 말 것.

단서

▶네이비 제독은 돌계단에 발을 디딘 적도 없다.

▶바이올렛 경의 유명한 검이 낚시꾼 오두막에 그냥 놓여 있는 것을 누군가가 발견했다.

▶조난 당한 세이블은 맹독성 복어를 가진 사람에게 반했다.

▶논리탐정 로지코에게 전달된 뒤죽박죽 쪽지: "가키 장가 은작 의자용가 꾼시낚 두오에막 크리웅고 었다있."

▶**시체는 마호가니 바닥 위에서 발견되었다.**

누가?

무엇으로?

어디에서?

8 | 치명적인 투어

항해에서 치명적인 문제가 있었지만, 레이디 바이올렛은 예정대로 여러 파티를 열기로 하고 로지코에게 주변을 구경시켜 주었습니다. 로지코는 그사이에 살인 사건을 하나 더 해결할 수 있었습니다. 원래 있던 투어 가이드가 죽은 사건이었습니다.

용의자

마룬 남작

놀랍도록 오만하고 앙심을 잘 품는 남자. 아무도 남작의 심기를 거스르고 싶어 하지 않는다. 적어도 아직 살아 있는 사람들은….

188cm / 오른손잡이 / 녹갈색 눈 / 붉은 머리

레이디 바이올렛

알고 보니 투어 가이드로서 꽤 매력적이다.
섬의 역사에 관한 지식도 굉장하다.

152cm / 오른손잡이 / 파란 눈 / 금발

시뇨르 에메랄드

이탈리아의 저명한 보석상. 희귀 보석을 찾아 세계를 여행하며, 주머니에서 수시로 보석을 흘린다.

173cm / 왼손잡이 / 갈색 눈 / 검은 머리

장소

절벽	바이올렛 경의 석상	손님용 별채
실외	실외	실내
본섬 전체가 높디높은 절벽에 싸여 있다. 오직 부두를 통해서만 나갈 수 있다.	레이디 바이올렛의 아버지 바이올렛 경의 모습으로 만든 거대한 조각상. 얼굴에 가면을 썼다.	로지코가 저택 본채를 안 봤다면 여기가 평생 본 집 중에서 가장 컸을 것이다.

무기

도토리 한 자루	살인 타로 덱	와인병
보통 무게	**가벼움**	**보통 무게**
적당히 맛있고, 적당히 묻기 좋고, 무게도 살인 무기로 적당하다.	살인 테마의 타로 카드로 미래를 점칠 수 있다.	얼룩 조심. 붉은색이 좀처럼 빠지지 않는다.

단서

- ▶키가 가장 큰 용의자는 살인 타로 덱을 가져온 사람과 여러 해 전부터 알던 사이이다.
- ▶도토리 한 자루를 실외에서 찾았는데, 안에 뭔가가 들어간 것 같다….
- ▶절벽에서 살인 타로에 들어 있던 죽음의 시미터 카드가 발견되었다. 불길한 징조다.
- ▶와인병에 갈색 눈이 비쳐 보였다.
- **▶돌로 된 얼굴이 가면을 쓴 채로 가이드의 살해 현장을 내려다보고 있었다.**

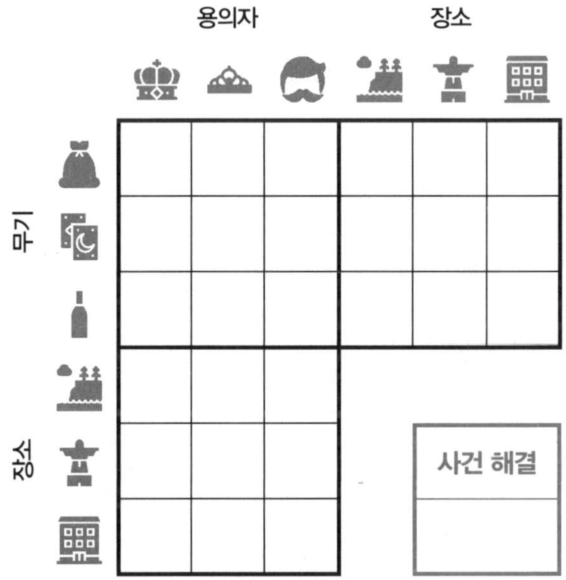

누가?

무엇으로?

어디에서?

9 | 투어의 끝과 삶의 끝

레이디 바이올렛은 마른 남작의 빈자리에 최근 도착한 화이트 대표를 넣어서 투어를 계속했지만, 당연하게도 누군가가 살해되었습니다. 이번에는 무선 통신 기사가 죽었습니다. 이제 바이올렛 섬에서 본토로 무선 통신을 보낼 길이 막혔습니다!

용의자

레이디 바이올렛

레이디 바이올렛은 이 많은 살인 속에서도 긴장한 기색이 없다. 지금까지는 실무자들만 동요하고 있다.

152cm / 오른손잡이 / 파란 눈 / 금발

화이트 대표

로지코가 여기까지 오는 도중에 그 많은 일을 겪었는데도 왕당파 레지스탕스 대표가 섬에 더 늦게 도착한 점은 흥미롭다….

178cm / 오른손잡이 / 회색 눈 / 백발

시뇨르 에메랄드

믿기 어렵지만, 시뇨르 에메랄드의 주머니에서 아직도 보석이 떨어진다.

173cm / 왼손잡이 / 갈색 눈 / 검은 머리

장소

정원 미로	온실	본채
실외	실외	실외
가시 장미가 가득한 아름다운 미로. 길을 알면 다른 길을 통할 때보다 더 빨리 섬을 질러갈 수 있다!	이상한 식물들만 자라는 곳. 여기 식물들은 피를 먹는다.	방 수가 200개도 넘는다 (서재 16개와 욕실 27개 포함).

무기

삽
보통 무게

다목적 도구.
삽 하나로 사람을 죽이고 묻는 것까지 해결할 수 있다!

전쟁 시집
보통 무게

붉은 혁명군과 왕당파 사이의 전쟁에 관한 시집. 영광과 배신, 상실이 넘실거린다.

깃발
가벼움

왕당파 레지스탕스의 표어가 적힌 깃발. “신께서 우리를 위해 싸워 주시리라
— 세인트 루피”

단서

- ▶키가 가장 큰 용의자는 삽을 가지고 있었다. 무엇을 하는 중이었을까?
- ▶시뇨르 에메랄드는 독서를 싫어해서 전쟁 시집을 가져오지 않았다.
- ▶왕당파 레지스탕스의 상징은 온실에서 발견되지 않았다.
- ▶시집은 양봉장에서 발견되었다(자료 A 참조).
- **▶무선 통신 기사의 시체는 서재에서 발견되었다.**

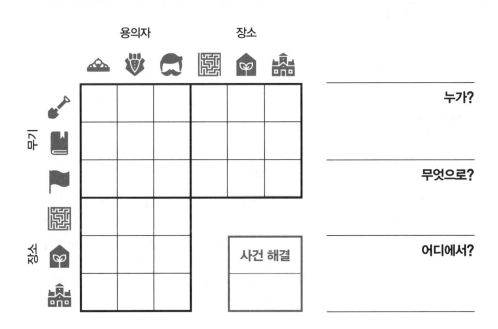

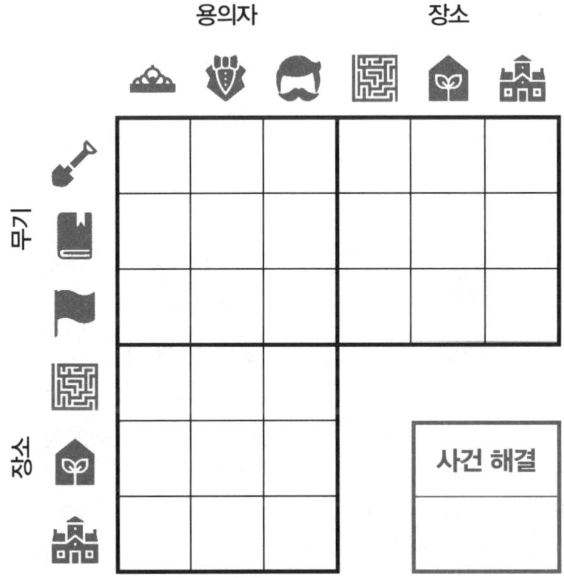

누가?

무엇으로?

어디에서?

10 | 웅장한 입구, 요란한 퇴장

레이디 바이올렛은 웅장한 입구에 서서 축일 파티가 정식으로 시작되었음을 선포했습니다. “제일 먼저, 일단 침실로 들어가 주세요!” 하지만 그 말은 틀렸습니다. 제일 먼저 일어난 일은 살인이었기 때문입니다. 이번에 죽은 사람은 저택 경비원이었습니다.

용의자

에이전트 애플그린

에이전시 조수에서 할리우드 에이전트까지, 애플그린은 욕망껏 세상 전부를 얻기 위해서 무슨 일이든 한다.

160cm / 왼손잡이 / 파란 눈 / 금발

데미넌스 자작

지금까지 본 사람 중에서 가장 나이가 많다. 자기 아들들을 모두 먼저 보냈고 자기 아버지보다 먼저 태어났다고 한다.

157cm / 왼손잡이 / 회색 눈 / 갈색 머리

전설의 대스타 실버톤

할리우드 영화의 황금기를 살았고, 지금은 황혼기를 살아가는 대배우.

193cm / 오른손잡이 / 파란 눈 / 은발

장소

거대한 문	진입로	웅장한 계단
실내	실외	실내
표어 “신께서 우리를 위해 싸워 주시리라— 세인트 루핀”이 문 위에도 새겨져 있다.	동물 모양으로 조각한 생울타리가 늘어서 있다. 사실 여기는 섬이기 때문에 진입로가 필요 없다.	금으로 덮고 횃불로 밝혔다. 그야말로 이 세상 부의 상징이다.

무기

나뭇조각	새틴 초커	현금 자루
무거움	가벼움	무거움
구명보트에서 떼어 낸 것. 아마 그 불쌍한 사람들은 이미 죽었겠지.	무기로 쓰는 방법은 아주 뻔하다.	뇌물로 쓰거나 일반적인 부패를 저지르기에 딱 좋다.

단서

- ▶황금 계단에서 갈색 머리카락이 발견되었다.
- ▶새틴 초커는 웅장한 계단에 없었다.
- ▶전설의 대스타 실버튼은 생울타리 토끼를 쓰다듬으면서 기뻐하는 것 같았다.
- ▶현금 자루는 거대한 문에 없었다.
- ▶키가 가장 작은 용의자는 현금을 옮기겠다고 허리를 낮게 숙일 생각이 전혀 없을 것이다.
- **▶경비원의 머리 위에서 나뭇조각이 발견되었다.**

용의자 장소

무기

장소

사건 해결

누가?

무엇으로?

어디에서?

11 | 손님용 객실에서 살해된 도둑

로지코가 안내를 받아서 아직 청소가 끝나지 않은 스위트 침실에 도착했을 때, 갑자기 비명 소리가 들렸습니다. 도둑이 들었습니다! 그리고 누군가가 그 도둑을 죽였습니다. 누구였을까요?

용의자

하녀 마블

모든 물건과 사람에 원한이 있다.
이를 드러내기 위해 언제나 대충만 일한다.

170cm / 왼손잡이 / 파란 눈 / 금발

하인 브라운스톤

신에게 헌신하는 형제가 있지만,
하인 브라운스톤은 바이올렛 가문에 헌신한다.

188cm / 오른손잡이 / 갈색 눈 / 갈색 머리

브론즈 운전사

레이디 바이올렛의 운전사. 이 사람도 귀족인 것을 보면
레이디 바이올렛이 얼마나 중요한 사람인지 알 수 있다.

178cm / 오른손잡이 / 갈색 눈 / 금발

장소

손님용 침실	발코니	손님용 욕실
실내	**실외**	**실내**
생전 처음 보는 크기의 침대가 있다 (임페리얼 킹 사이즈).	로지코의 아파트에서는 발코니가 화재용 비상 탈출구였다. 이 발코니는 분수대가 있다.	손님용 별채에 있는 로지코 전용 욕실이 로지코가 사는 아파트 전체보다 크다.

무기

바이올렛 경 전기
보통 무게
바이올렛 경이 소중한 집사 베릴이 살해된 후 왕당파 레지스탕스에 들어간 이야기.

독이 든 팅크
가벼움
라벨을 보니 한 방울을 쓰면 모든 병이 낫고, 두 방울을 쓰면 죽는다고 한다.

대리석 흉상
무거움
바이올렛 경의 흉상. 얼굴이 가면에 덮여 있다.

단서

▶독이 든 팅크는 손님용 침실에 있었다.
▶하인 브라운스톤이 독이 든 팅크를 가지고 있었다.
▶브론즈 운전사는 침대가 있는 곳에 간 적이 없다.
▶귀족의 흉상이 손님용 욕실에서 발견되었다.
▶하녀 마블은 발코니로 나가지 않았다.
▶도둑 옆에서 피에 젖은 바이올렛 경 전기가 발견되었다.

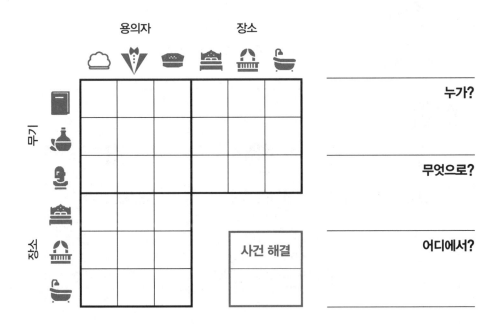

누가?

무엇으로?

어디에서?

12 | 집사 살인 사건

논리탐정 로지코는 피에 젖은 바이올렛 경 전기를 찬찬히 읽었습니다. 드라코니아 내전이 발발했을 때, 바이올렛 경은 특이하게도 귀족이면서 붉은 세력을 지지했습니다. 그러다가 소중한 집사 베릴이 살해되고 나서 모든 것이 바뀌었습니다.

용의자

바이올렛 경

부모를 잃은 화재에서 입은 화상 때문에
어릴 때부터 가면을 썼다.

175cm / 오른손잡이 / 갈색 눈 / 갈색 머리

레이디 바이올렛

사법권이 미치지 않는 세계 최대의 영역인
바이올렛 제도의 상속자.

152cm / 오른손잡이 / 파란 눈 / 금발

흉악한 자객

붉은 혁명 세력에 고용된 살수. 무자비하다.

165cm / 왼손잡이 / 파란 눈 / 금발

장소

트윈 침대	**조그만 창문**	**초라한 의자**
실내	**실내**	**실내**
사실은 이 침대 두 개를 놓아야 트윈 침대가 완성된다.	15cm 남짓한 폭이지만 오후 4시 15분에서 22분까지는 빛이 좀 든다.	원래 다리가 네 개여야 하지만 세 개만 있다 (그래서 집사에게 주었다).

무기

평범한 검

무거움

별다른 특징이 없는 평범한 검.

무거운 핸드백

무거움

마침내 안에 든 잡동사니들의 쓸모가 생겼다 (관성을 더하자).

가죽 장갑

가벼움

가죽 장갑 낀 사람을 조심할 것. 그 아래에 무엇을 숨기고 있을까?!

단서

- ▶키가 가장 작은 용의자는 초라한 의자에 위풍당당하게 앉아 있었다.
- ▶조그만 창문에서 갈색 머리카락이 발견되었다.
- ▶흉악한 자객은 붉은 세력에 속해 있어서 무거운 핸드백을 들지 않았다.
- ▶평범한 검은 다리가 3개인 의자에 없었던 것이 분명하다.
- ▶레이디 바이올렛은 핸드백을 들지 않는다.
- **▶소중한 집사 베릴의 시체는 조그만 침대에서 발견되었다.**

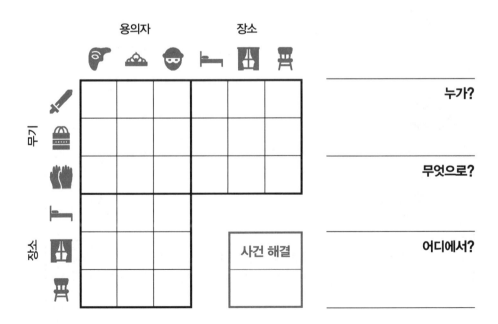

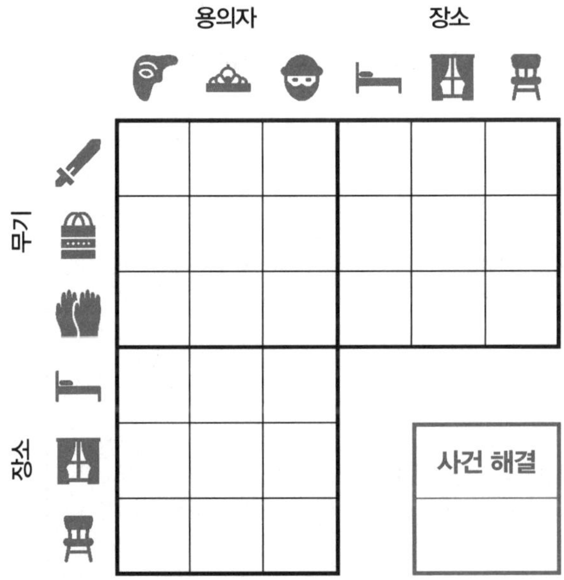

누가?

무엇으로?

어디에서?

13 | 절벽 위의 대혼란

갑자기 로지코의 귀에 폭발음이 들렸습니다! 밖으로 나가 보니 절벽 위에서 독립기념일 폭죽이 터지고 다른 손님들이 다들 환호하는 중이었습니다. 서둘러 그리로 갔지만, 자리를 찾을 즈음에는 이미 폭죽 기술자가 살해된 후였습니다.

용의자

포르퍼스 대주교

신성 드라코니아 교회의 대주교이자 세인트 루핀 정교 신도들의 유일하고도 진정한 지도자. 아무도 그 사실을 잊을 수 없다.

163cm / 오른손잡이 / 검은 눈 / 검은 머리

버밀리온 공작부인

크고 오래된 비밀을 간직한 키 크고 나이 많은 여성. 만약 살인자라면, 이번이 처음은 아닐 것이다.

175cm / 왼손잡이 / 회색 눈 / 백발

탐색하는 세이블

자기 자신을 찾기 위해 신원을 알아낼 정보들을 모으는 중이다.

165cm / 왼손잡이 / 녹갈색 눈 / 검은 머리

장소

바이올렛 경의 석상	절벽	좌석들
실외	실외	실외
조각상의 가면을 보면 마치 그 뒤에 아무것도 없는 것처럼 으스스한 기분이 든다.	가장자리에 앉아서 발을 늘어뜨리고 있으면 경치가 더 좋아지고 더 위험해진다.	손님들이 구경 중에 쉴 수 있도록 접이식 의자들이 놓여 있다.

무기

세인트 루핀의 서

무거움

신성 드라코니아 교회의 성서. 위대한 영웅 세인트 루핀에 관한 이야기가 담겨 있다.

당근

보통 무게

야채 중 가장 위험함. 정말 뾰족하다.

시판용 폭죽

보통 무게

드라코니아 독립기념일 축하에 사용된다. 적을 향해 겨누고 도화선에 불을 댕기자.

단서

- ▶책 한 페이지가 절벽에서 나풀거리며 떨어지고 있었다.
- ▶ 검은 눈을 가진 사람이 《세인트 루핀의 서》 한 구절을 읽었다. "삶의 목적은 죽음이니 기쁜 소식을…."
- ▶위험한 야채가 플라스틱으로 된 접이식 의자 밑에서 발견되었다.
- ▶키가 두 번째로 큰 용의자는 좌석들 부근에 없었다.
- **▶불에 탄 도화선이 피해자 옆에서 발견되었다.**

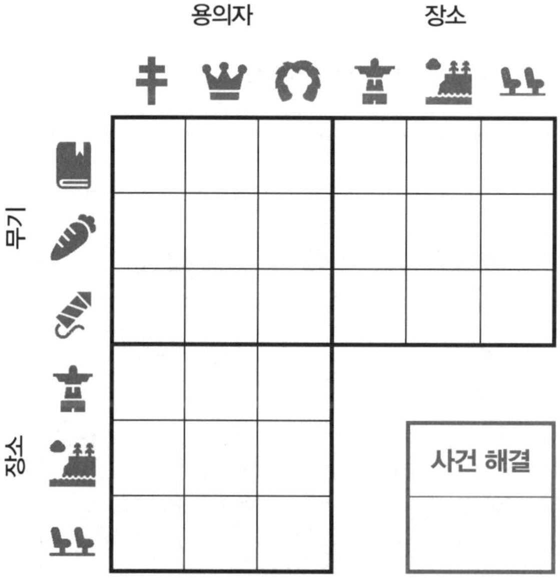

누가?

무엇으로?

어디에서?

14 | 감사절 만찬의 살인

신성 드라코니아의 감사절은 농노 반란을 진압한 것을 기리는 경건한 축일입니다. 누군가가 요리사를 죽인 것도 아마 이 멋진 날을 기리기 위해서이겠지요?

용의자

책임 프로듀서 스틸

할리우드에서 제일 부유하고, 영리하고, 성격 나쁜 프로듀서.
이 사람은 은행 잔고가 모자랐던 적이 없다.

168cm / 오른손잡이 / 회색 눈 / 백발

망고 신부

청빈의 맹세를 했지만 BMW를 몰고,
순종의 맹세를 했지만 25세의 부하가 있고,
순결의 맹세도 했기 때문에 휴가를 떠났다.

178cm / 왼손잡이 / 갈색 눈 / 대머리

레이디 바이올렛

사법권이 미치지 않는 세계 최대의 영역인
바이올렛 제도의 상속자.

152cm / 오른손잡이 / 파란 눈 / 금발

장소

식당	주방	식품 저장고
실외	실외	실외
식탁 가운데에 농노 학살을 기념하는 아름다운 장식이 놓여 있다.	요리사들이 전통적인 감사절 음식, 즉 무엇이든 갈색인 음식을 만드는 곳.	갈색 음식들을 저장하는 곳 (그중 상당수는 원래 흰색이었다).

무기

그레이비 보트	포크	칠면조 다리
보통 무게	가벼움	보통 무게
도자기로 된 아름다운 가보. 독이 든 뜨거운 그레이비 소스가 가득 차 있다.	잘 생각해 보면 나이프보다 훨씬 살벌하다.	칠면조는 다리를 뜯겼는데 살인 하나 더 일어난 것이 대수인가?

단서

▶두 번째로 키가 큰 용의자는 그레이비 보트를 가져온 사람의 기운이 흥미롭다고 생각했다.

▶망고 신부가 주방에 있었거나, 그게 아니면 책임 프로듀서 스틸이 요리사들 옆에 있었다.

▶포크는 소름 끼치는 장식물 옆에서 발견되었다.

▶망고 신부는 보관된 갈색 음식들을 기웃거리고 있었다.

▶살인에는 칠면조 다리가 사용되었다.

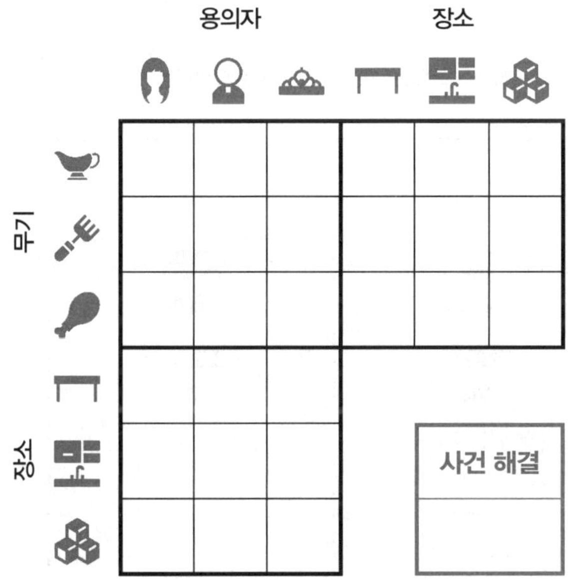

누가?

무엇으로?

어디에서?

15 | 정원 미로에서의 크리스마스

신성 드라코니아의 크리스마스는 왕정 복귀를 지지하는 축일입니다. 귀족들이 모여 선물을 주고받으며 위대했던 옛 시절의 이야기를 하고 있는데, 산타 분장을 한 배우가 살해되었습니다.

용의자

하녀 마블

모든 물건과 사람에 원한이 있다.
이를 드러내기 위해 언제나 대충만 일한다.

170cm / 왼손잡이 / 파란 눈 / 금발

크리스마스광 세이블

세이블은 크리스마스를 정체성으로 삼기로 하고,
스웨터에 LED 전구를 잔뜩 달았다.

165cm / 왼손잡이 / 녹갈색 눈 / 검은 머리

아주어 주교

근처 교회의 주교. 친구와 적 모두를 위해 기도한다.
비는 내용은 다르지만….

163cm / 오른손잡이 / 갈색 눈 / 갈색 머리

장소

분수대

실외

분수대의 물이 꽁꽁 얼어 있다.
자세히 보니 얼음처럼 생긴
아크릴이다.

경비탑

실내

눈에 덮인 경비탑.
스위스에서 수입했다.

비밀 정원

실외

큰 정원 안에 비밀 정원이?
너무 익숙한데.

무기

석탄 한 덩이
무거움

누군가가 나쁜 아이 명단과 이것을 들고 다가온다면 조심할 것!

예쁘게 포장한 폭탄
보통 무게

아름다운 포장지에 싸여 있고, 포장을 풀면 폭발한다.

지팡이 사탕
가벼움

한쪽 끝을 핥아서 뾰족하게 만든 사탕.

단서

- ▶두 번째로 키가 큰 용의자는 예쁘게 포장한 폭탄을 들고 온 사람이 부러웠다. 그렇게나 멋진 선물이라니!
- ▶석탄 한 덩이는 분수대와 본채 사이의 길에서 발견되지 않았다(자료 A 참조).
- ▶석탄 한 덩이를 들고 있었던 것을 보면 아주어 주교는 나쁜 아이 명단에 있었나 보다.
- ▶하녀 마블은 분수대와 온실 사이의 길에서 잠시 쉬었다(자료 A 참조).
- **▶가짜 산타의 시신은 가짜 얼음 위에서 발견되었다.**

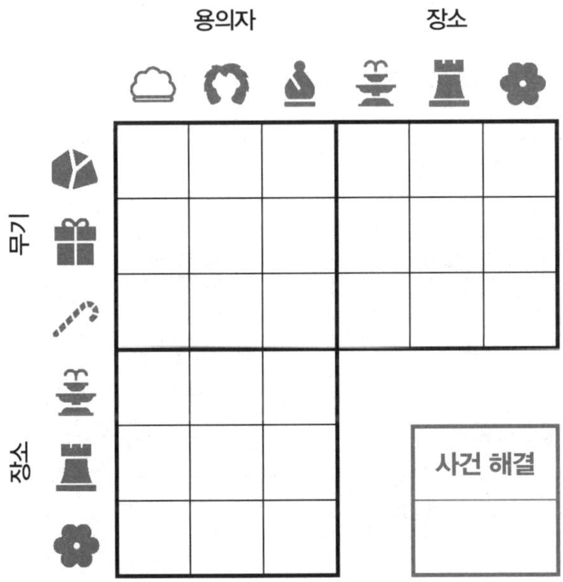

누가?

무엇으로?

어디에서?

16 | 크리스마스의 서늘한 죽음

저녁이 되자 다들 크리스마스 축하를 하러 거대한 저택에 들어갔습니다. 크리스마스 풍습을 정확하게 아는 사람이 없어서 그냥 겨울을 축하했습니다. 그런데 난로가 고장 나고, 난로 수리 기술자가 살해되었습니다.

용의자

초크 회장

여러 해 전에 출판업을 속속들이 파악한 뒤로
오직 앞만 보고 나아간다. 전자책은 반짝 유행으로 치부하며,
아직도 다이얼식 전화를 쓴다. 억만장자.

175cm / 오른손잡이 / 파란 눈 / 백발

언어학자 플린트

어원 연구를 통해 단어가 어디에서 왔고
어떤 의미로 쓰였는지 등의 여러 가지를 가르친다.

157cm / 왼손잡이 / 녹색 눈 / 금발

셀러돈 장관

국방장관. 전쟁 범죄도 꽤 저질렀다.
셀러돈 학살의 바로 그 셀러돈.

168cm / 왼손잡이 / 녹색 눈 / 갈색 머리

장소

계단통	**바**	**무도회장**
실외	**실내**	**실외**
지붕에 올라갈 때, 그리고 뛰어 내리지 않고 지붕에서 내려올 때 이용할 수 있는 유일한 길.	최고의 크리스마스 음료 전부와 최악의 음료 몇 개가 구비되어 있다.	크리스마스를 (아마도) 격식에 맞게 축하하려고 거대한 무도회장을 준비했다.

무기

나무토막	평범한 눈덩이	부지깽이
무거움	보통 무게	보통 무게
크고 무거운 참나무 토막. 누군가가 이걸로 사람을 죽이려고 나무를 죽였다.	그런 것처럼 보이지만 사실은 안에 수류탄이 들었다.	이걸로 불을 피우거나 생명을 끌 수 있다….

단서

▶언어학자 플린트와 전범 중에서 한 명이 무도회장에 있었다.

▶두 번째로 키가 큰 용의자는 부지깽이 가진 사람을 고용한 적이 있다.

▶억만장자가 나무토막을 가지고 왔다.

▶두 번째로 키가 큰 용의자는 맛이 지독한 음료 옆에 있었다.

▶시신은 지붕으로 올라가거나 내려오는 유일한 길에서 발견되었다.

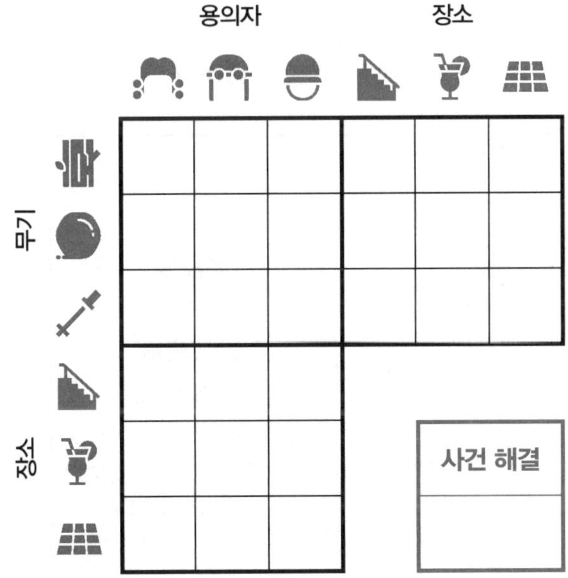

누가?

무엇으로?

어디에서?

17 | 새로운 해의 새로운 살인

드디어 옛 드라코니언 축일의 마지막 파티입니다. 모두가 새해를 축하하려고 서재에 모였습니다. DJ가 크게 틀어 놓은 음악이 울리고 조명이 흐려서 책을 읽기가 어려웠습니다. DJ의 시체를 발견하기는 더 어려웠습니다.

용의자

A급 배우 애벌로니

이번 달에 사상 최고의 재능과 인기로 이름 높은 여성 배우.

168cm / 오른손잡이 / 녹갈색 눈 / 붉은 머리

레이디 바이올렛

사법권이 미치지 않는 세계 최대의 영역인 바이올렛 제도의 상속자.

152cm / 오른손잡이 / 파란 눈 / 금발

파인 판사

법정의 주재자이며, 정의에 관한 신념을 스스로 정해 굳게 지킨다.

168cm / 오른손잡이 / 갈색 눈 / 검은 머리

장소

지도의 방

실내

전략적 요충지를 표시한 드라코니아 지도가 가득하다.

장서고

실내

드라코니아 역사와 경제 이론에 관한 책이 몇백 권이고 쌓여 있다.

비밀 통로

실내

이 문을 열려면 아무도 일부러 읽지는 않을 만한 책을 당겨야 한다. 이를테면 《회계사의 여가 가이드》 같은.

무기

샴페인 잔
가벼움
깨서 사람을 찌를 수도 있고, 그냥 독이 든 샴페인을 따를 수도 있다.

어마어마한 하이힐
보통 무게
스틸레토 힐은 치명적인 (그리고 불편한) 무기로 분류해야 한다.

고스트페퍼 가루
가벼움
치명적인 향신료. 얼굴에 맞으면 죽음을 맛볼 수 있다.

단서

▶파인 판사는 역사책 근처에 전혀 가지 않았다.
▶지도의 방에는 스틸레토 힐이 없었다.
▶치명적인 향신료는 지도의 방에 분명 없었다.
▶바이올렛 제도의 상속자는 샴페인 잔을 가지고 있었다.
▶A급 배우 애벌로니는 어마어마한 하이힐을 신고 있었다.
▶DJ의 시신을 찾기 어려웠던 이유는 누군가가 비밀 통로에 숨겨 놓았기 때문이었다.

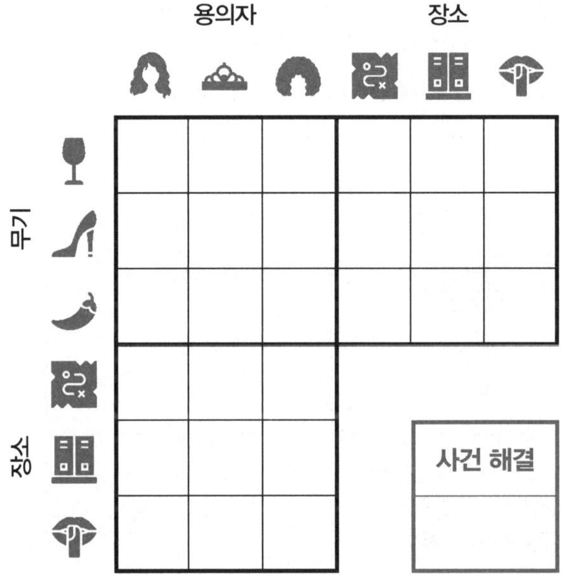

누가?

무엇으로?

어디에서?

18 | 비밀 통로에서

비밀 통로를 발견했다면 다음으로는 당연히 그 통로를 조사해야 합니다. 조사를 했더니 시신이 나왔습니다. 시신이 나왔으니 그 숨겨진 내막을 알아내야 했습니다.

용의자

포르퍼스 대주교

신성 드라코니아 교회의 대주교이자 세인트 루핀 정교 신도들의 유일하고도 진정한 지도자. 아무도 그 사실을 잊을 수 없다.

163cm / 오른손잡이 / 검은 눈 / 검은 머리

오버진 주방장

남편을 죽이고 요리해서 레스토랑 손님들에게 서빙했다는 소문이 있다. 헛소문이지만, 그런 헛소문에도 의미가 있다.

157cm / 오른손잡이 / 파란 눈 / 금발

모브 부사장

텍코 퓨처스의 부사장. 텍코의 최신 프로젝트인 텍토피아의 개발 책임자이기도 하다. 텍토피아는 현실 세계에 메타버스를 씌운 것과 비슷하다.

173cm / 오른손잡이 / 갈색 눈 / 검은 머리

장소

커다란 잠긴 문	빈방	주 통로
실내	**실내**	**실내**
터널 끝에 철문이 보인다. 그 뒤에는 도대체 무엇이 있을까?	벽돌로 둘러싸인 방의 바닥에 배수구 하나가 있다. 로지코가 지금까지 본 것 중에서 제일 소름이 끼친다.	벽돌 벽으로 둘러싸여 있고 알전구로 불을 밝히는 식이다. 심기가 불편하다!

무기

무거운 양초	쇠지레	무거운 암호책
무거움	보통 무게	무거움
무겁지만, 방의 분위기를 가볍게 만들어 준다.	솔직히 말해 다른 일보다 범죄에 훨씬 많이 쓰이는 물건.	키워드와 암호가 가득하다. 암호나 해골을 깰 수 있다.

단서

- ▶포르퍼스 대주교는 잠긴 문 근처에 없었다.
- ▶오버진 주방장은 무거운 암호책을 가져온 사람이 무서웠다.
- ▶매달린 알전구 아래에서 촛농 한 방울이 발견되었다.
- ▶알전구의 거슬리는 불빛 아래에서 모브 부사장의 모습이 사악해 보였다.
- **▶시신은 소름 끼치는 배수구 옆에서 발견되었다. 한층 더 소름 끼치는 곳이 되었다.**

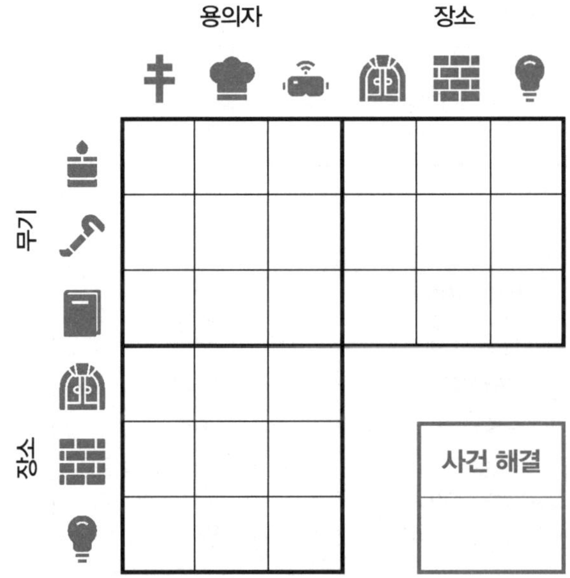

누가?

무엇으로?

어디에서?

19 | 개인 병원에서의 공공연한 살인

로지코가 무거운 철문을 열자 그곳에는… 개인 병원이 있었습니다. 크림슨 원장의 설명에 따르면, 자유 드라코니아에서는 개인 병원이 불법이기 때문에 레이디 바이올렛이 바이올렛 저택 지하에 지은 것이라고 합니다. 하지만 그곳의 범죄는 그것만이 아니었습니다. 최근에 온 환자가 살해된 시신으로 발견되었습니다!

용의자

셀러돈 장관

국방장관. 전쟁 범죄도 꽤 저질렀다.
셀러돈 학살의 바로 그 셀러돈.

168cm / 왼손잡이 / 녹색 눈 / 갈색 머리

크림슨 원장

원장은 인종과 사상에 관계없이 누구나 의료 혜택을 받아야 한다고 생각한다. 물론 돈만 충분하다면.

175cm / 왼손잡이 / 녹색 눈 / 붉은 머리

미스 사프론

미스 사프론은 귀족으로 분류되지만,
그냥 갑부라고 말하는 편이 더 정확하다.

157cm / 왼손잡이 / 녹갈색 눈 / 금발

장소

거대한 의료 기기	수술대	약장
실내	**실내**	**실내**
이온인가 세포인가 뭔가를 어떻게 한다고 한다.	가죽 끈은 솔직히 좀 기괴해 보이지만, 아마 필요해서 있겠지.	비소나 시안화물 같은 대단한 것들이 전부 있다. 아, 물론 유용한 것들도 있다.

무기

병 속의 뇌	싸구려 펜	두개골 수술 톱
무거움	**가벼움**	**보통 무게**
철학자들은 우리가 병 속의 뇌일 수도 있다고 말한다. 병 속의 뇌로 그 머리를 후려치면 좋은 반박이 되겠지.	값비싼 펜에 죽어도 충분히 억울하겠지만….	뼈를 자르는 톱. 뇌 수술이나 생체 해부, 살인에 쓸 수 있다.

단서

- ▶병 속의 뇌를 가진 용의자는 눈이 녹갈색이었다(병 속 말고 머리에 있는 눈).
- ▶로지코는 자기가 뒤죽박죽 적은 글씨를 겨우 알아보았다:
  돈러셀 장이관 계기 에서엾 되었격목다.
- ▶키가 가장 큰 용의자는 싸구려 펜을 가지고 왔다. 매우 상식적이다.
- ▶그냥 갑부인 용의자는 가죽 끈 근처에 간 적이 없다.
- ▶**최근에 왔던 환자는 두개골이 톱에 잘려서 죽었다!**

누가?

무엇으로?

어디에서?

20 | 용의자를 불러 모아야 할 때

드디어 논리탐정 로지코는 용의자들을 거실에 모아, 이곳에 있는 어두운 비밀을 알아냈다고 밝히기로 했습니다. 하지만 진실을 밝히기 전에 살해되고 말았습니다! 그러나!
다행히도 살해된 것은 가짜 로지코였습니다!!

용의자

레이디 바이올렛

사법권이 미치지 않는 세계 최대의 영역인 바이올렛 제도의 상속자.

152cm / 오른손잡이 / 파란 눈 / 금발

오버진 주방장

남편을 죽이고 요리해서 레스토랑 손님들에게 서빙했다는 소문이 있다. 헛소문이지만, 그런 헛소문에도 의미가 있다.

157cm / 오른손잡이 / 파란 눈 / 금발

하녀 마블

모든 물건과 사람에 원한이 있다. 이를 드러내기 위해 언제나 대충만 일한다.

170cm / 왼손잡이 / 파란 눈 / 금발

장소

벽난로	발코니	가죽 소파
실내	실외	실내
명탐정이 진상을 설명하는 사이에 불타는 장작을 바라보며 사색할 수 있다.	탐정이 사건을 해결하는 사이에 땅을 바라보며 생각에 잠길 수 있다.	탐정이 살인의 내막을 밝히는 동안 편하게 늘어져 쉴 수 있다.

무기

빈 우리
무거움

작은 설치류 냄새가 난다. 앵무새나 몽구스 같은.

촛대
무거움

누군가의 머리를 세게 칠 수 있다. 그냥 양초를 밝히는 용도로도 쓴다.

바이올렛 경 초상화
무거움

어디에 있어도 바이올렛 경의 새파란 눈이 뒤쫓는 것 같다.

단서

- ▶레이디 바이올렛은 불을 바라보고 있었거나, 그게 아니면 늘어져 쉬고 있었다.
- ▶오버진 주방장은 무언가를 바라보며 사색하고 있었다.
- ▶하녀 마블은 촛대에서 일렁이는 불빛 때문에 기괴해 보였다.
- ▶바이올렛 경 초상화는 가죽 소파에 없었다.
- **▶가짜 로지코에게서 작은 설치류 냄새가 났다.**

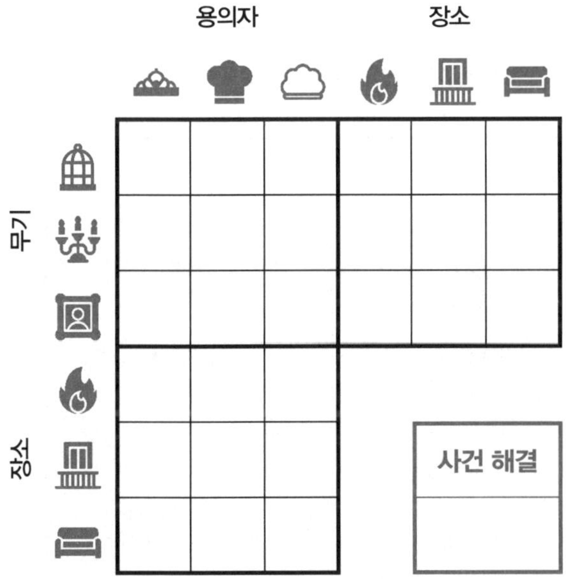

누가?

무엇으로?

어디에서?

21 | 바이올렛 경 살인 사건

"이 섬에는 어두운 비밀이 있어요!" 로지코가 단호하게 말했습니다. "그 비밀을 밝히려면 먼저 생각해야 할 것이 있습니다. 누가 바이올렛 경을 죽였을까요? 살인이 일어난 것은 바이올렛 경이 드라코니아 내전 당시 왕당파 레지스탕스에 들어가서 붉은 세력과 싸울 때였습니다."

용의자

리드 총관

자유 드라코니아에서 가장 많은 공포와
가장 적은 사랑을 받는 공무원.

188cm / 오른손잡이 / 갈색 눈 / 검은 머리

철의 차르

역사상 가장 악독하고, 잔인하고, 강력한 독재자.
언제나 투구를 쓴다.

168cm / 왼손잡이 / 회색 눈 / 알 수 없음

레드 소령

차르의 통치에서 드라코니아를 해방시키고
바로 권력을 틀어쥔 혁명 지도자.

188cm / 왼손잡이 / 갈색 눈 / 갈색 머리

장소

웅장한 발코니

실외

철의 차르가 매년
여기에 서서 군대의
시가행진을 본다.

대형 홀

실내

바닥과 벽이 대리석으로
된 것은 물론이고,
포크와 숟가락, 나이프마저
대리석이다.

알현실

실내

철의 차르가 쓰는 왕좌가
가운데에 놓여 있다
(좀 이상하지만,
금으로 되어 있다).

무기

바주카포	커다란 붉은 책	밤을 먹는 자의 상아 송곳니
무거움	보통 무게	보통 무게
적이 나에게 겨눈다고 생각했을 때 아마도 제일 싫을 법한 무기.	레드 소령이 쓴 책. 어떤 사람들은 순전히 이 책 덕에 혁명이 성공했다고 말하고, 어떤 사람들은 무기도 중요했다고 말한다.	고대 드라코니아의 전사들은 적에게 겁을 주려고 이것을 끼었다.

단서

▶철의 차르는 커다란 붉은 책을 가져온 사람에게 관직을 주었지만, 그래도 배신을 당했다.

▶세월이 지나며 조각조각 흩어져 뒤죽박죽이 된 이야기:
아상 는니곳송 웅한장 니코발에 었다없.

▶리드 총관은 황금 왕좌에 앉으려고 했다.

▶혁명 지도자는 무거운 무기를 들고 있었다.

▶바이올렛 경은 대형 홀에서 쓰러졌다!

		용의자			장소		
무기							
장소							

사건 해결

누가?

무엇으로?

어디에서?

22 | 붉은 세력의 도착

붉은 군대가 바이올렛 섬을 공격해 왔습니다! 레이디 바이올렛은 사람들을 정원 미로의 비밀 통로로 이끌었지만, 도착해 보니 그사이에 한 명이 죽었습니다! 습격해 온 붉은 세력 중에서 범인은 누구일까요?

용의자

건메탈 하사

진지하고 냉철하며, 무엇이든 될 때까지 밀어붙인다.

183cm / 오른손잡이 / 갈색 눈 / 검은 머리

샴페인 동무

부유한 공산주의자. 세계를 여행하며 휴가지의 동지들에게 공산주의 메시지를 전하는 것이 최고의 기쁨이다.

180cm / 왼손잡이 / 녹갈색 눈 / 금발

우주인 블루스키

전직 소련 우주비행사. 빨간 피가 흐른다. 물론 그게 보통이지만, 그래도 이건 애국의 상징이다.

188cm / 왼손잡이 / 갈색 눈 / 검은 머리

장소

정원 미로

실외

아름다운 미로. 평범한 관목이 아니라 아름다운 (그리고 가시가 있는) 장미로 만들었다.

절벽

실외

뾰족한 바위, 부서지는 파도, 밑에서 헤엄치는 상어들, 달빛이 환한 아름다운 하늘.

본채

실내

로지코가 사는 아파트보다 큰 방이 200개도 넘는다 (서재 16개와 욕실 27개 포함).

무기

시가 폭탄

가벼움

위험한 장난과
미국식 외교의 고전.

망치와 낫

무거움

무기 하나로 부족할 땐
이렇게 두 개를 쓰자!

총검

보통 무게

붉은 군대의 공식 무기.
총알 값이 들지 않는다는 점이
높은 평가를 받았다.

단서

▶총검을 가진 사람은 왼손잡이였다.

▶건메탈 하사는 미로의 분수대에서 살인 당시에 있던 장소까지 가는 사이에 경비탑을 지나지 않았다(자료 A 참조).

▶아름다운 장미 옆에서 시가 폭탄이 발견되었다.

▶논리탐정 로지코가 가로챈 붉은 세력의 암호문: 다었있 고지가 을탄폭 가시 가무동 인페샴.

▶**그 손님은 뾰족한 바위에 떨어졌다. 그리고 상어에게 먹혔다.**

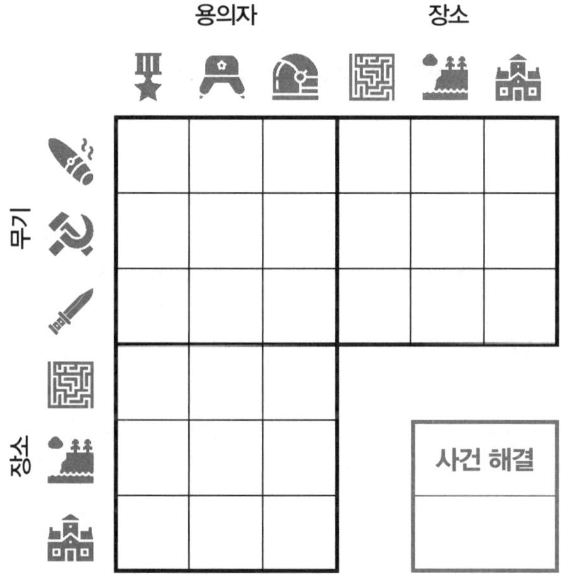

누가?

무엇으로?

어디에서?

23 | 지하로 탈출

로지코는 이 지하 터널의 끝에서 놀라운 일이 기다릴 것이라고 예상했습니다. 그렇지만 그게 거대한 보석들이 가득한 만과 지하 호수, 그리고 잠수함일 줄은 몰랐습니다! 하지만 살인이 있으리라는 예상은 맞았습니다. 잠수함 선장이 죽은 채 발견되었으니까요.

용의자

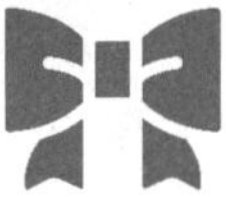

미스 사프론

미스 사프론은 귀족으로 분류되지만,
그냥 갑부라고 말하는 편이 더 정확하다.

157cm / 왼손잡이 / 녹갈색 눈 / 금발

오버진 주방장

남편을 죽이고 요리해서 레스토랑 손님들에게 서빙했다는
소문이 있다. 헛소문이지만, 그런 헛소문에도 의미가 있다.

157cm / 오른손잡이 / 파란 눈 / 금발

하인 브라운스톤

신에게 헌신하는 형제가 있지만,
하인 브라운스톤은 바이올렛 가문에 헌신한다.

188cm / 오른손잡이 / 갈색 눈 / 갈색 머리

장소

보석 밭

실내

바위마다 돋아난
보라색 사파이어가
수천 개나 보인다.

거대한 구멍

실내

땅에 난 거대한 구덩이.
빛을 비춰도 아무것도
보이지 않는다.

지하 호수

실내

지하 호수의 부두에
잠수함이 정박해 있다.

무기

복슬복슬한 꼬리빗

가벼움

풍성한 꼬리를
빗기에 딱 좋다.
다람쥐 털이 끼여 있다.

신성 드라코니아 트로피

보통 무게

"바이올렛 경에게.
붉은 세력과의 싸움에서 보인
명예와 용맹을 기리며.
— 철의 차르"

정동석

보통 무게

자연적으로 속이 빈 암석.
아마도 안쪽에 아름다운 광물
결정이 있겠지만,
이걸로 누굴 때려 쪼개보기
전에는 알 수 없다.

단서

▶미스 사프론은 거대한 구멍에 가지 않았고, 복슬복슬한 꼬리빗은 지하 호수에 없었다.
▶하인 브라운스톤은 안에 광물 결정이 있을 것 같은 돌을 들고 다녔다.
▶로지코가 어둠 속에서 끄적인 뒤죽박죽 메모: 은동석정 하지 에수호 다없었.
▶레스토랑을 운영하는 용의자는 복슬복슬한 꼬리빗을 가져온 사람과 친했다.
▶**잠수함 선장은 손에 보라색 사파이어를 쥐고 있었다.**

누가?

무엇으로?

어디에서?

24 | 바다 밑으로 국경을 넘어

남은 세 손님과 로지코는 레이디 바이올렛과 함께 잠수함에 탔습니다. 타고 보니 이미 잠수함에는 네 번째 손님이 와 있었습니다. 살해된 후였지만요.

용의자

전설의 대스타 실버톤

할리우드 영화의 황금기를 살았고,
지금은 황혼기를 살아가는 대배우.

193cm / 오른손잡이 / 파란 눈 / 은발

슬레이트 대위

우주비행사. 달의 뒷면을 탐험한 최초의 여성이자,
우주선 부조종사 살인 혐의를 받은 최초의 인물.

165cm / 왼손잡이 / 갈색 눈 / 갈색 머리

버밀리온 공작

파티를 즐기고 싶을 뿐이었다.
딱 그것만을 원했지만, 그마저도 얻을 수 없었다.

175cm / 왼손잡이 / 회색 눈 / 백발

장소

선실

실내

탈출한 사람들
모두 침대가
너무 작다고 불평한다.

제어실

실내

사람들이 돌아가며
잠망경을 본다.

기관실

실내

핵반응로를 써서
거대한 산업용
엔진을 돌린다.

무기

날다람쥐
보통 무게

던지면 나가는 무기. 다람쥐에게 원한을 사도 좋다면 추천.

어뢰
무거움

전함을 주저앉힐 수 있다. 하지만 이걸로 누군가의 머리를 친다면 그 사람만 주저앉는다.

현금이 꽉 찬 서류 가방
보통 무게

아니 가만, 전부 얼굴에 콧수염이 있다!

단서

▶버밀리온 공작이 기관실에 있었거나, 그게 아니면 슬레이트 대위가 어뢰를 가져왔다.

▶키가 가장 큰 용의자와 갈색 눈의 용의자는 선실에 없었다.

▶두 번째로 키가 큰 용의자는 현금이 가득한 서류 가방을 가진 사람을 사랑했다.

▶로지코가 발견한 뒤죽박죽 손글씨: 는뢰어 관실기에 없다었.

▶살인 무기는 날다람쥐였다.

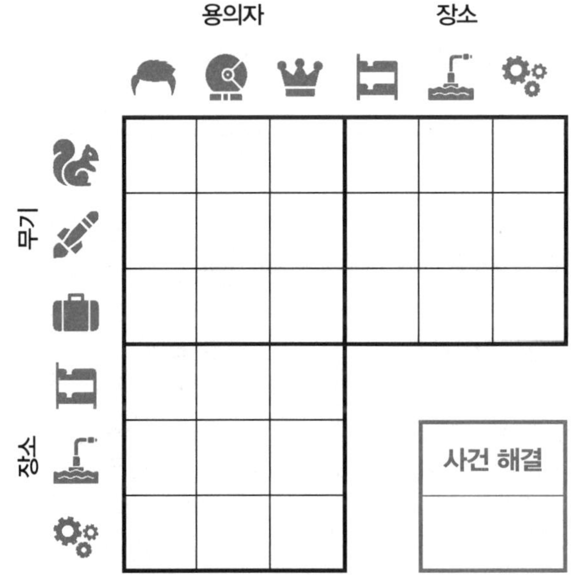

누가?

무엇으로?

어디에서?

25 | 밝혀진 진실

프랑스의 해안에서 잠수함이 떠오르자, 모두가 로지코에게 바이올렛 경의 어두운 비밀을 말해 달라고 했습니다. 로지코는 대답했습니다. "흉악한 자객은 소중한 집사 베릴을 죽이지 않았어요. 진실은 우리가 알던 것과 다릅니다."

용의자

소중한 집사 베릴

저택 전체에 기념물이 남아 있는 바이올렛 경이 사랑한 집사.

175cm / 오른손잡이 / 갈색 눈 / 갈색 머리

바이올렛 경

어릴 때부터 이 가면을 썼다는 점을 기억하자.

175cm / 오른손잡이 / 파란 눈 / 금발

레이디 바이올렛

사법권이 미치지 않는 세계 최대의 영역인 바이올렛 제도의 상속자.

152cm / 오른손잡이 / 파란 눈 / 금발

장소

초라한 의자	조그만 창문	트윈 침대
실내	실내	실내
원래 다리가 네 개여야 하지만 세 개만 있다 (그래서 집사에게 주었다).	15cm 남짓한 폭이지만 오후 4시 15분에서 22분까지는 빛이 좀 든다.	사실은 이 침대 두 개를 놓아야 트윈 침대가 완성된다.

무기

가죽 장갑	**무거운 핸드백**	**부러진 검**
가벼움	**무거움**	**보통 무게**
가죽 장갑 낀 사람을 조심할 것. 그 아래에 무엇을 숨기고 있을까?!	마침내 안에 든 잡동사니들의 쓸모가 생겼다 (관성을 더하자).	전설 속의 유명한 검. 비록 진실은 이야기와 좀 다르지만.

단서

▶탐정 클럽에서 로지코에게 보낸 비밀 암호 메시지:
저시숙캥 핫시 초하숍 겔트젤(《크라임 퍼즐》의 자료 A나 힌트 참조).

▶가죽 장갑은 절대 초라한 의자 위에 없었다.

▶로지코가 바이올렛 경 전기의 여백에서 본 이상한 뒤죽박죽 메시지:
상자속가 그만조 문창 에옆 서 다있었.

▶트윈 침대에 있던 사람은 바이올렛 가문 혈통의 사람이었다.

▶**살인자는 부러진 검으로 상대를 쓰러뜨렸다.**

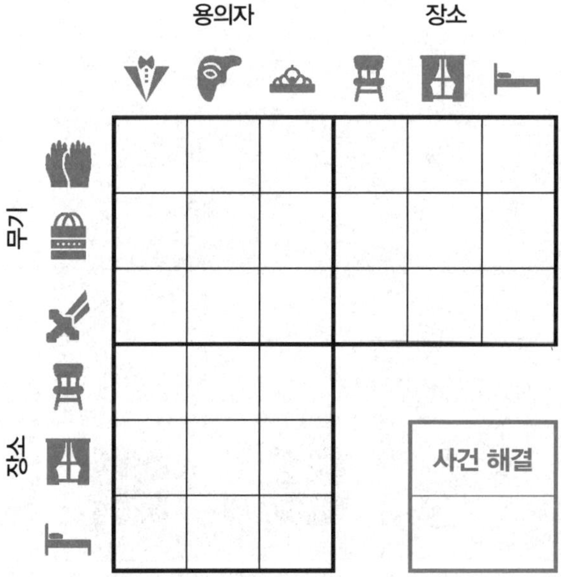

누가?

무엇으로?

어디에서?

논리탐정 로지코와 신비탐정 이라티노가 다시 만났습니다. 이라티노는 잠깐 정치 걱정을 그만두고 세상의 골칫거리들을 떠나 쉬자고 했습니다.

“세계를 돌아다니면서 수수께끼들을 풀어요! 최근에 재미있는 수비학 아이디어가 떠올랐는데 실제로 써 보고 싶어요.” 이라티노가 그 아이디어를 정리해서 만들어 둔 자료도 있었습니다(자료 B).

로지코는 수비학을 믿지 않고 이라티노는 수학을 믿지 않습니다. 하지만 두 사람은 힘을 합쳐 수수께끼를 해결할 줄 알죠.

이번 25개의 사건에서는 단서와 함께 용의자 진술도 확인해야 합니다. 살인자는 항상 거짓말을 하고, 다른 용의자들은 진실만을 말합니다. 때에 따라 거짓을 바로 간파할 수도 있고, 용의자 하나하나를 살피며 그 사람만 거짓말을 하고 다른 사람들이 모두 진실을 말할 가능성을 따져야 할 수도 있습니다. 기억하세요. 언제나, 살인자만 유일하게 거짓말을 합니다.

더 어려운 사건을 찾으시나요? 그렇다면 피타고라스의 일곱 수수께끼를 풀고 그 결과를 이용해서 무덤의 비밀을 밝혀보세요.

중급 영매

자료 B

문자의 숫자 값

1	2	3	4	5	6	7	8	9
ㄱ	ㄴ	ㄷ	ㄹ	ㅁ	ㅂ	ㅅ	ㅇ	ㅈ
ㅊ	ㅋ	ㅌ	ㅍ	ㅎ	ㅏ	ㅑ	ㅓ	ㅕ
ㅗ	ㅛ	ㅜ	ㅠ	ㅡ	ㅣ			

숫자의 상징적 의미

0. 원점, 기회
1. 통합, 지도력
2. 이중성, 변증법
3. 창의력, 마법
4. 물질, 광물, 일
5. 모험, 자연
6. 죽음, 진심, 집
7. 행운, 영성, 생명
8. 돈, 동기
9. 고통, 혁명

상징 숫자를 계산하는 방법

1. 이름에 속한 각 문자의 숫자 값을 더합니다.
   (예: 크림슨은 2 + 5 + 4 + 6 + 5 + 7 + 5 + 2 = 36입니다)
2. 합이 10보다 크면 각 자리의 수를 더합니다.
   (예: 36 〉 10 이기 때문에 3 + 6 = 9가 됩니다)
3. 10 이하의 값이 나올 때까지 2단계를 반복합니다.
   10 이하의 값이 나오면, 그 끝자리 값이 상징 숫자입니다.
   (예: 크림슨의 상징 숫자는 고통과 혁명을 의미하는 9입니다)

신비탐정 이라티노의 수비학 가이드

26 | 협회의 살인

신비탐정 이라티노는 탐구 협회에서 신비를 연구하는 동료들에게 바이올렛 제도에서 로지코가 겪은 일을 말하고 싶어서 들떴습니다. 하지만 동료들은 최고의 오컬트 전문가가 살해된 이야기만 하려고 했습니다.

용의자

치과의사 시셸 선생

우주에 관한 새 이론을 연구하는
아마추어 물리학자이자 현직 치과의사.

170cm / 오른손잡이 / 녹색 눈 / 반백 머리 / 물고기자리

약초학자 오닉스

온실에서 요리, 마법, 독에 필요한 온갖 식물을 기른다.

152cm / 오른손잡이 / 갈색 눈 / 검은 머리 / 처녀자리

수비학자 나이트

X 값도 알고 X의 의미도 안다.

175cm / 왼손잡이 / 파란 눈 / 갈색 머리 / 물고기자리

장소

거대한 탑	천문대	출구 없는 정원 미로
실내	**실내**	**실외**
실험 목적으로 물건들을 낙하시키기 위해 특별히 세운, 높이 솟은 탑.	별을 연구하고 낭만적인 저녁을 보내기에 좋은 곳.	평범한 정원 미로가 아니다. M. C. 에셔가 설계했다.

무기

독이 든 팅크	기도용 양초	수정구
가벼움	보통 무게	무거움
라벨을 보니 한 방울을 쓰면 모든 병이 낫고, 두 방울을 쓰면 죽는다고 한다.	누군가가 죽기를 기도했다면, 그 기도는 응답을 받았다.	들여다보면 미래가 보인다. 미래에 그 수정구가 될 사람에게는.

단서

▶처녀자리인 사람이 미래를 보여준다는 무기를 가지고 있었다.

▶치과의사 시셀 선생은 독이 든 팅크를 가져오지 않았다.

진술

※범인은 거짓말을 합니다.

▶**치과의사 시셀 선생 :**
기도용 양초는 별을 보는 곳에 없었어요.

▶**약초학자 오닉스 :**
말씀을 드리면 다시 일하러 갈 수 있나요? 독이 든 팅크가 천문대에 있었어요.

▶**수비학자 나이트 :**
저는 출구 없는 정원 미로에 가지 않았어요.

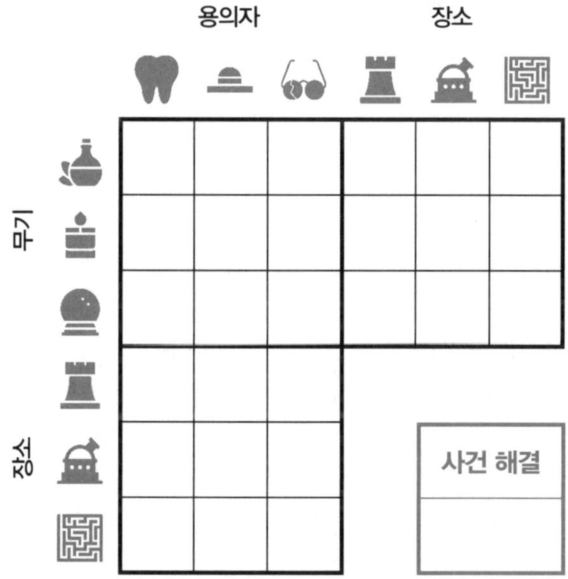

누가?

무엇으로?

어디에서?

27 | 모든 날에는 숫자가 있다

탐구 협회에는 기상천외한 부서가 여럿 있습니다. 그중 가장 믿을 만한 부서는 수비학 부서입니다. 그런데 아쉽게도 그곳의 새 책임자가 막 새로운 수를 발견하기 직전에 살해되었습니다. 누가 죽였을까요?

용의자

점성학자 아주어

별을 보고 점을 친다. 사람들이 태어난 정확한 시간과 장소를 무척이나 궁금해한다.

168cm / 오른손잡이 / 녹갈색 눈 / 갈색 머리 / 게자리

총교주 코발트

길고 흰 로브를 입고 길고 흰 수염을 길렀다.

175cm / 오른손잡이 / 파란 눈 / 은발 / 물병자리

수비학자 나이트

Y 값도 알고 Y의 의미도 안다.

175cm / 왼손잡이 / 파란 눈 / 갈색 머리 / 물고기자리

장소

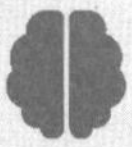

계산실

실내

367과 673을 곱해서 어제와 같은 값이 나오는지 비교하는 곳.

사과 과수원

실내

사과가 몇 개인지에 관한 문제들을 실증적으로 확인하는 곳.

123

계수실

실내

사람들이 계속 수를 세면서 가장 높은 수를 찾는 곳.

무기

귀여운 천사	프라임 스테이크	하이퍼큐브
가벼움	보통 무게	무거움
수학의 수호성인을 나타내는 작은 인형.	최고의 부위로 만든 스테이크 (유전자 변형 대두 사용).	기술적으로 불가능한 존재이기 때문에 불가능 범죄에 좋다.

단서

▶총교주 코발트는 가장 높은 수를 찾는 곳에 없었다.

▶사과 과수원에서 작은 인형이 발견되었다.

진술

※범인은 거짓말을 합니다.

▶**점성학자 아주어 :**
별들을 보세요! 제가 프라임 스테이크를 가져왔다고 말하고 있어요.

▶**총교주 코발트 :**
점성학자 아주어가 계산실에 있는 모습을 계시에서 보았지.

▶**수비학자 나이트 :**
숫자를 따져 보면 제가 하이퍼큐브를 가져왔어요.

용의자 장소

123

무기

장소

123

사건 해결

누가?

무엇으로?

어디에서?

28 | 금융과 살인

탐구 협회는 오컬트의 증거를 가져오는 사람에게 100만 달러를 주고 있습니다. 그런데 이라티노가 상금을 너무 많이 뿌리는 바람에 은행 지점장이 대화를 요청했습니다. 하지만 로지코와 이라티노가 은행에 도착했을 때 지점장은 이미 죽은 후였습니다.

용의자

초크 회장

여러 해 전에 출판업을 속속들이 파악한 뒤로
오직 앞만 보고 나아간다. 전자책은 반짝 유행으로 치부하며,
아직도 다이얼식 전화를 쓴다. 억만장자.

175cm / 오른손잡이 / 파란 눈 / 백발 / 궁수자리

망고 신부

청빈의 맹세를 했지만 BMW를 몰고,
순종의 맹세를 했지만 25세의 부하가 있고,
순결의 맹세도 했기 때문에 휴가를 떠났다.

178cm / 왼손잡이 / 갈색 눈 / 대머리 / 황소자리

시뇨르 에메랄드

이탈리아의 저명한 보석상.
희귀 보석을 찾아 세계를 여행하며,
주머니에서 수시로 보석을 흘린다.

173cm / 왼손잡이 / 갈색 눈 / 검은 머리 / 궁수자리

장소

뒷방
실내

이 뒤쪽에 있는 인쇄기에서
콧수염이 그려진 웃긴 돈을
찍어 내는 것이 분명하다.

시계장치실
실내

각종 톱니바퀴와 황동 부품들이
외부의 시계를 돌린다.
들어갔다가 다쳐도 은행은
책임을 지지 않는다!

금고실
실내

금고 안의 고대 파피루스에
적힌 첫 번째 수수께끼:
6의 절반과 3의 두 배 사이에
있는 유일한 짝수.

무기

가죽 장갑	노트북 컴퓨터	황금 한 자루
가벼움	보통 무게	무거움
가죽 장갑 낀 사람을 조심할 것. 그 아래에 무엇을 숨기고 있을까?!	업무용 기계. 일을 방해하는 세상의 모든 것과도 연결되어 있다.	무겁고도 비싸다! 금화가 자꾸 떨어진다.

단서

▶은행 창구 직원이 로지코에게 준 뒤죽박죽 쪽지: 가황자소리 에방뒷 있다었.

▶가죽으로 만든 무기는 안전 금고 옆에 없었다.

진술

※범인은 거짓말을 합니다.

▶**초크 회장 :** 흠… 황금 한 자루가 시계장치실에 있던데.

▶**망고 신부 :** 노트북 컴퓨터가 뒷방에 있었지요.

▶**시뇨르 에메랄드 :** 초크 회장이 노트북 컴퓨터를 가져왔어요.

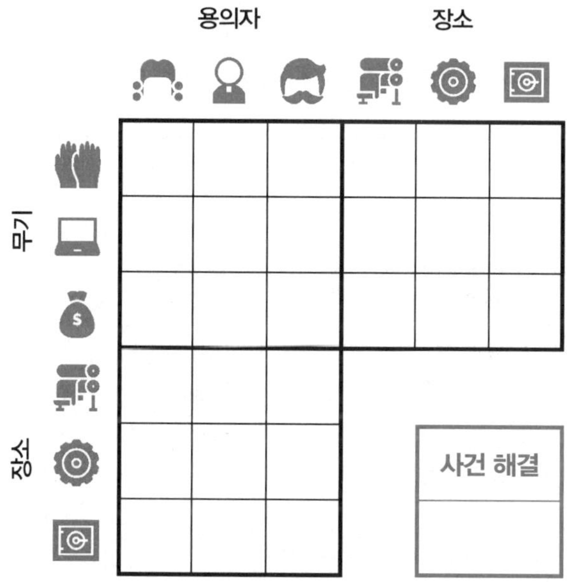

누가?

무엇으로?

어디에서?

29 | 컨벤션 센터 옆 호텔

신비탐정 이라티노는 로지코를 따라 수학 컨벤션에 가기로 했습니다. 일단은 호텔에 체크인부터 했는데, 이라티노는 벌써 지루함에 완전히 찌들어서 컨시어지가 살해되자 안도감이 느껴질 정도였습니다.

용의자

시뇨르 에메랄드

이탈리아의 저명한 보석상.
희귀 보석을 찾아 세계를 여행하며,
주머니에서 수시로 보석을 흘린다.

173cm / 왼손잡이 / 갈색 눈 / 검은 머리 / 궁수자리

사회학자 엄버

과학을 대표하는 입장에 서서
항상 남들에게 누구의 계보를 이었는지,
독일의 사회학자 베버의 저서를 읽었는지 묻는다.

163cm / 왼손잡이 / 파란 눈 / 금발 / 사자자리

수학자 마블

드디어 하녀 일을 그만두고
진짜 꿈인 수학을 찾아 떠났다.

170cm / 왼손잡이 / 파란 눈 / 금발 / 게자리

장소

101호
실내
이 호텔에서
제일 좋은 방.

202호
실내
이 호텔에서
제일 비싼 방.

303호
실내
프레지덴털
스위트.

무기

독이 든 머핀	π-차원 하이퍼큐브	나이프가 꽉 찬 세탁물 가방
가벼움	무거움	무거움
독이 들었을 뿐만 아니라 돌처럼 딱딱하다. 그래서 두 가지 방법으로 쓸 수 있다.	상상이 불가능하다. 그래서 범죄도 해결이 불가능할 것이다.	가끔은 나이프도 세탁이 필요하다.

단서

▶방 번호가 다른 두 방 중 하나의 딱 절반인 방에서 희귀 보석이 발견되었다.

▶사회학자 엄버는 기술적으로 불가능한 무기를 가져온 사람에게 크게 사기를 당한 적이 있다.

진술

※범인은 거짓말을 합니다.

▶**시뇨르 에메랄드 :**
들어봐요. 저는 나이프가 가득 든 세탁물 가방을 가지고 왔지요.

▶**사회학자 엄버 :**
독이 든 머핀이 2층에 있었어요.

▶**수학자 마블 :**
제 방 번호가 다른 방의 세 배랍니다.

누가?

무엇으로?

어디에서?

30 | A^2+B^2= 살인!

논리탐정 로지코와 신비탐정 이라티노는 수학 컨벤션장에 갔습니다. 로지코는 수학 분야에서 그간 올린 성과들을 익히며 기뻐했지만, 이라티노는 신비한 의미를 별로 다루지 않는 것에 실망했습니다. 다행히 그런 차이는 발표자 한 명이 살해되자 곧 사라졌습니다.

용의자

브라운스톤 수사

평생을 교회(의 돈벌이)를 위해 헌신한 수도사.

163cm / 왼손잡이 / 갈색 눈 / 갈색 머리 / 염소자리

마술사 믹스달

남편을 두 토막으로 자르는 마술을 완벽하게 해낸 유랑 마술사.
남편의 몸은 그 후에 사라졌다.

168cm / 왼손잡이 / 녹색 눈 / 금발 / 양자리

애플그린 교장

살인죄를 면하는 것을 제외하고는 모든 면에서 엄격한 교장.
언제나 손에 분필가루가 묻어 있다.

180cm / 오른손잡이 / 파란 눈 / 대머리 / 천칭자리

장소

접수대	**화장실**	**대형 홀**
실내	실내	실내
입장을 위한 두 번째 수수께끼: 학생 두 명이 4일 동안 문제 8개를 풀 수 있다면, 3명이 2일 동안 몇 개를 풀까?	줄을 서지 않는다. 수학자들이 화장실을 최적화할 방법을 계산해 냈기 때문이다.	피타고라스의 무덤이 아직 발견되지 않은 것을 입증할 새 정리를 공개할 예정이다.

무기

3D 프린터	각도기	컴퍼스
무거움	가벼움	무거움
3D 프린팅으로 칼을 만들 수도 있고, 그냥 이 기계를 사람 위에 떨어뜨릴 수도 있다.	여기에 찔린 사람이 회복하는 데 얼마나 오래 걸릴지 각을 재볼 수 있다.	원을 그릴 수 있다. 그 외의 유용한 기능은 전혀 없다.

단서

- ▶애플그린 교장은 전에 컴퍼스를 가진 용의자를 퇴학시켰다.
- ▶갈색 눈을 가진 사람이 피타고라스의 수수께끼를 풀려고 애쓰는 중이었다.

진술

※범인은 거짓말을 합니다.

▶브라운스톤 수사 :
유랑 마술사가 화장실에 있었습니다.

▶마술사 믹스달 :
마술사의 명예를 걸고, 3D 프린터가 대형 홀에 있었어요.

▶애플그린 교장 :
마술사 믹스달이 각도기를 가져왔어요.

누가?

무엇으로?

어디에서?

31 | 스키장의 불만 접수: 살인 사건

신비탐정 이라티노는 논리탐정 로지코와 함께 친구네 스키장에 갔습니다. 하지만 도착해 보니 그 친구는 살해된 후였습니다. 스키 일정이 날아갔습니다.

용의자

그랜드마스터 로즈

체스 그랜드마스터. 항상 다음 일을 미리 계획한다. 다음 상대를 제거하는 일까지도(대응은: 1… e5).

170cm / 왼손잡이 / 갈색 눈 / 갈색 머리 / 전갈자리

버디그리 부제

성공회 소속의 부제. 교구 신도들의 기부금, 그리고 가끔은 비밀을 다룬다.

160cm / 왼손잡이 / 파란 눈 / 반백 머리 / 사자자리

편집자 아이보리

역대 최고의 로맨스 편집자. 적이 연인으로 바뀌는 장르를 만들어 냈고, 최초로 책 표지에 벗은 남자를 넣었다.

168cm / 왼손잡이 / 갈색 눈 / 반백 머리 / 전갈자리

장소

슬로프
실외

세계적으로 손꼽히는 고급 슬로프. 롱런 코스와 모글 코스는 스키와 스노보드를 모두 즐기기에 좋다.

눈에 안 띄는 동굴
실외

산 뒤편의 동굴. 종유석과 석순이 가득하고, 거기에 무엇이 더 있을지 모른다.

숲
실내

스키 리조트를 둘러싼 깊고 어두운 침엽수림. 사람들이 이 안에 들어갔다가 다시는 나오지 않는 일도 있다….

무기

목 조르는 스카프	독이 든 핫초코	스키 폴
가벼움	가벼움	가벼움
할머니가 눈에서 악의를 번뜩이며 짠 정말 좋은 스카프.	인생에서 마지막으로 마시는 따뜻한 음료.	이걸로 살인할 때의 가장 어려운 부분은 폴 하나만 써서 스키를 타고 현장을 벗어나는 것이다.

단서

▶독이 든 핫초코는 모굴 코스 근처에 없었다.

▶한 스키 선수가 로지코에게 준 뒤죽박죽 메시지: 자는갈리전 에숲 었답없다니.

진술

※범인은 거짓말을 합니다.

▶**그랜드마스터 로즈 :** 편집자는 종유석 동굴에 없더군요.

▶**버디그리 부제 :** 신을 모시는 입장에서, 그랜드마스터가 따뜻한 음료를 가져왔다고 말하겠어요.

▶**편집자 아이보리 :** 맞아요, 그랜드마스터 로즈는 스키 폴을 가져오지 않았어요.

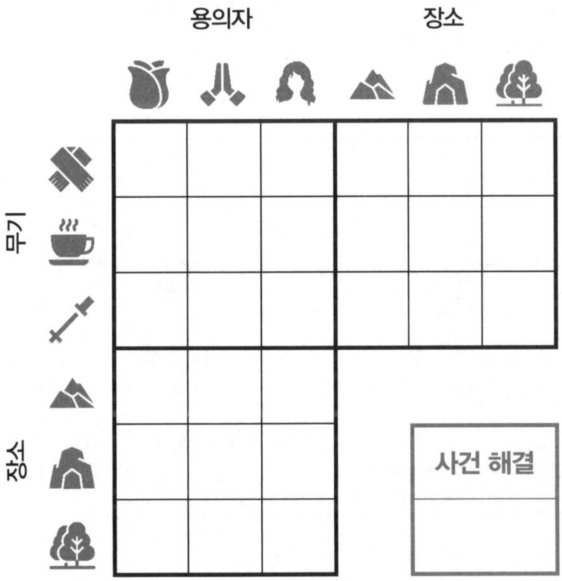

누가?

무엇으로?

어디에서?

32 | 컨트리클럽에서의 죽음

논리탐정 로지코는 자기와 신비탐정 이라티노가 가는 곳마다 자꾸만 살인이 일어나는 이유가 궁금했습니다. 예를 들어, 두 사람이 컨트리클럽에 가입하자 곧장 회원 한 명이 살해되었습니다. 컨트리클럽의 내부 정치가 살벌한 것은 알고 있었지만, 이건 너무하다는 생각이 들었습니다⋯.

용의자

MX. 탠저린

성별 이분법에 들어가지 않는 사람도
얼마든지 살인자가 될 수 있다는 것을 몸소 입증하고 있다.
화가이자 시인이자 용의자.

165cm / 왼손잡이 / 녹갈색 눈 / 금발 / 물고기자리

파인 판사

법정의 주재자이며,
정의에 관한 신념을 스스로 정해 굳게 지킨다.

168cm / 오른손잡이 / 갈색 눈 / 검은 머리 / 황소자리

모브 부사장

텍코 퓨처스의 부사장.
텍코의 최신 프로젝트인 텍토피아의 개발 책임자이기도 하다.
텍토피아는 현실 세계에 메타버스를 씌운 것과 비슷하다.

173cm / 오른손잡이 / 갈색 눈 / 검은 머리 / 황소자리

장소

식당

실내

새하얀 최고급 식탁보
위에 값비싼 식기가
놓여 있다.

캐디 대기실

실내

녹슬고 낡은 공구들이
가득하다. 캐디가 [redacted] 이나
시체를 숨기기에 완벽한 곳.

18번 홀

실외

길고 힘든 라운드를 마치고
바로 살해되면
얼마나 억울할까.

무기

독이 든 칵테일	우승 트로피	골프공이 가득 찬 자루
가벼움	무거움	보통 무게
엄밀하게 독은 두 가지다. 하나는 무엇이든 될 수 있고, 나머지 하나는 알코올.	골프 선수가 작은 골프 선수 모양의 트로피를 들고 있는 것처럼 생겼다.	누군가를 칠 수도 있고, 뒤로 던져 쫓아오는 사람이 걸려 넘어지게 만들 수도 있다.

단서

▶캐디 대기실에 있던 사람은 왼손잡이였다.

▶누군가가 영수증에 뒤죽박죽 끄적여 로지코에게 남긴 메시지: 자는황소리 무아도 승우 피트가로 다었없.

진술

※범인은 거짓말을 합니다.

▶**MX. 탠저린 :** 독이 든 칵테일은 식당에 없었어요.

▶**파인 판사 :** 나는 모브 부사장이 식당에 있었던 것 말고는 모르네.

▶**모브 부사장 :** 골프공 자루는 18번 홀에 없더군요.

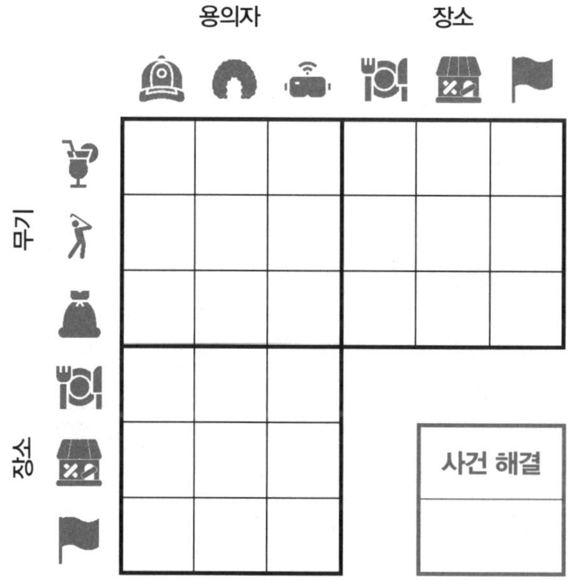

누가?

무엇으로?

어디에서?

33 | 도박도 살인도 모두 불법!

로지코는 비밀 도박장에 초대를 받았습니다. 그래서 포커의 필승법을 만들어 냈다고 장담했던 이라티노를 초대했습니다. 그런데 이라티노는 많은 돈을 잃었고, 다른 도박사 하나는 목숨을 잃었습니다.

용의자

차콜 두목

옛 시절의 갱 보스. 당시 갱 보스는 그래도 지금보다 의미가 있는 자리였다.

180cm / 오른손잡이 / 갈색 눈 / 검은 머리 / 황소자리

전설의 대스타 실버튼

할리우드 영화의 황금기를 살았고, 지금은 황혼기를 살아가는 대배우.

193cm / 오른손잡이 / 파란 눈 / 은발 / 사자자리

앳된 블루 씨

트렌치코트에 들어간 사람은 어린이 두 명이 아니라 어른 남성 한 명이다. 미성년자 관람 불가 영화를 보거나, 맥주를 사거나, 잠들 시간이 지난 뒤에도 돌아다니는 등의 어른 같은 일들을 한다.

234cm / 오른손잡이 / 파란 눈 / 금발 / 쌍둥이자리

장소

정문	포커 테이블	출납대
실외	**실내**	**실내**
입장을 위한 세 번째 수수께끼 : 절반이 두 개 모이면 이 숫자의 절반이다.	잠깐. 에이스 다섯 장이면 로열 플러시를 이기나?	벤저민 프랭클린의 얼굴에 전부 콧수염이 있다···.

무기

황금 한 자루	구두 나이프	소매 파이프
무거움	**보통 무게**	**보통 무게**
무겁고도 비싸다! 금화가 자꾸 떨어진다.	발을 세게 찍으면 가죽에서 나이프가 튀어나온다.	평범한 소매 안에 숨겨 놓은 평범한 파이프.

단서

▶ 쌍둥이자리인 용의자가 포커 테이블에 있었다.

▶ 테이블 아래로 로지코에게 전달된 수비학 코드 메시지 :

91 82 81 51 33 21 81 82 63 11 53 51 81 82 61 71 81 82 81 23

(자료 B 참조).

진술

※범인은 거짓말을 합니다.

▶ **차콜 두목 :**

여기를 보게. 전설의 대스타 실버튼이 출납대에 있었지.

▶ **전설의 대스타 실버튼 :**

자초지종을 말하겠어요. 차콜 두목이 소매 파이프를 가지고 온 거예요.

▶ **앳된 블루 씨 :**

우리, 아니 제가 아는 건 구두 나이프가 출납대에 있었다는 겁니다.

누가?

무엇으로?

어디에서?

34 | 통계적으로 당신은 죽었을 확률이 큽니다

논리탐정 로지코는 걱정스러웠습니다. 지금 해결하는 살인 사건의 수가 말도 안 되게 많았거든요. 상담을 위해 모교인 추리 대학에 갔는데, 통계학 교수가 살해되었습니다. 그런 일이 생길 확률은 얼마일까요?

용의자

수학자 마블

드디어 하녀 일을 그만두고
진짜 꿈인 수학을 찾아 떠났다.

170cm / 왼손잡이 / 파란 눈 / 금발 / 게자리

버밀리온 공작부인

크고 오래된 비밀을 간직한 키 크고 나이 많은 여성.
만약 살인자라면, 이번이 처음은 아닐 것이다.

175cm / 왼손잡이 / 회색 눈 / 백발 / 물고기자리

사회학자 엄버

과학을 대표하는 입장에 서서
항상 남들에게 누구의 계보를 이었는지,
독일의 철학자 베버의 저서를 읽었는지 묻는다.

163cm / 왼손잡이 / 파란 눈 / 금발 / 사자자리

장소

컴퓨터실	동전 던지기 방	타자기실
실내	**실내**	**실외**
컴퓨터가 스스로 계산할 수 있는 것이 몇 개나 되는지 계산하고 있다.	동전을 던져서 진짜로 확률이 실현되는지 확인하는 방.	원숭이 26마리와 타자기 26개가 있다. 400억 년 뒤면 햄릿의 초고가 나올 예정이다.

무기

소화기	날카로운 연필	계산기
무거움	**가벼움**	**보통 무게**
머리를 내려쳐서 사람을 죽일 수 있다. 일단 불을 낸 다음 이걸 안 쓰는 방법도 있다.	진짜 납이 들어 있다. 찔리면 납 중독으로 죽을 수 있다.	인간을 달에 보내기에 충분하고도 남을 연산 능력이 있다. 창의적인 방식으로 욕설을 쓸 수도 있다.

단서

▶원숭이가 백발 몇 올을 찾아냈다.

▶사회학자 엄버는 소화기를 가져온 사람이 싫었다.

진술

※범인은 거짓말을 합니다.

▶**수학자 마블 :**
계산기가 동전 던지기 방에 있었습니다.

▶**버밀리온 공작부인 :**
마블이 컴퓨터실에 있던데.

▶**사회학자 엄버 :**
마블이 날카로운 연필을 가져왔어요!

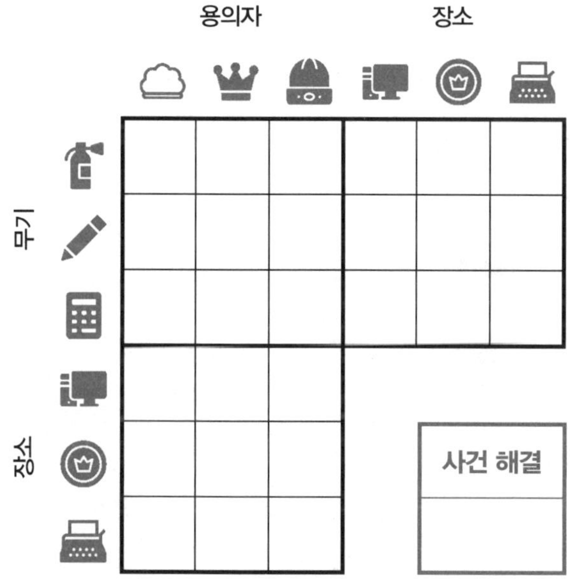

누가?

무엇으로?

어디에서?

35 | 초능력자의 변고

신비탐정 이라티노는 로지코에게 자신의 타당성을 증명하고 싶었습니다. 그래서 초능력 연구실에 기회를 한 번 더 주고 싶다고 말했습니다. 하지만 자칭 초능력자가 다시 죽는 바람에 소용이 없게 되었습니다….

용의자

점성학자 아주어

별을 보고 점을 친다.
사람들이 태어난 정확한 시간과 장소를 무척이나 궁금해한다.

168cm / 오른손잡이 / 녹갈색 눈 / 갈색 머리 / 게자리

모브 부사장

텍코 퓨처스의 부사장. 텍코의 최신 프로젝트인 텍토피아의 개발 책임자이기도 하다. 텍토피아는 현실 세계에 메타버스를 씌운 것과 비슷하다.

173cm / 오른손잡이 / 갈색 눈 / 검은 머리 / 황소자리

글라우 학장

막대한 지원금을 받는 연구 대학의 무슨 학부 학장.
하는 일이라면, 일단 돈을 다루고….

168cm / 오른손잡이 / 갈색 눈 / 갈색 머리 / 처녀자리

장소

마당	주방	감각 차단실
실외	실내	실내
다우징 실험 때문에 구멍이 잔뜩 났다.	서랍에 있던 식기는 전부 실험에 쓰려고 꺼내 갔다.	어두운 방에 놓인 수조. 그 안에서 과거로 회귀하거나 지독하게 지루한 시간을 보낼 수 있다.

무기

다우징 막대

보통 무게

이걸로 물, 기름, 호구를 찾을 수 있다.

준영구기관

무거움

영구적으로 움직이지는 않는다. 한 번에 2분에서 3분 정도만 움직인다.

수정구

무거움

들여다보면 미래가 보인다. 미래에 그 수정구가 될 사람에게는.

단서

▶글라우 학장은 한 번에 2분에서 3분 정도 움직이는 기계를 가져온 사람에게서 돈을 받으리라 기대하고 있었다.

▶초능력 연구실 벽에 쓰여 있던 뒤죽박죽 메시지: 자리가소황 방주에 있다었.

진술

※범인은 거짓말을 합니다.

▶**점성학자 아주어 :** 저는 어두운 방에 가지 않았어요.

▶**모브 부사장 :** 미래가 보이는 도구는 마당에 없었죠.

▶**글라우 학장 :** 준영구기관이 마당에 있었는데.

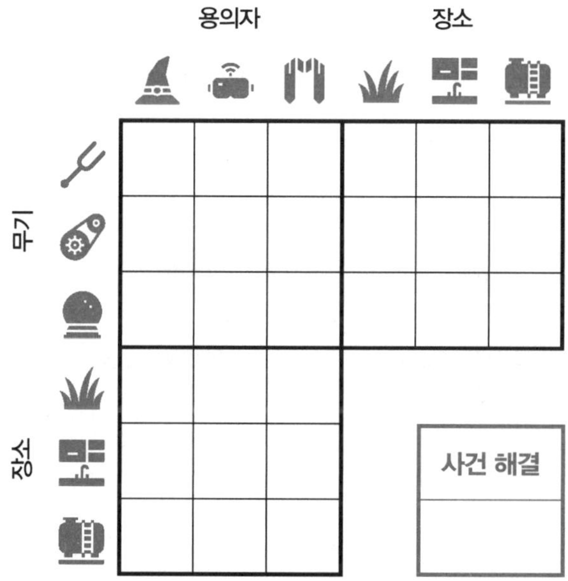

누가?

무엇으로?

어디에서?

36 | 미드나이트 영화 속편

드라코니아 왕당파 레지스탕스 대변인 두 명이 미드나이트 영화사에 와서 붉은 혁명에 반대하는 내용의 영화를 만들어 달라고 요청했습니다. 그런데 선정된 감독이 살해되는 바람에 협상이 중간에 멈췄습니다. 결국 로지코가 다시 할리우드로 가서 사건을 해결하게 되었습니다.

용의자

포르퍼스 대주교

신성 드라코니아 교회의 대주교이자 세인트 루핀 정교 신도들의 유일하고도 진정한 지도자. 아무도 그 사실을 잊을 수 없다.

163cm / 오른손잡이 / 검은 눈 / 검은 머리 / 게자리

그레이 백작

홍차로 유명한, 유서 깊은 그레이 백작가의 후손.
사인은 해 주지 않지만, 요청한 사람에게 티백 하나를 공짜로 준다.

175cm / 오른손잡이 / 갈색 눈 / 백발 / 염소자리

미드나이트 2세

아들이 영화사를 빼앗으려고 했었다.
아직 영화사를 가지고 있지만 이제 아들은 없다.

188cm / 오른손잡이 / 검은 눈 / 검은 머리 / 염소자리

장소

미드나이트 1세 조각상	**방음 스튜디오 A**	**보안실**
실외	**실내**	**실내**
미드나이트 영화사를 설립한 위인 미드나이트 1세의 조각상.	〈크라임 퍼즐: 더 무비〉가 하도 크게 성공해서 새 살인 추리극을 촬영하는 중이다.	대부분의 군부대보다도 보안 시스템이 정교하다.

무기

붐 마이크

보통 무게

일반 마이크와 달리, 멀리 떨어진 거리에서도 살인에 쓸 수 있다.

무대 조명

무거움

눈에 비추면 잠시 눈이 안 보인다. 머리를 치면 영원히 아무것도 안 보인다.

연필

가벼움

연결 흐름을 관리하거나 누군가를 찌를 때 쓴다.

단서

▶미드나이트 2세는 멀리 떨어진 거리에서도 살인할 수 있는 무기를 쥐고 있었다.

▶상영을 시작할 때 깜박이는 화면에서 로지코의 눈에 띈 뒤죽박죽 메시지: 가리자게 나드미이트 세1 각상조 에엳 다있었.

진술

※범인은 거짓말을 합니다.

▶**포르퍼스 대주교 :** 세인트 루핀의 말씀에 따르면, 그레이 백작이 보안실에 있었습니다.

▶**그레이 백작 :** 미드나이트 2세가 방음 스튜디오 A에 있었어요.

▶**미드나이트 2세 :** 백작이 연필을 가져온 걸 알겠어요?

누가?

무엇으로?

어디에서?

37 | 유전자 조작도 없고 목숨도 없는

로지코는 수학적 재능을 제대로 시험해 보려고 가격표에 생전 처음 보는 숫자들이 적힌 유기농 식품 가게에 들렀습니다. 이라티노는 어딘가 다른 차원에 왔다고 믿었지만, 로지코는 여기가 살인 현장이라고 생각했습니다. 왜냐하면 거기에는 정육점 주인이 [redacted]나 있었습니다.

용의자

대연금술사 레이븐

연금술사는 전부 대연금술사라는 오래된 농담이 있다. 레이븐은 그 농담을 싫어한다.

173cm / 오른손잡이 / 갈색 눈 / 갈색 머리 / 물고기자리

오버진 주방장

남편을 죽이고 요리해서 레스토랑 손님들에게 서빙했다는 소문이 있다. 헛소문이지만, 그런 헛소문에도 의미가 있다.

157cm / 오른손잡이 / 파란 눈 / 금발 / 천칭자리

카퍼 경관

범죄자가 경찰일 때 좋은 점은, 중간책을 제거해서 자기 범죄 수사를 망칠 수 있다는 것이다.

165cm / 오른손잡이 / 파란 눈 / 금발 / 양자리

장소

신선식품 코너

실내

모든 식재료가 농장 직송, 공정무역, 초고가 상품이다.

베이커리

실내

신선한 신입들이 통곡하면서 만든 신선한 통곡물 빵.

델리 코너

실내

밀고기 소시지에서 콩고기 스테이크까지 최고의 비건 고기들이 전부 있다.

무기

코르크 따개	포크	숟가락
가벼움	가벼움	가벼움
주위를 둘러보니 온통 무기가 널려 있다.	잘 생각해 보면 나이프보다 훨씬 살벌하다.	포크가 나이프보다 살벌하다면, 숟가락으로 사람을 죽이는 것은 얼마나 심할까.

단서

▶숟가락은 공정무역 식품 근처에 없었다.

▶오버진 주방장은 따뜻한 통곡물 빵의 가격표를 멍하니 보고 있었다.

진술

※범인은 거짓말을 합니다.

▶**대연금술사 레이븐 :**
연금술적으로, 코르크 따개는 델리 코너에 있었지요.

▶**오버진 주방장 :**
카퍼 경관을 콩고기 스테이크 근처에서 봤어요.

▶**카퍼 경관 :**
연금술사는 코르크 따개를 가져오지 않았어!

누가?

무엇으로?

어디에서?

38 | 탐정은 살인의 꿈을 꾸는가

논리탐정 로지코는 너무나 많은 살인 사건에 지쳐 이라티노의 소파에서 잠이 들었습니다. 그런데 꿈에서마저 사건을 해결해야 했습니다. 깨어나기 전에 꿈속의 살인 사건을 해결하지 못하면 꿈속의 살인마를 잡지 못한다는 것은 누구나 아는 사실입니다.

용의자

신비탐정 이라티노

로지코는 이라티노에 관한 꿈을 많이 꾸었고,
대부분은 [redacted]에 관한 것이었다.

188cm / 왼손잡이 / 녹색 눈 / 갈색 머리 / 물병자리

더스티 감독

더스티 감독이 꿈을 감독하는 것 같다.
하지만 꿈에 나오는 것 같기도 하다. 혼란스럽다.

178cm / 왼손잡이 / 녹갈색 눈 / 대머리 / 물고기자리

부키상 수상자 게인스

로지코는 부키상을 받아서 게인스에게 창피를 준 후로
불안할 때면 종종 그 사람에게 살해되는 꿈을 꾼다.

183cm / 왼손잡이 / 녹갈색 눈 / 갈색 머리 / 쌍둥이자리

장소

 **근처 카페**	 **어린 시절의 집**	 **구름**
실내	**실내**	**실내**
모든 사람이 평소처럼 행동하지만, 카페는 불타고 있다.	좋아하던 영화의 장면하고도 닮았다.	섬이 된 로지코의 아파트 위를 떠다닌다.

무기

피아노	고스트페퍼 가루	커다란 붉은 책
무거움	가벼움	보통 무게
너무나 많은 살인 사건을 해결해야 하는 부담을 나타낸다.	너무나 매운 향신료. 로지코가 [redacted]에게 느끼는 불타는 열정을 상징한다.	레드 소령의 저서이지만, 로지코의 꿈에서는 공부하지 않은 범위의 시험 문제가 들어 있다.

단서

▶어린 시절의 집에 있었던 용의자는 상징 숫자가 5였다(자료 B 참조).

▶로지코의 불타는 열정을 나타내는 무기는 구름에 없었다.

진술

※범인은 거짓말을 합니다.

▶**신비탐정 이라티노 :**

내가 피아노를 가져오지 않았다고 맹세해요.

▶**더스티 감독 :**

나는 바쁜 사람이라고요.

피아노는 구름에 있었지요.

▶**부키상 수상자 게인스 :**

나는 절대 근처 카페에 가지 않았다오.

누가?

무엇으로?

어디에서?

39 | 천둥은 번개 뒤를 따르고, 탐정은 단서를 따른다

천둥이 치며 바람이 휘몰아치니 논리탐정 로지코와 신비탐정 이라티노는 안전한 곳을 찾아 피해야 했습니다. 하지만 불행히도 살인이 일어났습니다. 누군가가 이 절호의 기회를 이용해 기상학자를 죽였습니다.

용의자

슬레이트 대위

우주비행사. 달의 뒷면을 탐험한 최초의 여성이자,
우주선 부조종사 살인 혐의를 받은 최초의 인물.

165cm / 왼손잡이 / 갈색 눈 / 갈색 머리 / 물병자리

우주인 블루스키

전직 소련 우주비행사. 빨간 피가 흐른다.
물론 그게 보통이지만, 그래도 이건 애국의 상징이다.

188cm / 왼손잡이 / 갈색 눈 / 검은 머리 / 양자리

룰리언 경

최근에 기사로 임명된 섬세한 신사.
항상 흔들고 다니는 공식 기사 임명장에 따르면 그렇다.

173cm / 오른손잡이 / 파란 눈 / 붉은 머리 / 사자자리

장소

회오리

실외

아주 빠르게 회전하는 바람.
사람을 죽일 수 있다.
아니면 마법의 세계로
데려갈 수도 있다.

폭풍을 뒤쫓는 밴

실외

남들 모두와 반대 방향으로
질주하고 있다.

폭풍 대피소

실내

탁구대, 자판기,
남들의 비참한 상황을
보여주는 TV가 있다.

무기

위성 안테나
무거움
정교한 기계. 폭풍의 동향을 추적하거나 사람의 머리를 강타할 수 있다.

피뢰침
보통 무게
다른 사람에게 이걸 들고 기다리라고 해 보자. 그 사람은 그 후에 일어날 일에 충격을 받겠지!

오토바이용 헬멧
무거움
안전 장비가 최고의 무기가 되기도 하는 법이다.

단서

- ▶모두와 반대로 달리는 차의 창문 밖으로 공식 기사 임명장 무더기가 휘날렸다.
- ▶슬레이트 대위는 안테나를 가져온 사람을 싫어했다.

진술

※범인은 거짓말을 합니다.

- ▶**슬레이트 대위 :** 우주인 블루스키가 폭풍 대피소에 있던데.
- ▶**우주인 블루스키 :** 동무, 회오리 속에 헬멧이 있었어!
- ▶**룰리언 경 :** 흠, 난 피뢰침을 가지고 왔어요.

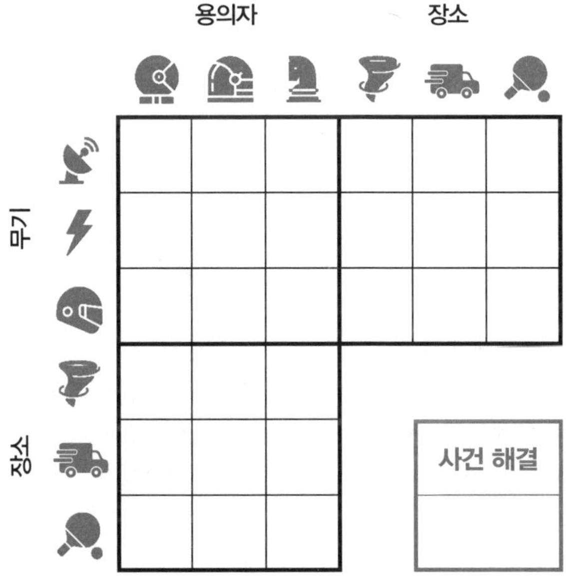

누가?

무엇으로?

어디에서?

40 | 텍코 퓨처스: 과거가 죽는 곳

논리탐정 로지코와 신비탐정 이라티노는 텍코 퓨처스 본사에 초청을 받아 CEO를 만나러 갔습니다. 이제 두 사람이 도착했을 땐 CEO가 죽어 있었다는 말이 나올 차례일 것 같지만, 그렇지 않았습니다. CEO는 그저 너무 바빠서 약속 장소에 나오지 못했을 뿐이었습니다. 하지만 그 소식을 전할 비서가 죽었습니다.

용의자

샴페인 동무

부유한 공산주의자.
세계를 여행하며 휴가지의 동지들에게
공산주의 메시지를 전하는 것이 최고의 기쁨이다.

180cm / 왼손잡이 / 녹갈색 눈 / 금발 / 염소자리

모브 부사장

텍코 퓨처스의 부사장. 텍코의 최신 프로젝트인
텍토피아의 개발 책임자이기도 하다. 텍토피아는
현실 세계에 메타버스를 씌운 것과 비슷하다.

173cm / 오른손잡이 / 갈색 눈 / 검은 머리 / 황소자리

화이트 대표

세력을 되찾으려는 귀족들의 정당인
왕당파 레지스탕스에서 적절한 절차에 따라 선출된 대표.
인장 반지를 끼었다.

178cm / 오른손잡이 / 회색 눈 / 백발 / 사자자리

장소

자연의 방
실내

이 방의 모든 것이
플라스틱으로 되어 있지만,
완벽한 진짜 자연의 방은
이렇게 생겼을 것 같다.

홀로그램 무대
실내

전설의 대배우 실버튼이
100만 달러를 받고
홀로그램을 연기한다.

회의실
실내

모든 결정을 CEO가
내리기 때문에
아무도 이 방을 쓰지 않는다.

무기

현금이 가득한 서류 가방	황금 정육면체	노트북 컴퓨터
무거움	**무거움**	**보통 무게**
솔직히 위조지폐가 이 정도로 나오면 통화 가치가 떨어지지 않을까.	한 변이 1m인 황금 정육면체는 10억 달러 가치가 있다. 지금껏 실용적인 의미는 없지만….	텍코 퓨처스에서는 노트북 컴퓨터도 다이얼식 전화나 VHS처럼 구시대 기술이다.

단서

▶샴페인 동무는 서류 가방을 가져온 사람을 싫어했다.

▶텍코 컴퓨터에 다음 글자 암호로 전송된 메시지: 비이이드히 챠니딕 휼숀 히어셜.

진술

※범인은 거짓말을 합니다.

▶**샴페인 동무 :**
모브 부사장이 육면체를 가져왔지.

▶**모브 부사장 :**
부사장으로서, 노트북 컴퓨터가 플라스틱 방에 있었다고 단언하겠어요.

▶**화이트 대표 :**
모브 부사장이 회의실에 있던데.

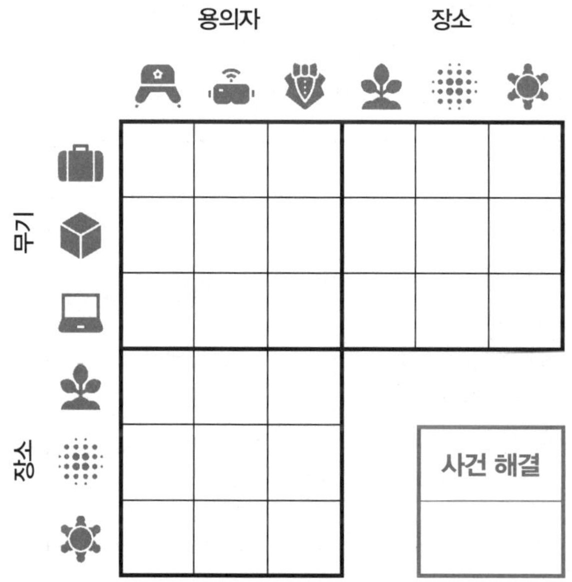

누가?

무엇으로?

어디에서?

41 | 육식 동물에게 죽음이!

신비탐정 이라티노는 친구가 운영하는 동물 구조 시설에 로지코를 데리고 갔습니다. 친구는 괜찮았지만 육식을 하는 손님은 그렇지 않았습니다. 괜찮지 않은 정도가 아니라 죽었습니다. 로지코만이 이 사건을 해결할 수 있습니다.

용의자

앳된 블루 씨

트렌치코트에 들어간 사람은 어린이 두 명이 아니라 어른 남성 한 명이다. 미성년자 관람 불가 영화를 보거나, 맥주를 사거나, 잠들 시간이 지난 뒤에도 돌아다니는 등의 어른 같은 일들을 한다.

234cm / 오른손잡이 / 파란 눈 / 금발 / 쌍둥이자리

신비동물학자 클라우드

빅풋, 예티, 서스쿼치와 같은 설인의 모든 목격담과 각각의 차이를 전부 안다.

170cm / 오른손잡이 / 회색 눈 / 백발 / 전갈자리

MX. 탠저린

성별 이분법에 들어가지 않는 사람도 얼마든지 살인자가 될 수 있다는 것을 몸소 입증하고 있다. 화가이자 시인이자 용의자.

165cm / 왼손잡이 / 녹갈색 눈 / 금발 / 물고기자리

장소

다람쥐 보호 구역	라마 보금자리	돼지우리
실외	실내	실내
뛰노는 다람쥐가 수백만 마리는 되어 보인다. 사방이 호두 껍데기 천지다.	라마를 깨우지 말 것. 자는 중이다.	더러울 것이라고 예상하기 쉽지만, 이 시설에서 가장 깨끗한 축에 든다.

무기

묵직한 양배추
보통 무게
꽁꽁 얼어서 돌처럼 딱딱하다. 나중에 먹어서 증거를 인멸할 수 있다.

당근
가벼움
야채 중 가장 위험함. 뭔가를 찌르기에 딱 좋다.

브로콜리
가벼움
녹색이고 몸에 좋다. 마치 달러처럼. 크기도 숨이 막히기에 딱 적당하다.

단서

▶ 어느 똑똑한 돼지가 로지코에게 메시지를 남겼다. 하지만 아쉽게도 글자가 뒤죽박죽이다: 가둥이리자쌍 콜리브로를 고지가 어있었.

▶ 졸고 있는 동물 옆에서 꽁꽁 언 야채가 발견되었다.

진술

※범인은 거짓말을 합니다.

▶ **앳된 블루 씨 :**
우리, 아니 내가 아는 건 화가가 돼지우리에 있었다는 거죠.

▶ **신비동물학자 클라우드 :**
시인이 양배추를 가졌고요.

▶ **MX. 탠저린:**
신비동물학자는 위험한 야채를 가지고 오지 않았고요.

누가?

무엇으로?

어디에서?

42 | 화폐의 무덤인가?

신비탐정 이라티노는 로지코를 데리고 바하마 제도로 갔습니다. 해변에서 휴가를 보낼 생각에 마음이 들떴지만, 일단은 암호 화폐 회사의 투자 상황부터 확인하기로 했습니다. 그런데 CEO가 죽은 것을 보면, 상황이 좋지 않은 것 같습니다.

용의자

수학자 마블

수학으로 우주의 비밀을 밝힐 수 있고,
심지어 대량의 돈까지 벌 수 있다는 것을 알아냈다!

170cm / 왼손잡이 / 파란 눈 / 금발 / 게자리

책임 프로듀서 스릴

할리우드에서 제일 부유하고, 영리하고, 성격 나쁜 프로듀서.
이 사람은 은행 잔고가 모자랐던 적이 없다.

168cm / 오른손잡이 / 회색 눈 / 백발 / 양자리

룰리언 경

최근에 기사로 임명된 섬세한 신사.
항상 흔들고 다니는 공식 기사 임명장에 따르면 그렇다.

173cm / 오른손잡이 / 파란 눈 / 붉은 머리 / 사자자리

장소

펜트하우스

실내

서버실 에너지를
5분의 1씩 소비하는
TV가 6대 있다.

서버실

실내

여기에서 소비하는 만큼의
에너지로 세계의
기아 문제를 해결할 수 있다.

컴퓨터실

실내

이 컴퓨터 한 대 값이면
작은 나라 하나를 먹여
살릴 수 있다. 주로 혼자 하는
카드놀이 게임을 할 때 쓴다.

무기

후드 티

보통 무게

편안한 옷을 둘러서
누군가의 목을 조를 수 있다.

마법 버섯 다발

가벼움

사람이 정말 마법처럼
사라진다.

사나운 게

보통 무게

집게에 독이 발렸다는 말을
듣기 전까지는
별로 무섭지 않아 보인다!

단서

▶룰리언 경은 어린 시절에 마법 버섯 다발을 가져온 사람과 친구였다.

▶컴퓨터실에 있던 용의자는 상징 숫자가 7이다(자료 B 참조).

진술

※범인은 거짓말을 합니다.

▶**수학자 마블 :**
네, 제가 후드 티를 가져왔습니다.

▶**책임 프로듀서 스틸 :**
수학자 마블이 서버실에 있던데.

▶**룰리언 경 :**
후드 티는 TV 근처에 없었지요.

누가?

무엇으로?

어디에서?

43 | 대회장에서의 살인

로지코는 드디어 이라티노를 설득해서 체스 대회장에 데려갔습니다. 로지코는 체스 말과 움직임의 신비학적인 의미를 설명하면서 이라티노의 관심을 키워 보려고 했지만, 이라티노는 심판 한 명이 살해될 때까지 별 흥미를 못 느끼는 것 같았습니다.

용의자

커피 장군

부하들을 죽음의 격전장으로 보내기 전에 항상 모닝커피를 마시는 커피 애호가. 중요한 것은 명예인가, 영광인가, 부인가 아니면 커피콩에 대한 사랑인가?

183cm / 오른손잡이 / 갈색 눈 / 대머리 / 궁수자리

차콜 두목

옛 시절의 갱 보스. 당시 갱 보스는 그래도 지금보다 의미가 있는 자리였다.

180cm / 오른손잡이 / 갈색 눈 / 검은 머리 / 황소자리

그랜드마스터 로즈

체스 그랜드마스터. 항상 다음 일을 미리 계획한다. 다음 상대를 제거하는 일까지도(2. f4, 폰을 공격).

170cm / 왼손잡이 / 갈색 눈 / 갈색 머리 / 전갈자리

장소

결승전 경기장	길 건너 카페	분석실
실내	**실외**	**실내**
세계에서 가장 뛰어난 선수 두 명이 18시간 동안 분전한 끝에 무승부. 흥미진진하다!	진짜 체스 경기가 이루어지는 곳 (그리고 진짜 커피를 마시는 곳).	네 번째 수수께끼 : 시계의 시침은 6분 사이에 몇 도나 움직일까?

무기

폭발하는 비숍	체스 강의서	낡은 체스용 시계
가벼움	**보통 무게**	**무거움**
흰 말 16개와 검은 말 16개 중에서 폭발하는 것은 오직 하나!	알아보기 어려운 표와 퍼즐이 가득 찬 책을 누가 사는 걸까?	똑딱똑딱…. 시간은 우리를 천천히 죽인다.

단서

▶폭발하는 체스 말이 실외에서 발견되었다.

▶차콜 두목은 어려운 표가 가득 찬 책을 가져온 사람에게 자객을 보낸 적이 있다.

진술

※범인은 거짓말을 합니다.

▶**커피 장군 :**
차콜 두목이 폭발하는 비숍을 가져왔지.

▶**차콜 두목 :**
커피 장군은 분석실에 없었지.

▶**그랜드마스터 로즈 :**
커피 장군은 결승전 경기장에서 시합 중이던데.

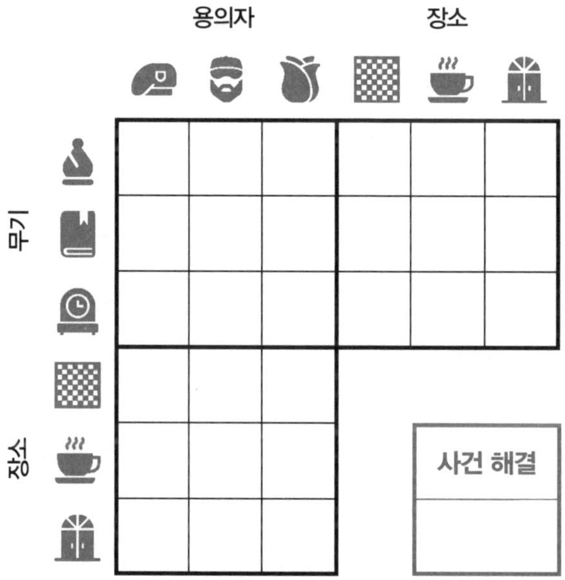

누가?

무엇으로?

어디에서?

44 | 대사 저택에서 일어난 사건

국제회의에서는 아직 자유 드라코니아를 국가로 인정하지 않았기 때문에, 와해된 신성 드라코니아 정부 대표만이 대사로 인정되고 있었습니다. 사실 이제는 죽어서 더는 인정을 받지 못하게 되었지만요. 로지코는 살인범을 알아내기 위해 대사의 저택을 조사했습니다.

용의자

포르퍼스 대주교

신성 드라코니아 교회의 대주교이자 세인트 루핀 정교 신도들의 유일하고도 진정한 지도자. 아무도 그 사실을 잊을 수 없다.

163cm / 오른손잡이 / 검은 눈 / 검은 머리 / 게자리

우주인 블루스키

전직 소련 우주비행사. 빨간 피가 흐른다.
물론 그게 보통이지만, 그래도 이건 애국의 상징이다.

188cm / 왼손잡이 / 갈색 눈 / 검은 머리 / 양자리

화이트 대표

세력을 되찾으려는 귀족들의 정당인 왕당파 레지스탕스에서 적절한 절차에 따라 선출된 대표. 과거의 영광을 꿈꾼다.

178cm / 오른손잡이 / 회색 눈 / 백발 / 사자자리

장소

정문
실외
고위 관리들을 맞이하는 곳.

뒷문
실외
뇌물을 받는 곳.

옆문
실외
대사의 형제들이 잠깐 들를 때 들어오는 곳.

무기

골동품 화승총	1980년대 휴대폰	체스판
보통 무게	무거움	무거움
드라코니아 내전을 시작한 은 탄환을 발사했던 총이다.	1980년대 자동차 중에 이보다 가벼운 것도 있다. 지금 기준으로 보면 고대 기술이다.	대리석으로 되어 있고 심하게 무겁다.

단서

- ▶탐정 클럽에서 뒤죽박죽 단서를 적어 보낸 팩스: 폰휴을대 가진 용자는의 발다이백.
- ▶대리석 무기는 뇌물을 받는 곳에서 찾을 수 없었다.

진술

※범인은 거짓말을 합니다.

▶포르퍼스 대주교:
신의 이름으로, 우주인 블루스키는 정문에 없었습니다.

▶우주인 블루스키 :
골동품 화승총이 정문에 있었어요!

▶화이트 대표 :
포르퍼스 대주교가 골동품 화승총을 가져왔던데.

사건 해결

누가?

무엇으로?

어디에서?

45 | 모든 날에는 숫자가 있다!

전에 논리탐정 로지코를 가르친 수학 교수가 전화를 걸더니 서둘러 자기 저택에 와달라고 했습니다. 거기 도착했을 때 로지코는 수학자가 무슨 수로 이렇게 큰 저택을 샀을까가 제일 궁금했습니다. 그건 그렇고 그 수학자를 죽인 범인은 누구일까요?

용의자

수비학자 나이트

Z 값도 알고 Z의 의미도 안다.

175cm / 왼손잡이 / 파란 눈 / 갈색 머리 / 물고기자리

모브 부사장

텍코 퓨처스의 부사장. 텍코의 최신 프로젝트인 텍토피아의 개발 책임자이기도 하다. 텍토피아는 현실 세계에 메타버스를 씌운 것과 비슷하다.

173cm / 오른손잡이 / 갈색 눈 / 검은 머리 / 황소자리

옵시디언 부인

성서와 셰익스피어를 합한 것보다 더 많은 책을 판매한 미스터리 작가.

163cm / 왼손잡이 / 녹색 눈 / 검은 머리 / 사자자리

장소

후면 테라스	서재	장서고
실외	**실내**	**실내**
아래쪽으로 호수가 보인다. 어떻게 수학자가 이런 곳을 샀을까?	책상 위의 메모에 적힌 다섯 번째 수수께끼: 1 3 5 7. 이 중에서 셋은 삼각형 각 변의 길이다. 아닌 것은?	모든 책에 길고 긴 숫자 목록이 가득하다.

무기

티타늄 구체

무거움

지름이 정확하게 3인치로 되어 있다. 아름답다.

봉투칼

가벼움

옆의 봉투에 메시지가 적혀 있다. '그간의 노고에 감사를 담아. CIA.' 이제 무슨 수로 저택을 샀는지 알겠다!

프라임 스테이크

보통 무게

최고의 부위로 만든 스테이크(유전자 변형 대두 사용). 독도 들어 있다.

단서

- ▶상징 숫자가 기회와 관련된 사람이 봉투칼을 가지고 있었다(자료 B 참조).
- ▶키가 가장 큰 용의자는 3인치짜리 무기를 가져온 사람에게 반했다.

진술

※범인은 거짓말을 합니다.

▶**수비학자 나이트 :** 숫자를 풀어 보니 프라임 스테이크가 서재에 있었어요.

▶**모브 부사장 :** 나는 서재에 없었는데.

▶**옵시디언 부인 :** 프라임 스테이크는 장서고에 없었지요.

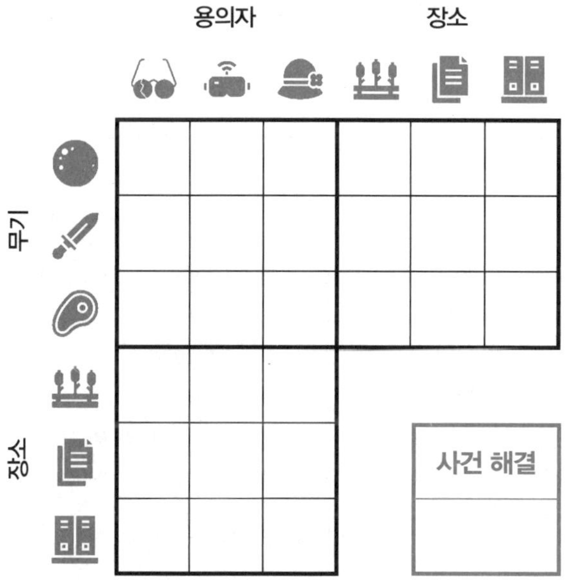

누가?

무엇으로?

어디에서?

46 | 시계탑 살인 사건

로지코가 수학자의 지도를 따라 세계 각지를 탐험하다가 도달한 곳은 거대한 폐허 도시였습니다. 무너져가는 도시 한가운데에 시계탑이 있고, 시계탑 한가운데에 시체와 수상한 침입자 세 명이 있었습니다.

용의자

버밀리온 공작부인

크고 오래된 비밀을 간직한 키 크고 나이 많은 여성.
만약 살인자라면, 이번이 처음은 아닐 것이다.

175cm / 왼손잡이 / 회색 눈 / 백발 / 물고기자리

마룬 남작

놀랍도록 오만하고 앙심을 잘 품는 남자.
아무도 남작의 심기를 거스르고 싶어 하지 않는다.
적어도 아직 살아 있는 사람들은….

188cm / 오른손잡이 / 녹갈색 눈 / 붉은 머리 / 전갈자리

MX. 탠저린

성별 이분법에 들어가지 않는 사람도
얼마든지 살인자가 될 수 있다는 것을 몸소 입증하고 있다.
화가이자 시인이자 용의자.

165cm / 왼손잡이 / 녹갈색 눈 / 금발 / 물고기자리

장소

마당
실외
풀숲에서 찾은 여섯 번째 수수께끼: 같은 색 말 두 개를 확실히 얻기 위해 뽑아야 하는 체스 말의 수보다 1 큰 값.

시계장치들
실내
방 하나를 가득 채운 녹슨 톱니바퀴들이 몇 세기 만에 시간을 가리킨다.

계단통
실내
썩어가는 나무 계단이 위로 이어진다. 세 번째, 네 번째, 다섯 번째, 일곱 번째 계단이 전부 부서졌다.

무기

사나운 거위	금속으로 된 커다란 0	녹슨 시침
보통 무게	**무거움**	**무거움**
이 책 전체에서 가장 사나운 무기. 사나운 거위를 조심하자!	이제 시계판에 1시가 둘 있다.	하도 커서 검처럼 휘두를 수 있다. 파상풍을 걱정해야 할 만큼 녹이 잔뜩 슬었다.

단서

▶눈이 녹갈색이고 상징 숫자가 원점과 기회를 의미하는 사람이 금속으로 된 커다란 숫자를 가져왔다(자료 B 참조).

▶녹슨 시침은 계단통에 없었다.

진술

※범인은 거짓말을 합니다.

▶**버밀리온 공작부인 :** 물어봤으니 말인데, 나는 사나운 거위를 가져왔지.

▶**마룬 남작 :** 나는 마당에 없었는데.

▶**MX. 탠저린 :** 사나운 거위가 마당에 있던데.

누가?

무엇으로?

어디에서?

47 | 피타고라스와 또 한 사람의 무덤

지도를 따라가니 전설 속에 묻힌 피타고라스의 무덤이 나왔습니다. 하지만 로지코와 이라티노가 도착했을 때, 그 무덤에는 방금 살해된 한 사람의 시체가 더 있었습니다. 전설 속에 묻힌 장소치고는 많은 사람들이 오간 것 같습니다.

용의자

우주인 블루스키

전직 소련 우주비행사. 빨간 피가 흐른다.
물론 그게 보통이지만, 그래도 이건 애국의 상징이다.

188cm / 왼손잡이 / 갈색 눈 / 검은 머리 / 양자리

사회학자 엄버

과학을 대표하는 입장에 서서
항상 남들에게 누구의 계보를 이었는지,
독일의 정치학자 베버의 저서를 읽었는지 묻는다.

163cm / 왼손잡이 / 파란 눈 / 금발 / 사자자리

라피스 수녀

세계를 다니며 신의 돈으로 신의 일을 하는 수녀.
캐시미어와 소비를 손에서 놓지 못한다.

157cm / 오른손잡이 / 갈색 눈 / 갈색 머리 / 게자리

장소

수비학의 전당

실내

전설에 따르면 이곳의 벽에는 사람들이 꿈만 꾸던 수들이 적혀 있다고 한다.

묘실

실내

이 거대한 돌 상자에 피타고라스의 시신이 있다고 한다.

무너지는 입구

실외

입구 주위의 돌기둥이 무너져 있다.

무기

수학 교과서	고대의 파피루스	석상의 팔
무거움	가벼움	무거움
수식이 너무 어려워서 머리가 쪼개질 것 같다 (교과서도 쪼개질 것 같다).	읽는 사람의 목숨을 반드시 앗아갈 끔찍한 비밀이 들어 있다.	돌로 만든 멋진 팔. 진짜 멋지다. 놀라울 정도로.

단서

▶수학 교과서는 무너지는 입구에 없었다.

▶키가 180cm보다 작고 눈이 갈색인 사람이 거대한 돌 상자 옆에 있었다.

진술

※범인은 거짓말을 합니다.

▶**우주인 블루스키 :**
난 고대의 파피루스를 가져오지 않았어요.

▶**사회학자 엄버 :**
나는 석상의 팔을 가져오지 않았어요.

▶**라피스 수녀 :**
주의 이름으로, 사회학자 엄버가 고대의 파피루스를 가져왔습니다.

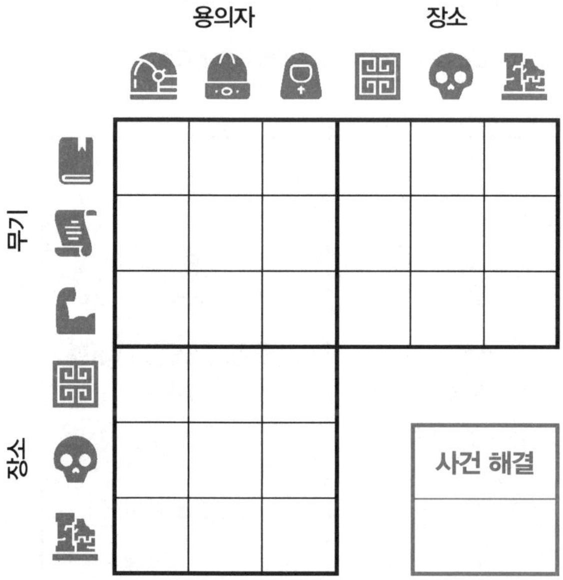

누가?

무엇으로?

어디에서?

48 | 비밀 방의 비밀

기계가 작동하며 피타고라스의 무덤이 열리고 돌로 지은 어두운 통로가 나타났습니다. 로지코와 이라티노가 그 통로 안을 기어가 봤더니 이상한 큰 방이 나왔습니다. 퍼즐 같아 보였습니다. 하지만 그 우아한 퍼즐에 최근 죽은 시체가 있다는 점이 흠이었습니다. 용의자 세 명도 함께요.

용의자

귀족 세이블

자아를 찾아 세계를 돌아다니다가 여기까지 왔다.

165cm / 왼손잡이 / 녹갈색 눈 / 검은 머리 / 천칭자리

치과의사 시셀 선생

우주에 관한 새 이론을 연구하는 아마추어 물리학자이자 현직 치과의사.

170cm / 오른손잡이 / 녹색 눈 / 반백 머리 / 물고기자리

고고학자 에크루

고고학과 도굴로 전 세계에 명성을 떨치는 고고학자 겸 도굴꾼.

173cm / 왼손잡이 / 녹갈색 눈 / 반백 머리 / 궁수자리

장소

숫자가 가득한 벽	석상	돌로 된 거대한 다이얼
실내	실내	실내
일곱 번째 수수께끼: 마법, 물질, 자연. 그 뒤의 마지막 줄은 비어 있다.	피타고라스의 석상인 것 같은데, 팔이 하나 없다.	피타고라스의 일곱 가지 답을 넣고 레버를 당긴다. 정답이면 상을 받는다! 오답이면….

무기

수학 교과서	돌로 된 블록	성배
무거움	무거움	보통 무게
수식이 너무 어려워서 머리가 쪼개질 것 같다 (교과서도 쪼개질 것 같다).	방에서 떨어진 돌 조각이 무기가 되었다.	종교 의식에 쓸 수 있다. 이를테면 이단을 살해한 것을 기념한다든가.

단서

▶고고학자 에크루는 어려운 수식을 가지고 있던 사람을 싫어했다.

▶로지코가 돌로 된 벽에서 발견한 뒤죽박 메시지: 가배성 상석 옆에 다있었.

진술

※범인은 거짓말을 합니다.

▶**귀족 세이블 :**
쯧쯧! 나는 숫자가 가득한 벽 옆에 있었는데.

▶**치과의사 시셸 선생 :**
제 이론에 따르면, 제가 성배를 가지고 왔군요.

▶**고고학자 에크루 :**
흠… 돌로 된 블록이 돌로 된 거대한 다이얼 옆에 있었어요.

누가?

무엇으로?

어디에서?

49 | 외교 호송대에서의 계략

로지코는 위험한 일을 맡았기 때문에 민간 호송대를 고용해서 국제회의로 향했습니다. 누군가가 로지코를 살해하려고 했지만, 운전사가 대신 죽었습니다. 로지코에게는 다행이지만 운전사에게는 불행이겠지요….

용의자

과격파 크림슨

언니인 크림슨 원장만큼 똑똑하지만, 수술하려는 대상이 사회다.

170cm / 왼손잡이 / 녹색 눈 / 붉은 머리 / 천칭자리

카퍼 경관

범죄자가 경찰일 때 좋은 점은, 중간책을 제거해서 자기 범죄 수사를 망칠 수 있다는 것이다.

157cm / 왼손잡이 / 갈색 눈 / 갈색 머리 / 사자자리

조그만 토프

사실은 아주 거대하다.
그래서 사람들이 농담 삼아 조그만 토프라고 부른다.

190cm / 왼손잡이 / 파란 눈 / 금발 / 황소자리

장소

도로
실외

국제회의로 가는 호송대가 있는 도로.

미끼 차량
실내

공격을 대신 받을 수 있게 로지코가 탄 차처럼 꾸몄다.

운송 차량
실내

논리탐정 로지코가 실제로 탄 차.

무기

나이프 펜

가벼움

펜이면서 나이프. 그것은 나이프 펜. 외교 임무를 수행하는 비밀 요원이라면 누구나 가지고 다닌다.

붉은 청어

보통 무게

꼬리를 잡으면 꽤 강하게 휘두를 수 있다.

방탄조끼

보통 무게

여기에 맞아서 죽는 것도 참 역설적이겠지.

단서

▶로지코가 받은 아주 중요한 뒤죽박죽 쪽지: 가자자리사 송운 에량차 다었있.

▶방탄조끼는 미끼 차량에 없었다.

진술

※범인은 거짓말을 합니다.

▶**과격파 크림슨 :**
진정한 혁명가로서 말하는데, 나는 도로에 있었다!

▶**카퍼 경관 :**
경찰로서 충고하는데, 나이프 펜이 도로에 있었다.

▶**조그만 토프 :**
나는 몸집이 크니까, 붉은 청어를 가져왔지.

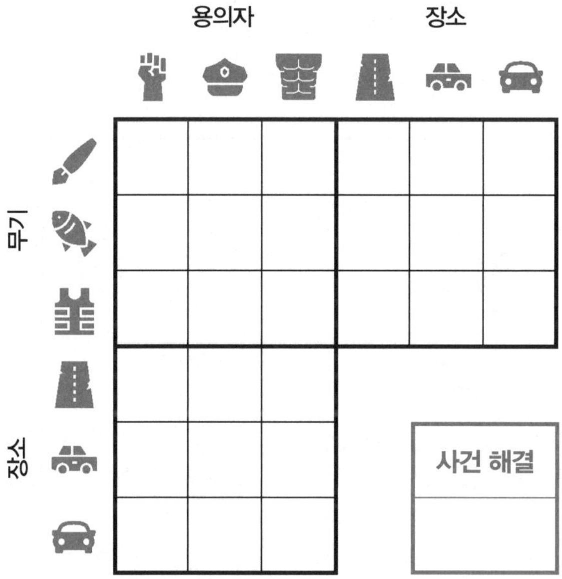

사건 해결

누가?

무엇으로?

어디에서?

50 | 국제회의의 살인자

모든 나라의 대표가 웅장하게 솟은 건물에 모여 세계적인 문제를 의논하는 자리가 바로 국제회의입니다. 로지코는 이곳에서 연설을 하게 되었습니다. 하지만 막 말을 하려는 참에 의장이 살해되었습니다.

용의자

아마란스 대통령

프랑스의 대통령. 유권자들, 특히 1%의 특정한 유권자들과 함께 있는 것을 좋아한다.

178cm / 오른손잡이 / 회색 눈 / 붉은 머리 / 쌍둥이자리

화이트 대표

세력을 되찾으려는 귀족들의 정당인 왕당파 레지스탕스에서 적절한 절차에 따라 선출된 대표. 과거의 영광을 꿈꾼다.

178cm / 오른손잡이 / 회색 눈 / 백발 / 사자자리

레드 소령

차르의 통치에서 드라코니아를 해방시키고 바로 권력을 틀어쥔 혁명 지도자.

188cm / 왼손잡이 / 갈색 눈 / 갈색 머리 / 양자리

장소

참관석	회의장	연단
실내	**실내**	**실내**
대사가 아닌 사람들이 참관하면서 가끔 자기네 대표에게 침을 뱉는 자리.	대사들이 앉아서 토론을 하고, 가끔은 결투를 신청한다.	의장이나 연사들이 연설하는 자리.

무기

의사봉
보통 무게
솔직하게 인정해야 한다. 판사에게 커다란 망치를 주는 것엔 위협하라는 의미가 있다.

회원용 핀
가벼움
이 핀을 옷깃에 꽂은 사람은 비밀 조직의 회원이다.

종이 한 연
보통 무게
이 빈 종이로 베인 상처를 잔뜩 만들거나 한 번 세게 때릴 수 있다.

단서

▶로지코가 어느 대변인에게서 받은 뒤죽박죽 메시지 : 봉의은사 장회에의 없다었.

▶참관석에 있었던 사람은 상징 숫자가 동기와 관련되어 있었다(자료 B 참조).

진술

※범인은 거짓말을 합니다.

▶**아마란스 대통령 :**
대통령이라서 전 회원용 핀이 있었지요.

▶**화이트 대표 :**
옛 드라코니아의 법에 의거해, 종이 한 연이 연단에 있어야 했죠.

▶**레드 소령 :**
혁명의 의지로, 회원용 핀은 참관석에 있었다!

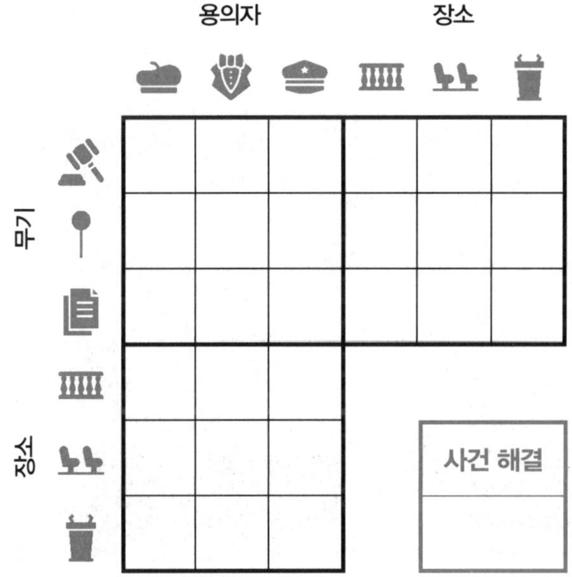

누가?

무엇으로?

어디에서?

신비탐정 이라티노는 이제 혼자 남았습니다!
로지코가 피타고라스의 무덤에서 발견한 진실을 알리기도 전에 국제회의 현장에서 사라지고 나자, 이라티노에게는 깊은 이야기를 나눌 사람이 아무도 없었습니다.
이제 할 일은 오직 하나, 논리탐정 로지코를 찾는 것입니다. 지금 어떤 곤경에 처해 있건 간에, 로지코를 구하려면 이라티노가 가장 약한 부분인 논리를 써야 했습니다.
그래서 로지코가 추리 대학에서 쓰던 교과서를 연구하고, DNA 대조를 비롯한 최신 과학 수사법도 익혔습니다. 정당한 방법과 그렇지 못한 방법을 모두 동원해서 DNA 표본들을 모은 다음 크림슨 원장의 실험실에서 전부 분석을 한 결과, DNA 염기 서열 표를 얻었습니다(자료 C).
신비탐정 이라티노는 이런 과학 지식과 직감을 함께 활용하면, 어떤 어려움이 있어도 로지코에게 생긴 일을 알아내고 그 과정에서 마주치는 사건들을 해결할 수 있을 것이라고 믿었습니다.
이 단계의 사건들에는 누가, 무엇으로, 어디에서 죽였는지 외에도 용의자가 몰던 차, 혈액형, 가장 좋아하는 옵시디언 부인 소설 등등의 다양한 추가 요소가 들어갑니다.
언제나 도전 과제는 직관적이고 단순합니다. 너무 늦기 전에 논리탐정 로지코에게 무슨 일이 생겼는지 알아내 보세요!

하드보일드 명탐정

자료 C

아주어 주교
CCTGTTTGTAGCATTAA

우주인 블루스키
ATAAAGCTGCGCATGAT

하인 브라운스톤
ACATCCGGCACAGTTGA

라피스 수녀
CCCGTCGAGCCGCTGGC

마룬 남작
ACATAAAATTCGTTGCA

미드나이트 삼촌
TGGACCGATTGAGTATA

셀러돈 장관
TTTCGAACATGACGAGC

샴페인 동무
CATTTGGGCATGTTCCT

커피 장군
GTCTCCAGGTCTAGATT

카퍼 경관
TCAAAAGTGGTTTTTCA

크림슨 원장
TACTTCAGATGAGGGTC

데미넌스 자작
CGCTCTGAGAAAGCGCC

그레이 백작
GCTGCCGCTGACCTATT

건메탈 하사
TACTGAAGGCCATGAGT

포르퍼스 대주교
GGAAGAGATAATGTGCC

라즈베리 코치
TTATGTTTACAAGTACC

대연금술사 레이븐
TCGCTGCTATGGTAAAG

레드 소령
GGCGCTTTCTCAGAGCG

룰리언 경
CAGCTGCTCACTTCTTT

귀족 세이블
TTATCTAGGGGTATTGG

버밀리온 공작부인
CGAACTAAACAGTGCGC

화이트 대표
GCTGGCGTACGACCGAG

수수께끼의 혈액 표본
GCGAGACTCTTTCGCGG

*염기 서열은 총 4종류의 염기 A, T, G, C로 배열된다.

크림슨 원장의 DNA 염기 서열 기록부

51 | 살인 실험!

신비탐정 이라티노는 누구보다도 로지코의 행방을 잘 알 만한 사람들을 찾아 초능력 연구실에 갔습니다. 초능력 실험이 진행되는 도중이었지만, 실험 책임자가 살해되었기 때문에 어차피 실험은 끝이었습니다.

용의자

수정의 여신

신도들은 이 사람이 신성한 존재라고 생각하고,
그래서 돈을 준다.

175cm / 왼손잡이 / 파란 눈 / 백발 / 사자자리

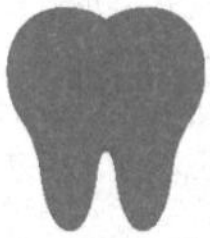

치과의사 시셀 선생

우주에 관한 새 이론을 연구하는
아마추어 물리학자이자 현직 치과의사.

170cm / 오른손잡이 / 녹색 눈 / 반백 머리 / 물고기자리

약초학자 오닉스

온실에서 요리, 마법, 독에 필요한 온갖 식물을 기른다.

152cm / 오른손잡이 / 갈색 눈 / 검은 머리 / 처녀자리

총교주 코발트

길고 흰 로브를 입고 길고 흰 수염을 길렀다.

175cm / 오른손잡이 / 파란 눈 / 은발 / 물병자리

장소

지붕
실외

유체 이탈 실험은 성공하고
공중 부양 실험은 실패한 곳.

마당
실외

다우징 실험 때문에
구멍이 잔뜩 났다.

감각 차단실
실내

어두운 방에 놓인 수조. 그 안에서
과거로 회귀하거나 지독하게
지루한 시간을 보낼 수 있다.

실험실
실내

속임수 검사만 빼고
온갖 종류의 실험을 한다.

무기

죽은 자의 전언
무거움 / 종이 소재

게인스의 명작보다 더 길다.
유령이 쓴 글이라고 한다.

다우징 막대
보통 무게 / 나무 소재

이걸로 물, 기름, 호구를
찾을 수 있다.

유사과학 장치
무거움 / 금속 소재

퀀턴 흐름을 측정해서
체내 블랙손 농도를 계산한다.

몽롱해지는 회중시계
가벼움 / 금속 소재

이 시계를 잘 들여다보면
시간을 알 수 있다.

초능력 실험

염력	**오라 감지**
대조군	**점술**

단서

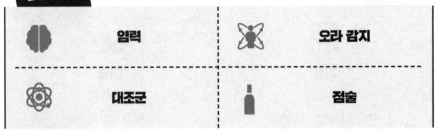

- ▶총교주 코발트가 실험실에서 물건을 만드는 모습이 목격되었다.
- ▶퀀턴 흐름을 측정하는 장치에서 백발 한 가닥이 발견되었다.
- ▶약초학자 오닉스는 유령이 쓴 책을 들고 있었다.
- ▶다우징 막대를 가진 사람은 대조군에 있지 않았다.
- ▶이라티노가 심령술로 글을 써서 얻은 뒤죽박죽 메시지 :
  술점 험을실 한 람은사 에단실차각감 다있었.
- ▶블랙손 계산기를 가진 사람은 염력 실험을 받고 있었다.
- ▶시계를 보는 용의자의 눈이 파란색이었다.
- ▶우주에 관한 이론을 연구하는 사람이 어느 구멍 위에 서 있었다.
- **▶실험 책임자의 몸은 지붕에서 발견되었다.**

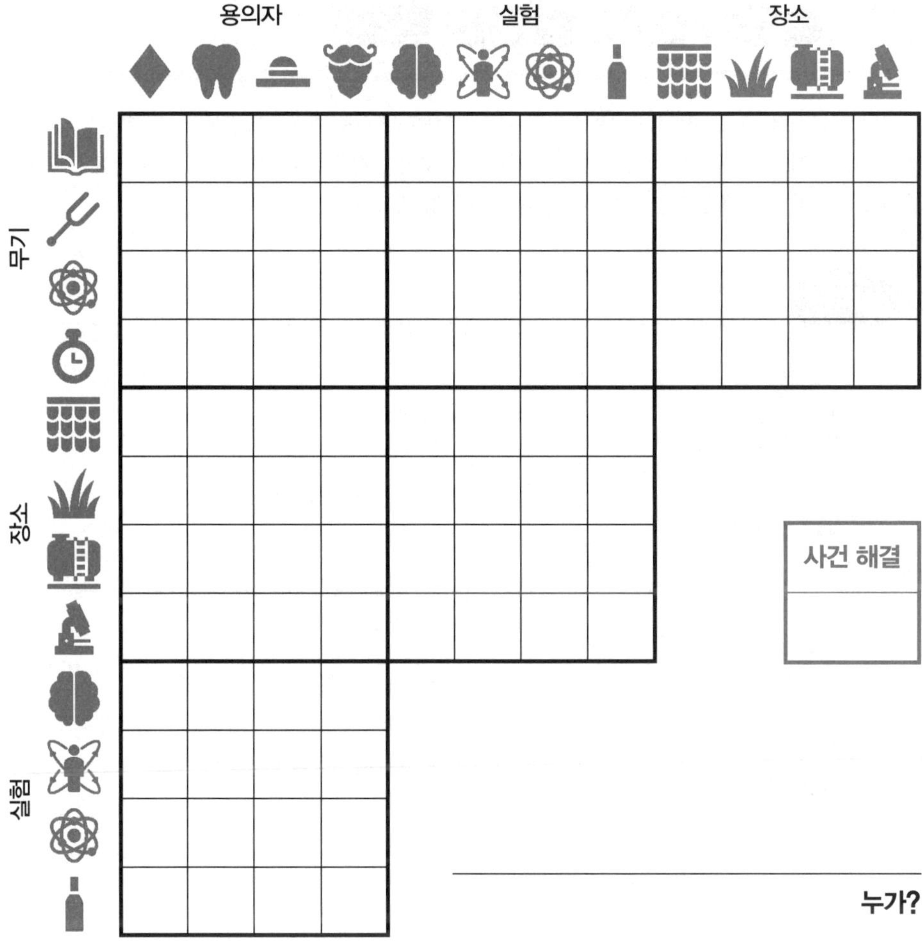

사건 해결

누가?

무엇으로?

어디에서?

실험은?

52 | 속도를 높여, 살인을 향해!

신비탐정 이라티노는 로지코의 방식대로 이 수수께끼를 풀기로 마음먹었습니다. 초능력자들과 대화하지 말고 단서를 따라가기로요. 그래서 로지코의 고향에 찾아가 실종에 관해 아는 사람이 있는지 보기로 했습니다. 하지만 그전에 먼저 시장 피살 사건을 해결해야 했습니다.

용의자

영화광 스모키

미드나이트 영화사 추리극의 촬영 장소는 모두 알지만,
친구를 사귀는 법은 모른다.

178cm / 왼손잡이 / 검은 눈 / 갈색 머리 / 처녀자리

라피스 수녀

세계를 다니며 신의 돈으로 신의 일을 하는 수녀.
캐시미어와 소비를 손에서 놓지 못한다.

157cm / 오른손잡이 / 갈색 눈 / 갈색 머리 / 게자리

차콜 두목

옛 시절의 갱 보스. 당시 갱 보스는
그래도 지금보다 의미가 있는 자리였다.

180cm / 오른손잡이 / 갈색 눈 / 검은 머리 / 황소자리

MX. 탠저린

성별 이분법에 들어가지 않는 사람도 얼마든지
살인자가 될 수 있다는 것을 몸소 입증하고 있다.
화가이자 시인이자 용의자.

165cm / 왼손잡이 / 녹갈색 눈 / 금발 / 물고기자리

장소

프랜차이즈 식당

실내

패밀리 레스토랑이
대출금 상환을 못 해서 나간 자리에 열었다.
양파 튀김을 판다.

중고차 매장

실내

판매원은 차가 폭발하지 않을 것이며,
지금 상태 그대로만
판매한다고 했다.

쇠락한 상점가

실내

분수대는 메말랐고 상점은 두 곳만 열었다.
하나는 고금리 단기대출 업소,
하나는 금을 매입하는 곳이다.

중고품 상점

실내

주인을 여러 번 바꾼 것 같은 상품만 있다.
날아다니는 나방들마저 낡아 보인다.

무기

도끼

보통 무게 / 나무 · 금속 소재

나무를 찍는 물건.
사람도 찍을 수 있다!

평범한 벽돌

보통 무게 / 벽돌 소재

평범한 보통 벽돌.
찍힌 곳이 있다.

골동품 시계

무거움 / 나무 · 금속 소재

똑딱똑딱.
시간은 우리를 천천히 죽인다.

와인병

보통 무게 / 유리 · 알코올 소재

얼룩 조심. 붉은색이
좀처럼 빠지지 않는다.

용의자들의 차량

연비 나쁜 SUV	오토바이+사이드카
12인승 밴	중년 위기의 상징 컨버터블

단서

▶양파 튀김에서 금발 머리카락이 발견되었다. 으으!

▶차콜 두목은 연비 나쁜 자동차를 몰고 돌아다니기를 좋아했다.

▶쇠락한 상점가의 HD 카메라에 누군가의 갈색 눈이 잡혔다.

▶이라티노가 수정구 겉면에서 발견한 뒤죽박죽 단서:

도르끼 진가 이람사 블터컨을버 았다몰.

▶영화광 스모키는 유리로 된 무기를 가지고 있었다.

▶골동품 시계가 나방에 뒤덮여 있었다.

▶평범한 벽돌을 가져온 사람은 사이드카가 달린 이륜차를 몰았다.

▶그 사건 뒤로 프랜차이즈 식당에는 벽돌 반입이 금지되었다.

▶시장의 시신은 지금 상태 그대로 판매하는 차의 트렁크에서 발견되었다.

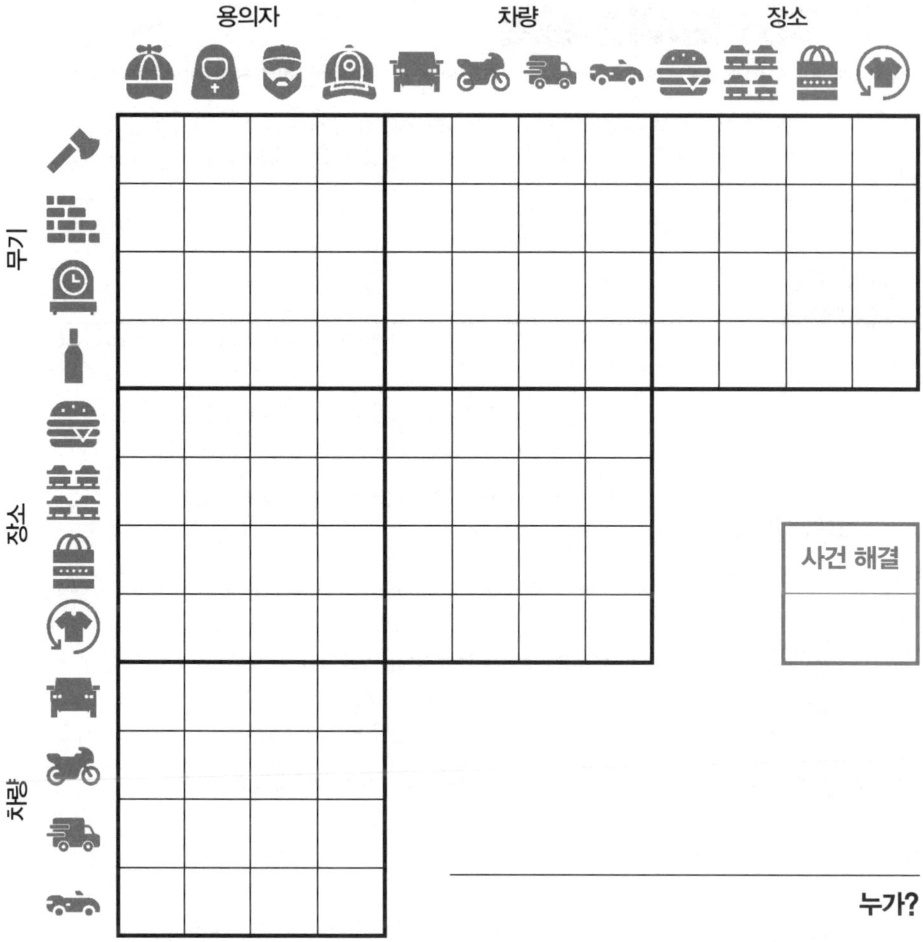

사건 해결

누가?

무엇으로?

어디에서?

차량은?

53 | 피가 넘치는 병원

이라티노는 크림슨 원장의 개인 병원에 가서 로지코의 실종 현장에 있던 혈흔의 분석을 부탁했습니다. 크림슨 원장은 진심으로 돕고 싶은 것 같았지만, 병원 이사가 살해된 일 때문에 조금 산만해 보였습니다.

용의자

크림슨 원장

원장은 인종과 사상에 관계없이 누구나 의료 혜택을
받아야 한다고 생각한다. 물론 돈만 충분하다면.

175cm / 왼손잡이 / 녹색 눈 / 붉은 머리 / 물병자리

라즈베리 코치

미시시피강 어느 쪽에 있건, 그쪽에서 손꼽히는 유능한 코치.
도박 문제가 있다는 말도 듣지만,
스스로는 위험을 즐긴다고 말한다.

183cm / 왼손잡이 / 파란 눈 / 금발 / 양자리

마룬 남작

놀랍도록 오만하고 앙심을 잘 품는 남자.
아무도 남작의 심기를 거스르고 싶어 하지 않는다.
적어도 아직 살아 있는 사람들은….

188cm / 오른손잡이 / 녹갈색 눈 / 붉은 머리 / 전갈자리

미드나이트 삼촌

아버지가 사망하자 사막에 수영장 딸린 저택을 사서 은퇴했다.
당시 나이가 17세였다.

173cm / 왼손잡이 / 파란 눈 / 갈색 머리 / 궁수자리

장소

주차장
실외

제복 입은 직원이 고급 세단을
주차하는 거대한 발레 파킹 주차장.

휴게실
실내

직원용 자판기와 커피 머신의
품질이 환자용보다 심하게 떨어진다.

선물 가게
실내

역시 좋은 병원이라
선물 가게에서 귀금속을 판다.
다행히 할인 코너도 있다.

지붕
실외

큼직한 에어컨 실외기와
각종 산업 장비가 잔뜩 있어서
숨을 곳이 많다.

무기

소화기
무거움 / 금속 소재

머리를 내려쳐서 사람을 죽일 수 있다.
일단 불을 낸 다음 이걸 안 쓰는 방법도 있다.

클립보드
보통 무게 / 종이 · 나무 소재

오늘의 할 일 목록.
병원 이사를 죽인다는 항목도 있을까?

무거운 현미경
무거움 / 금속 · 플라스틱 소재

들여다봐야 할 슬라이드는
그렇게나 작은데 현미경은
이렇게나 무겁다!

수술용 메스
가벼움 / 금속 소재

작아서 왠지
더 위험해 보인다.

혈액형

A	A형	AB	AB형
B	B형	O	O형

단서

▶병원 기록에 따르면, 어느 O형 혈액 표본의 DNA 염기 서열이 'ACATAAAATTCGTTGCA'였다(자료 C 참조).

▶클립보드를 가지고 있던 용의자는 눈이 녹색이었다.

▶A형인 사람이 귀금속을 사려고 했다.

▶미드나이트 삼촌은 혈액형이 AB형이다.

▶무거운 현미경은 오른손잡이 전용이었다.

▶이라티노가 무서운 예지몽에서 본 병원 이사가 계속 뒤죽박죽 반복하던 말들: 인할 코너 에서엾 할 일 이록목 어였보.

▶제복 입은 발레 주차 직원 옆에 있던 사람은 앙심을 잘 품는 것으로 유명하다.

▶이라티노는 이 건물이 화재에 취약한 것을 발견했다. 지붕 위에 소화기가 없었다.

▶라즈베리 코치는 실외에 나갈 수 없었다. 의사의 지시에 따라야 했기 때문이다!

▶병원 이사는 수술용 메스에 찔려 죽었다.

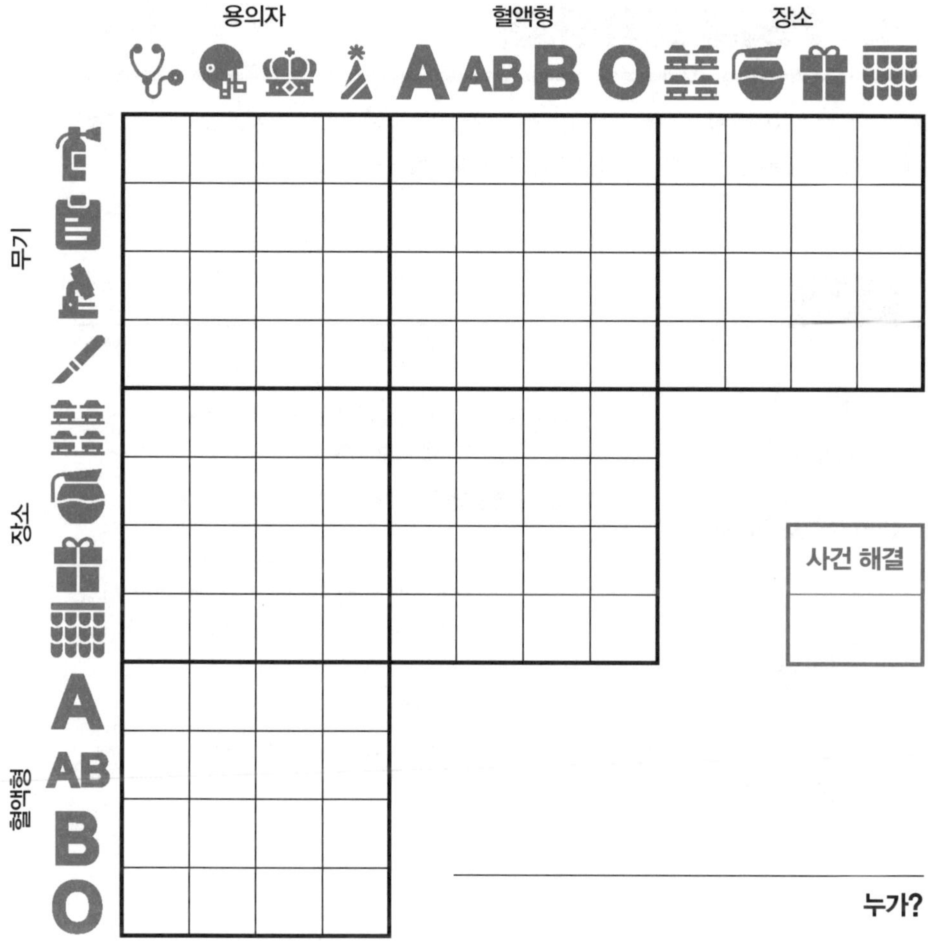

사건 해결

누가?

무엇으로?

어디에서?

혈액형은?

54 | 협회를 조사하자!

신비탐정 이라티노는 탐구 협회로 돌아가 모든 직원에게 로지코의 실종 사건 조사를 맡겼습니다. 사실 모든 직원은 아닙니다. 그사이 살해된 한 명은 빠졌습니다.

용의자

대연금술사 레이븐

연금술사는 전부 대연금술사라는 오래된 농담이 있다.
레이븐은 그 농담을 싫어한다.

173cm / 오른손잡이 / 갈색 눈 / 갈색 머리 / 물고기자리

총교주 코발트

길고 흰 로브를 입고 길고 흰 수염을 길렀다.

175cm / 오른손잡이 / 파란 눈 / 은발 / 물병자리

룰리언 경

최근에 기사로 임명된 섬세한 신사.
항상 흔들고 다니는 공식 기사 임명장에 따르면 그렇다.

173cm / 오른손잡이 / 파란 눈 / 붉은 머리 / 사자자리

마술사 믹스달

남편을 두 토막으로 자르는 마술을 완벽하게 해낸 유랑 마술사.
남편의 몸은 그 후에 사라졌다.

168cm / 왼손잡이 / 녹색 눈 / 금발 / 양자리

장소

거대한 문
실외

평생 접해 본 문들 중에서
가장 거대하다.

웅장한 저택
실내

넓고도 화려한 저택.
중정에는 나무가 자란다.

천문대
실내

별을 연구하고 낭만적인
저녁을 보내기에 좋은 곳.

미니 골프 코스
실외

풍차, 동굴, 루프 등이 있는
18홀 코스. 걸작이다!

무기

옵시디언 부인의 소설
가벼움 / 종이 소재

어, 《크라임 퍼즐》의 줄거리를
그대로 옮겨왔잖아.
로지코의 사건 수첩을 표절하다니!

와인병
보통 무게 / 유리 · 알코올 소재

얼룩 조심. 붉은색이
좀처럼 빠지지 않는다.

독이 든 머핀
가벼움 / 밀가루 · 설탕 소재

건포도에 독이 들었을 뿐만 아니라 돌처럼
딱딱하다. 그래서 두 가지 방법으로 쓸 수 있다.

의식용 단검
보통 무게 / 뼈 소재

뼈로 만들었다.
인간 뼈는 아니었으면!

오컬트 관심 분야

커피 찌꺼기 점	2 수비학
점성학	살인 타로 카드

단서

- ▶의식용 단검은 오른손잡이 전용이었다.
- ▶실내 나무의 뿌리에서 붉은 얼룩이 발견되었다.
- ▶커피 찌꺼기 점을 좋아한 사람은 낭만적인 저녁을 보내기 좋은 곳에 가지 않았다.
- ▶총교주 코발트는 실내에서 발견되었다. 그의 말에 따르면, 오늘 햇볕은 살인적이라고 한다.
- ▶룰리언 경은 점성학을 좋아한다. 사자자리들은 항상 그렇듯이.
- ▶대연금술사 레이븐은 거대한 문 아래에 있었다.
- ▶수비학을 공부한 사람은 양자리였다.
- ▶협회에서 모든 회원에게 영매를 통해 보냈지만, 전달 과정에서 뒤죽박죽이 된 메시지:
  절표 설소이 외에실 었다있.
- ▶키가 가장 큰 용의자는 웅장한 저택에 발을 들인 적이 없다.
- ▶과학 수사 결과, 미니 골프 코스에 뼈 소재로 된 무기가 있었던 것이 밝혀졌다.
- **▶피해자 옆에서 돌처럼 딱딱한 건포도가 발견되었다.**

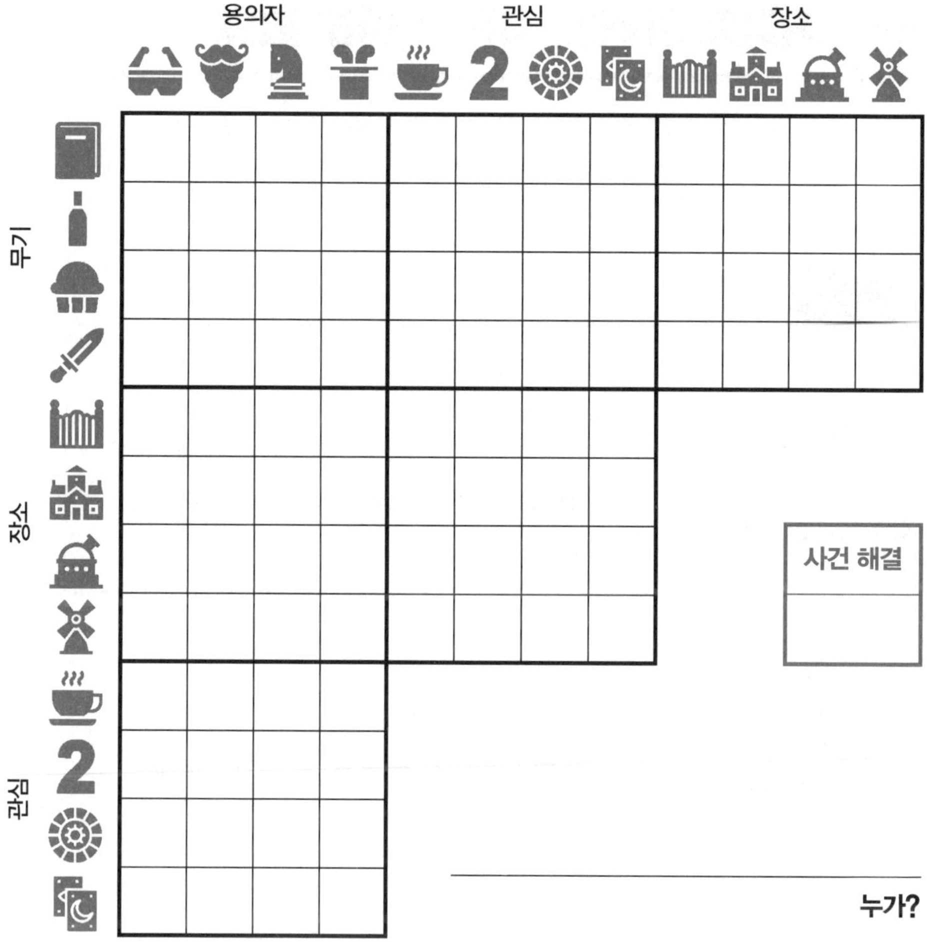

사건 해결

누가?

무엇으로?

어디에서?

관심 분야는?

55 | 커피콩 아래에 시체가 묻혀 있다

신비탐정 이라티노는 뭔가 환상적인 단서를 찾기를 바라며, 로지코가 전에 환상적이라고 했던 카페에 갔습니다. 하지만 도착해 보니 살인 사건만 기다리고 있었습니다. 예전 바리스타에게 팁을 주곤 했던 어느 단골손님이 죽었습니다.

용의자

부커상 수상자 게인스

누구를 만나도 자기가 미국을 대표하는 명작 소설을 쓴 작가라고 말한다. 흙에 관한 6000페이지짜리 책이다.

183cm / 왼손잡이 / 녹갈색 눈 / 갈색 머리 / 쌍둥이자리

허니 시장

깊이 묻힌 비밀들을 알고, 언제나 표를 얻어내는 사람.

183cm / 왼손잡이 / 녹갈색 눈 / 갈색 머리 / 전갈자리

옵시디언 부인

성서와 셰익스피어를 합한 것보다 더 많은 책을 판매한 미스터리 작가.

163cm / 왼손잡이 / 녹색 눈 / 검은 머리 / 사자자리

커피 장군

부하들을 죽음의 격전장으로 보내기 전에 항상 모닝커피를 마시는 커피 애호가. 중요한 것은 명예인가, 영광인가, 부인가, 커피콩에 대한 사랑인가?

183cm / 오른손잡이 / 갈색 눈 / 대머리 / 궁수자리

장소

안뜰
실외

거대한 참나무 아래의 어른거리는 햇빛이
식탁과 의자에 닿는다. 대화…
또는 살인을 하기에 아주 좋은 곳이다.

카운터
실내

작은 종이 놓여 있다. 바리스타들에게
무시할 사람이 왔다고 알리는 데 쓴다.

원두 창고
실내

원두 자루가 가득한 방. 그 향기를 맡으니
로지코가 커피를 좋아했던 것이 생각난다.

화장실
실내

카페이니까 화장실이 있다.
여기는 언제나 종이 타월이 다 떨어졌다.

무기

버터나이프
가벼움 / 금속 소재

솔직히 이런 것에 죽으면
창피할 것 같다.

끓는 냄비
무거움 / 금속 · 물 소재

뜨겁고 무겁다!
살인자 입장에서는 기능이 두 배!

벽돌
무거움 / 진흙 소재

평범한 보통 벽돌.
특별할 것 없는 그냥 벽돌.

금속 빨대
무거움 / 금속 소재

플라스틱 빨대보다 환경에 좋지만
더 치명적이다! 작은 구멍이 남을 수 있다.

주문한 커피

오늘의 드립 커피	크리스마스 라테
에스프레소 네 샷	벌꿀 밀크티

단서

▶옵시디언 부인은 실내에서 신작 소설을 쓰고 있었다.

▶끓는 냄비가 종 옆에 놓여 있었다.

▶이 카페에서는 전갈자리만 크리스마스 라테를 주문한다.

▶신비탐정 이라티노가 커피를 마시다가 마법처럼 발견한 뒤죽박죽 메시지:
을돌벽 온져가 람이사 크밀티 뉴를메 셨다마.

▶오른손잡이인 사람이 화장실에 있었다.

▶커피 장군은 약간 졸려서 에스프레소 네 샷을 주문했다.

▶허니 시장은 카운터에 없었다.

▶버터나이프에 그걸 든 사람의 녹갈색 눈이 비쳤다.

▶분석가들이 부키상 수상자 게인스의 옷에서 금속 무기의 흔적을 발견했다.

▶시체는 원두 자루 아래에 묻혀 있었다.

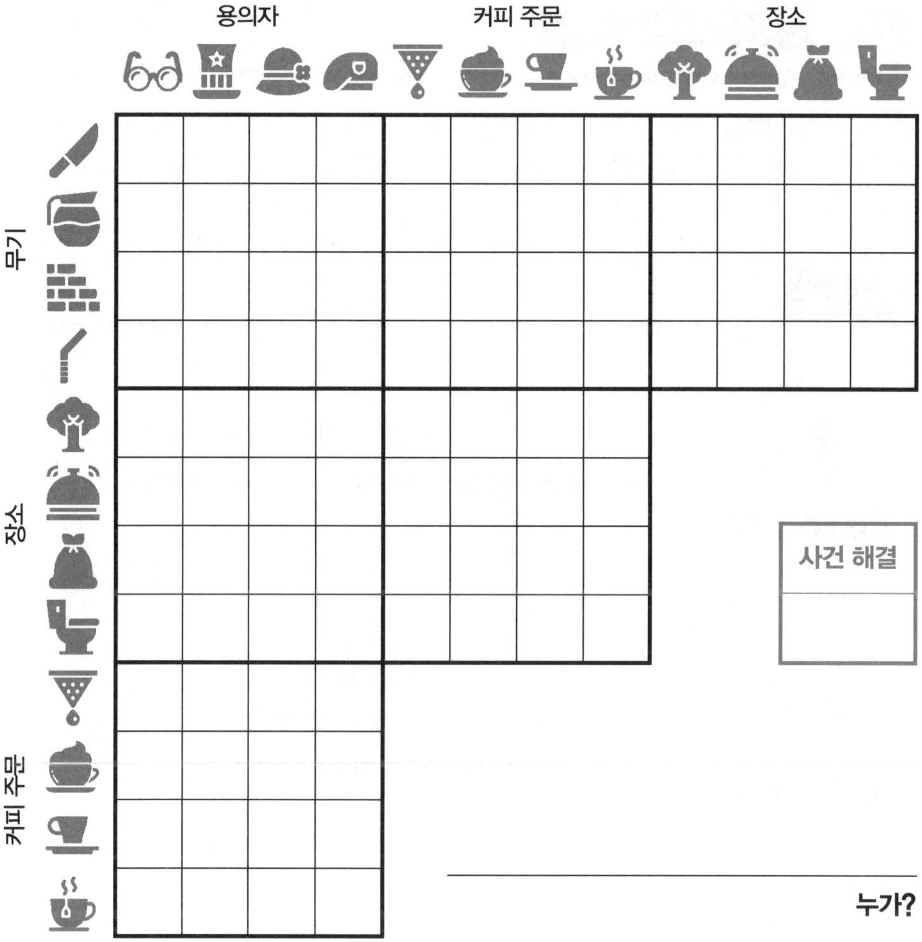

사건 해결

누가?

무엇으로?

어디에서?

커피 주문은?

56 | 영화관의 살인

신비탐정 이라티노는 피곤과 실망에 지쳤습니다. 그래서 영화를 보면 뭔가 신비한 방법으로 단서가 나오지 않을까 기대하며 영화관을 갔습니다. 하지만 영화가 시작하기도 전에 영사기사가 살해되었습니다.

용의자

A급 배우 애벌로니

이번 달에 사상 최고의 재능과 인기로 이름 높은 여성 배우.

168cm / 오른손잡이 / 녹갈색 눈 / 붉은 머리 / 천칭자리

전설의 대스타 실버튼

할리우드 영화의 황금기를 살았고,
지금은 황혼기를 살아가는 대배우.

193cm / 오른손잡이 / 파란 눈 / 은발 / 사자자리

에이전트 애플그린

에이전시 조수에서 할리우드 에이전트까지,
애플그린은 욕망껏 세상 전부를 얻기 위해서 무슨 일이든 한다.

160cm / 왼손잡이 / 파란 눈 / 금발 / 처녀자리

부키상 수상자 게인스

누구를 만나도 자기가 미국을 대표하는
명작 소설을 쓴 작가라고 말한다.
흙에 관한 6000페이지짜리 책이다.

183cm / 왼손잡이 / 녹갈색 눈 / 갈색 머리 / 쌍둥이자리

장소

상영관
실내

항상 어두워서 자리를
찾기가 정말 힘들다.

로비
실내

커다란 샹들리에가 있었지만
이상하게 자꾸 떨어져서 사람들을 깔아뭉갰다.
지금은 액자에 든 포스터만 걸려 있다.

매표소
실내

표 값이 비싸지만
팝콘보다는 덜 비싸고,
팝콘도 맥주보다는 덜 비싸다.

매점
실내

값이 감당이 된다면 여기에서
탄산음료를 살 수 있다. 라지가 스몰보다
아주 약간 비싸고 양은 열 배다.

무기

독이 든 팝콘
보통 무게 / 옥수수 · 기름 소재

신선하게 튀겨서 신선한 독을 넣었다.
아몬드 향!

상한 초코바
가벼움 / 초콜릿 소재

쇠지레만큼 딱딱하다. 〈아라비아의 로렌스〉가
개봉한 후로 줄곧 여기에 있었다.

의식용 단검
보통 무게 / 뼈 소재

뼈로 만들었다.
인간 뼈는 아니었으면!
있던 자리에 진짜 뼛조각이 남는다.

현금 자루
무거움 / 천 · 종이 소재

하루의 수입이 들어 있다.
슈퍼히어로 영화가 상영 중이라면
살인하기에 충분한 무게가 나온다.

좋아하는 영화

<크라임 퍼즐: 더 무비>	<누가 보버트 버니를 모함했나?>
<말타의 펭귄>	<스푼스 아웃>

단서

▶어떤 관람객이 상영관에서 누군가의 붉은 머리 때문에 감상을 망쳤다면서 환불을 요구했다.

▶전설의 대스타 실버튼의 옷에서 기름 얼룩이 발견되었다.

▶사람들이 비싼 표를 사는 곳에 누군가가 가벼운 무기를 숨겨 놓았다.

▶이라티노가 영화를 뒤로 돌려서 보다가 발견한 비밀 메시지 :
다였이잡손왼 은람사 던있 에비로.

▶〈누가 보버트 버니를 모함했나?〉를 좋아한 사람은 무거운 무기를 가지고 있었다.

▶〈스푼스 아웃〉을 좋아하는 사람은 언제나 처녀자리였다.

▶의식용 단검을 가진 사람은 〈말타의 펭귄〉을 좋아했다.

▶부키상 수상자 게인스는 〈누가 보버트 버니를 모함했나?〉를 좋아했다.

▶영사기사의 시신은 매점에 늘어져 있었다.

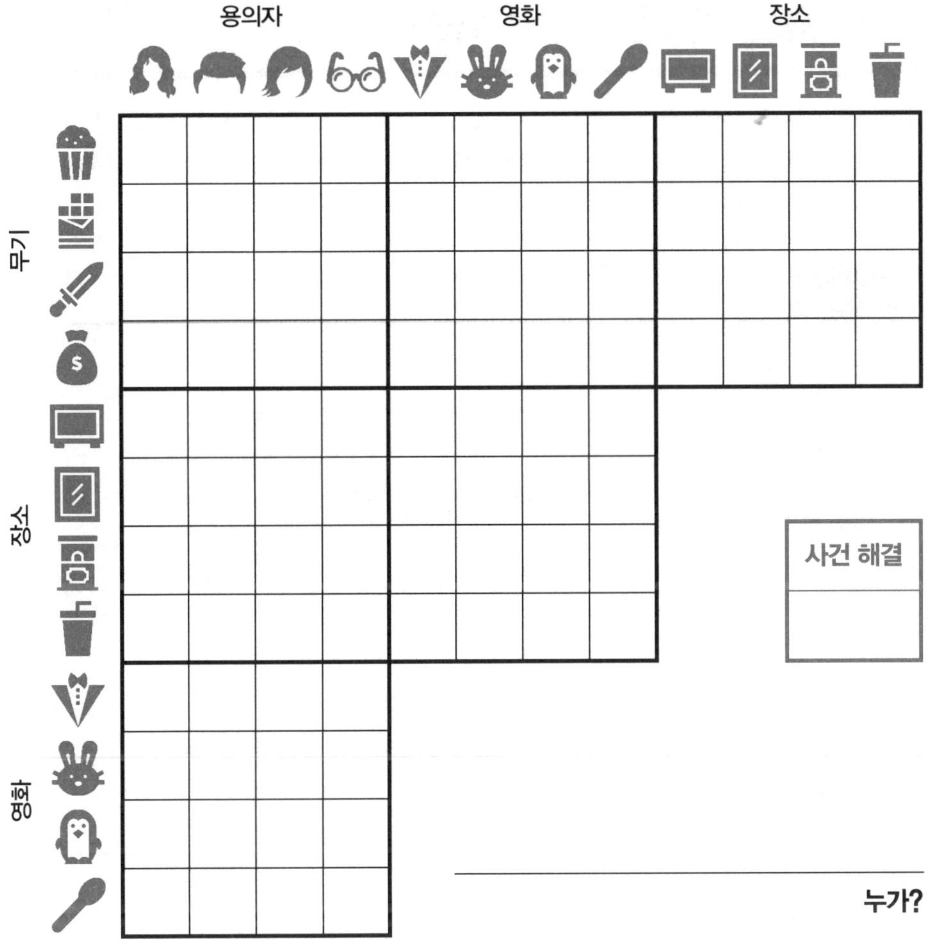

사건 해결

누가?

무엇으로?

어디에서?

영화는?

57 | 체크메이트 살인 사건

신비탐정 이라티노는 실종된 로지코를 찾아 어둡고 거친 곳들을 찾아 돌아다녔습니다. 그러던 중 마침내 불법 지하 체스복싱 시합장에 도달했습니다. 불법 시합만이 아니라 살인까지 벌어지는 곳이었습니다.

용의자

마술사 믹스달

남편을 두 토막으로 자르는 마술을 완벽하게 해낸 유랑 마술사.
남편의 몸은 그 후에 사라졌다.

168cm / 왼손잡이 / 녹색 눈 / 금발 / 양자리

네이비 제독

네이비 제독의 맏아들인 네이비 제독의 맏아들.

175cm / 오른손잡이 / 파란 눈 / 갈색 머리 / 게자리

차콜 두목

옛 시절의 갱 보스. 당시 갱 보스는
그래도 지금보다 의미가 있는 자리였다.

180cm / 오른손잡이 / 갈색 눈 / 검은 머리 / 황소자리

MX. 탠저린

성별 이분법에 들어가지 않는 사람도 얼마든지
살인자가 될 수 있다는 것을 몸소 입증하고 있다.
화가이자 시인이자 용의자.

165cm / 왼손잡이 / 녹갈색 눈 / 금발 / 물고기자리

장소

옥상 라운지
실외

부자들이 노닥거리며
피와 두뇌의 스포츠에 돈을 건다.

링
실내

권투 라운드와 체스 라운드를
돌아가며 진행한다.

관중석
실내

팬들이 "나이트를 잡아!"나
"머리를 날려!" 같은
소리를 지르며 응원한다.

링 바로 옆
실내

해설가 테이블이 있다.
한 명은 체스를 알고
한 명은 권투를 안다.

무기

권투장갑
보통 무게 / 비닐 소재

타격을 약하게 만드는 장비이기 때문에
무기로 쓰는 것이 딱 맞지는 않다.

체스판
무거움 / 대리석 소재

대리석으로 되어 있고
심하게 무겁다.

거대한 나이트
무거움 / 금속 소재

거대한 체스판에 쓰는 말이다.
하지만 살인에 쓸 수도 있다.

접이식 의자
무거움 / 금속 소재

가끔 체스복싱이 과열되면 누군가가
접이식 의자를 들고 난입한다….

체스 오프닝

이탈리안 게임	킹스 갬빗
루이 로페스	프라이드 리버

단서

- ▶권투장갑을 끼고 있던 용의자는 눈이 갈색이었다.
- ▶루이 로페스 오프닝을 플레이한 사람은 오른손잡이였다.
- ▶접이식 의자를 가지고 온 사람은 프라이드 리버 오프닝을 애용했다.
- ▶마이크가 고장 나던 순간에 발표 중이었던 내용:

  고는자리기물 에링 지가라올 않습다았니.
- ▶파란 눈이 링 바로 옆에서 시합을 지켜보고 있었다.
- ▶양자리가 킹스 갬빗 오프닝만 쓴다는 것은 체스복싱 모임들에서 아주 잘 알려진 사실이다.
- ▶권투장갑은 링에서 발견되지 않았다. 와, 맨손 체스복싱 시합이다!
- ▶나이트에 관해서 뭔가 외치던 사람이 체스판을 들고 살펴보는 중이었다.
- **▶살인은 링이 아니라 부자들이 노닥거리는 곳에서 일어났다.**

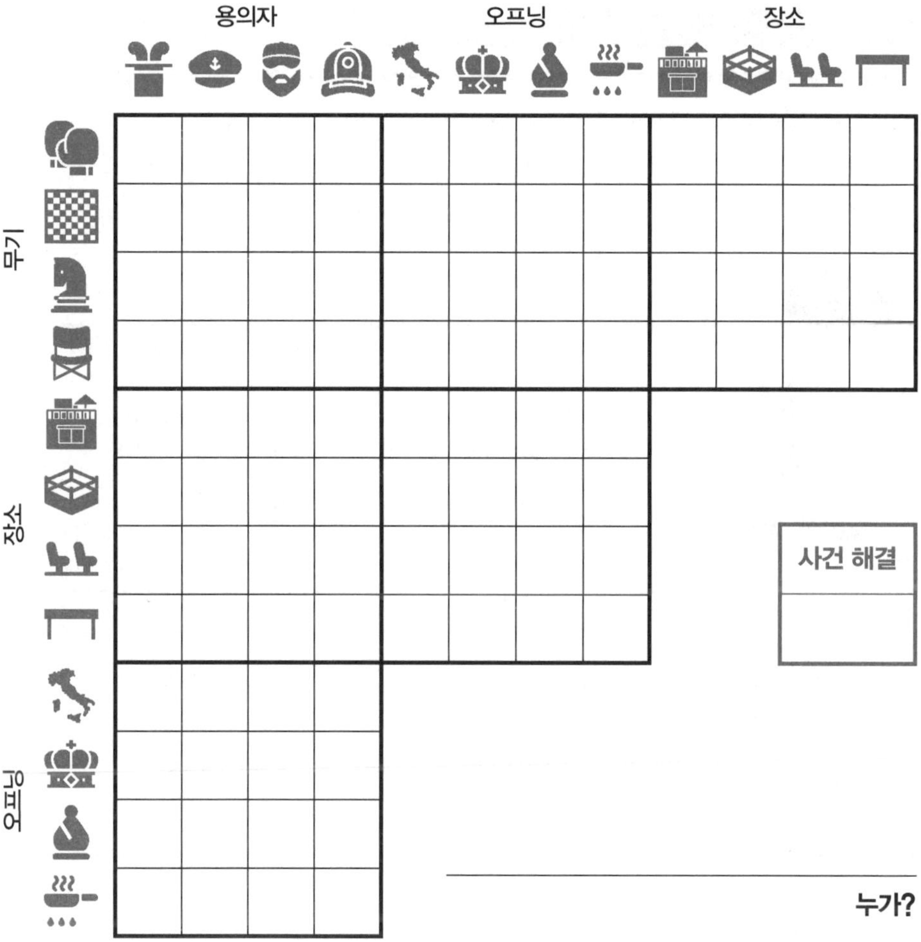

사건 해결

누가?

무엇으로?

어디에서?

오프닝은?

58 | 탐정 클럽 사무소의 살인

이라티노는 좋은 아이디어가 떠올랐습니다! 탐정 클럽의 탐정들에게 의뢰해서 로지코 실종 사건의 전말을 밝히기로 한 것입니다. 하지만 그곳에 도착해 보니 탐정들은 클럽 회계 담당자의 살인 사건을 푸느라 정신이 없었습니다.

용의자

오버진 주방장

남편을 죽이고 요리해서 레스토랑 손님들에게 서빙했다는 소문이 있다. 헛소문이지만, 그런 헛소문에도 의미가 있다.

157cm / 오른손잡이 / 파란 눈 / 금발 / 천칭자리

샴페인 동무

부유한 공산주의자. 세계를 여행하며 휴가지의 동지들에게 공산주의 메시지를 전하는 것이 최고의 기쁨이다.

180cm / 왼손잡이 / 녹갈색 눈 / 금발 / 염소자리

파인 판사

법정의 주재자이며, 정의에 관한 신념을 스스로 정해 굳게 지킨다.

168cm / 오른손잡이 / 갈색 눈 / 검은 머리 / 황소자리

앳된 블루 씨

트렌치코트에 들어간 사람은 어린이 두 명이 아니라 어른 남성 한 명이다. 미성년자 관람 불가 영화를 보거나, 맥주를 사거나, 잠들 시간이 지난 뒤에도 돌아다니는 등의 어른 같은 일들을 한다.

234cm / 오른손잡이 / 파란 눈 / 금발 / 쌍둥이자리

장소

정문 **실외** 정문엔 '닫힘' 표시가 걸려 있고 문이 항상 잠겨 있다.	**백과사전의 방** **실외** 백과사전 세트 수십 가지와 옵시디언 부인의 소설 수백 권이 있다.
비밀 입구 **실외** 클럽에 들어가는 유일한 방법: [redacted]를 통과한다.	**주차장** **실외** 보통은 트렌치코트를 입은 제보자와 비밀 접선을 해야 할 때 쓴다.

무기

현금이 가득한 서류 가방 **무거움 / 가죽 · 현금 소재** 잠깐, 지폐의 얼굴에 전부 콧수염이 그려져 있다!	**가짜 보물지도** **가벼움 / 종이 소재** 지도를 따라가면 폭탄이 설치된 구덩이에 빠진다.
황금새 **무거움 / 황금 소재** 거액의 가치를 가진 황금 플라밍고.	**부비 트랩 페도라** **보통 무게 / [redacted] 소재** 무엇을 하건, 머리에 쓰지 말 것.

좋아하는 추리 미디어

온라인 게임	추리극 파티
디너 극장	추리 소설

단서

- ▶추리 소설 마니아는 늘 그랬듯이 주로 쓰는 손인 왼손으로 페이지를 넘겼다.
- ▶황금의 흔적이 정문에서 발견되었다.
- ▶비밀 접선 지점 근처에서 위험한 모자가 발견되었다.
- ▶한 탐정이 신비탐정 이라티노에게 슬쩍 주면서 적당히 뒤집어 읽어 보라고 했던 쪽지 : 진버오 은장방주 짜가 를도지물보 지오져가 요어았않.
- ▶염소자리가 백과사전의 방에서 염소자리에 관한 자료를 연구하고 있었다.
- ▶한 용의자는 트렌치코트 속에 황금 플라밍고를 숨기고 있었다.
- ▶추리극 파티를 좋아하는 사람에게서 황소자리의 기운이 느껴졌다.
- ▶오버진 주방장은 디너 극장의 추리 쇼를 좋아했다. 맛있는 음식과 살인이라니, 최고의 조합이 아닌가?!
- ▶부비 트랩 페도라를 가지고 있던 사람은 디너 극장의 추리 쇼를 좋아하지 않았다.
- **▶회계 담당자의 시신은 비밀 입구에서 발견되었다.**

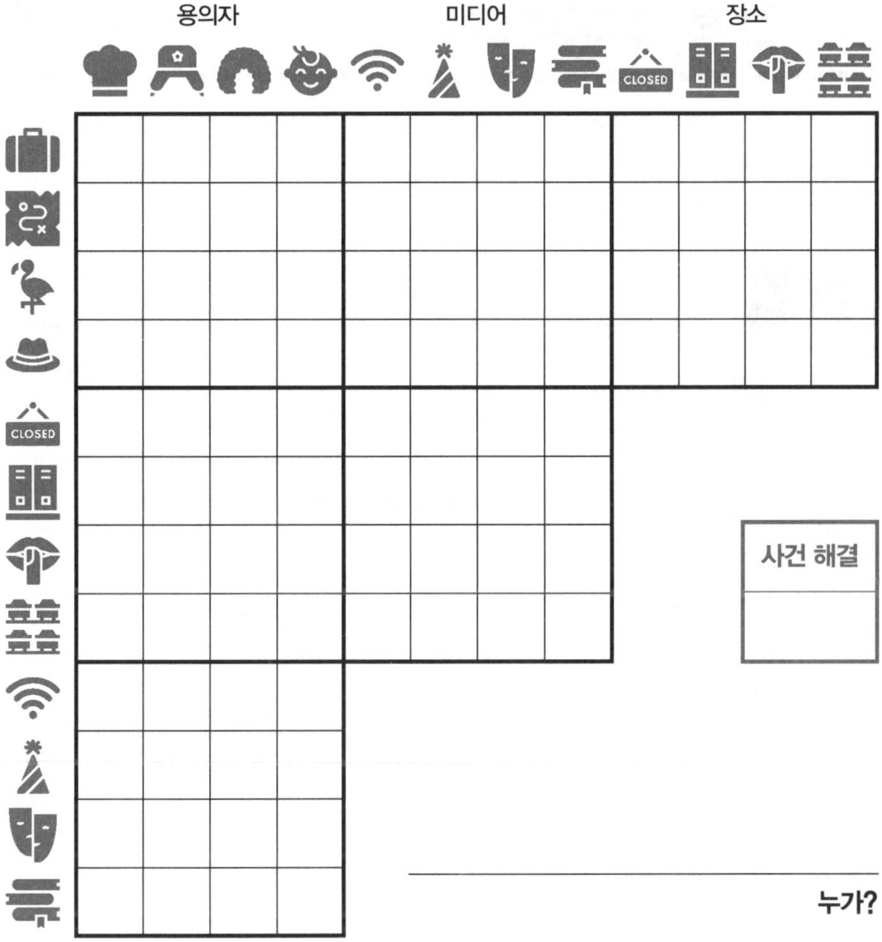

사건 해결

누가?

무엇으로?

어디에서?

미디어는?

59 | 그 후, 주차장에서

신비탐정 이라티노는 탐정 클럽 바로 밖의 그늘진 주차장에서 비밀 제보자를 만나 로지코의 실종에 관한 정보를 받기로 했습니다. 하지만 도착해 보니 비밀 제보자는 이미 살해된 후였습니다. 누가 죽였을까요?!

용의자

하인 브라운스톤

신에게 헌신하는 형제가 있지만,
하인 브라운스톤은 바이올렛 가문에 헌신한다.

188cm / 오른손잡이 / 갈색 눈 / 갈색 머리 / 게자리

라피스 수녀

세계를 다니며 신의 돈으로 신의 일을 하는 수녀.
캐시미어와 소비를 손에서 놓지 못한다.

157cm / 오른손잡이 / 갈색 눈 / 갈색 머리 / 게자리

라즈베리 코치

미시시피강 어느 쪽에 있건, 그쪽에서 손꼽히는 유능한 코치.
도박 문제가 있다는 말도 듣지만,
스스로는 위험을 즐긴다고 말한다.

183cm / 왼손잡이 / 파란 눈 / 금발 / 양자리

대연금술사 레이븐

연금술사는 전부 대연금술사라는 오래된 농담이 있다.
레이븐은 그 농담을 싫어한다.

173cm / 오른손잡이 / 갈색 눈 / 갈색 머리 / 물고기자리

장소

계단통
실내

살인을 하기에는 아주 좋지만,
시체를 숨기기에는
별로 좋지 않은 것 같다.

전기실
실내

차고 한 구석에 숨어 있는 이 방은
전선과 기계들이 가득해서
시체를 쉽게 숨길 수 있을 것 같다.

최상층
실외

도시 전체를 내려다보며
로지코가 어디쯤 있을지
궁금해할 수 있다.

지하실
실내

골판지 공장에서 살인이 났을 때를 빼면,
이라티노는 이렇게 많은
골판지 상자를 본 적이 없다.

무기

쇠지레
보통 무게 / 금속 소재

솔직히 말해 다른 일보다
범죄에 훨씬 많이 쓰이는 물건.

예비 타이어
무거움 / 고무 · 금속 소재

아주 무거운
고무 둔기!

시가 폭탄
가벼움 / 담배 · 폭탄 소재

위험한 장난과
미국식 외교의 고전.

커다란 붉은 책
보통 무게 / 종이 소재

인용구 하나. "아무도 팔씨름 시합에서
칼로 찌르는 사람이 나올 것이라고
예상하지는 않는다."

용의자들의 차량

아주 긴 클래식 리무진	최고급 하이브리드
2인용 자전거	눈에 잘 안 띄는 영구차

단서

▶ 예비 타이어를 가진 사람이 영구차를 몰았다.

▶ 리무진에서 얻은 혈액 표본의 DNA 염기 서열 일부: ACATCC(자료 C 참조).

▶ 자전거에는 가벼운 무기만 실을 수 있다.

▶ 계단통에 있던 사람은 왼손잡이였다.

▶ 쇠지레를 가진 사람은 소비를 손에서 놓지 못한다.

▶ 이라티노가 발견하고 단서임을 확신한 뒤죽박죽 낙서:
비예 어이타는 실전에기 다없었.

▶ 대연금술사 레이븐이 수많은 전선 아래에서 어슬렁거리는 것이 보였다.

▶ 하이브리드를 몰고 온 사람은 지하실에 있었다.

▶ **피해자가 마지막으로 본 것은 도시의 전망이었다.**

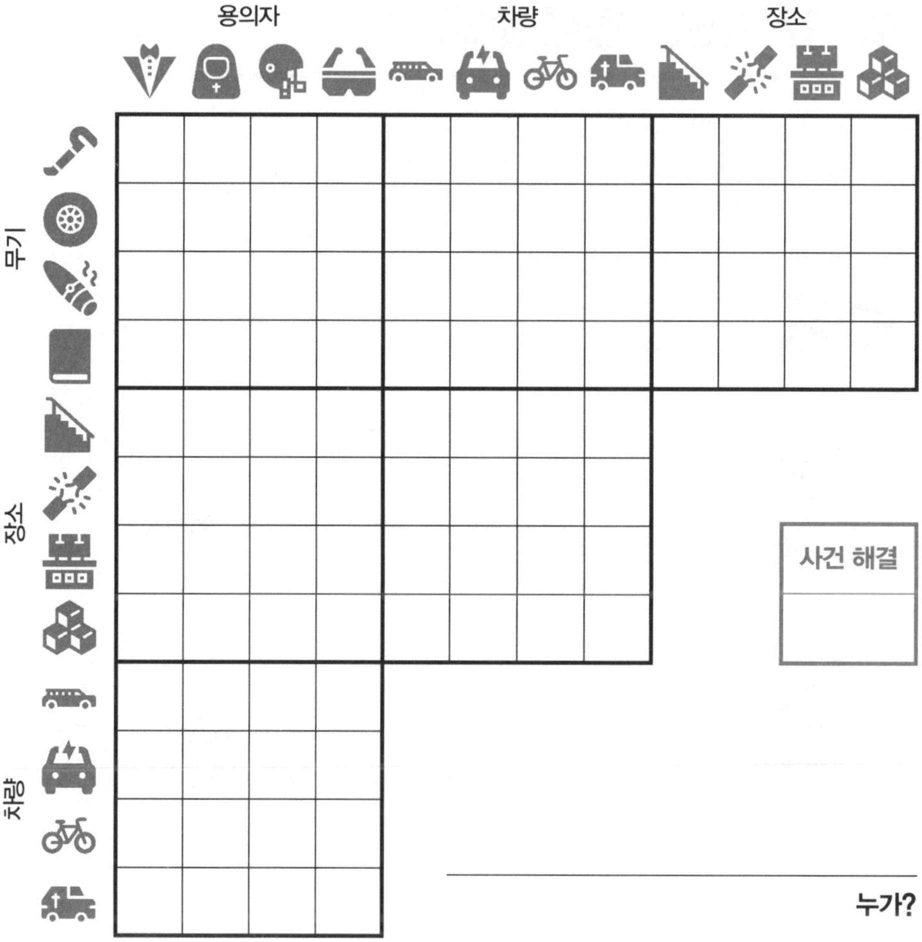

사건 해결

누가?

무엇으로?

어디에서?

차량은?

60 | 바 밑으로 몸을 날려라!

신비탐정 이라티노는 신비한 원리를 통해 모든 것이 연결되어 있다는 사실을 알았습니다. 마을 바에 가 보니 그 점을 다른 어디보다도 뚜렷하게 느낄 수 있었습니다. 사람들은 붉은 혁명에 대처할 방법 등 최신 정치 현황에 관해 치열하게 토론을 벌였고, 종종 서로를 죽이기도 했습니다(아마도 정치 토론 때문에).

용의자

미드나이트 삼촌

아버지가 사망하자 사막에 수영장 딸린 저택을 사서 은퇴했다.
당시 나이가 17세였다.

173cm / 왼손잡이 / 파란 눈 / 갈색 머리 / 궁수자리

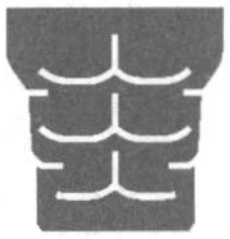

조그만 토프

사실은 아주 거대하다.
그래서 사람들이 농담 삼아 조그만 토프라고 부른다.

190cm / 왼손잡이 / 파란 눈 / 금발 / 황소자리

부키상 수상자 게인스

누구를 만나도 자기가 미국을 대표하는
명작 소설을 쓴 작가라고 말한다.
흙에 관한 6000페이지짜리 책이다.

183cm / 왼손잡이 / 녹갈색 눈 / 갈색 머리 / 쌍둥이자리

고고학자 에크루

고고학과 도굴로 전 세계에 명성을 떨치는
고고학자 겸 도굴꾼.

173cm / 왼손잡이 / 녹갈색 눈 / 반백 머리 / 궁수자리

장소

바
실내

음료 메뉴판에 따르면,
맥주 한 잔은 팔 하나 가격에 팔고
칵테일 한 잔은 다리 하나 가격에 판다.

구석의 부스 자리
실내

끈적거리고 조명도 어둡다.
좌석 커버도 뜯겨 있다.
그런데 그게 여기에서 제일 좋은 자리다.

테라스 좌석
실외

실외에 나와 있지만 담배 연기가
자욱해서 숨을 쉴 수가 없다.

화장실
실내

실력이 처참한 밴드들의
스티커가 빼곡하게 덮여 있다.

무기

독이 든 열대 칵테일
보통 무게 / 유리 · 설탕 소재

화려한 빛깔에 독까지 들어 있지만,
그래도 너무나 맛있다!

작살
무거움 / 금속 소재

녹이 좀 슬었다.
무기로서는 성능이 좋아진 것일까?

무거운 핸드백
무거움 / 벨벳 소재

마침내 안에 든 잡동사니들의
쓸모가 생겼다(관성을 더하자).

싸구려 펜
가벼움 / 플라스틱 소재

싸구려 잉크가 들어 있다.
바에서 좋은 펜을 쓴다면 예산을 전부
펜 값으로 써야 하겠지.

정치적 의견

왕당파 레지스탕스에 자금 지원	드라코니아 침공
붉은 정부 인정	나라 전체를 폭격

단서

▶작살을 가진 사람은 드라코니아 침공을 원했다.

▶리드 기타라는 밴드의 스티커 밑에서 싸구려 잉크 한 방울이 발견되었다.

▶구석의 부스 자리에 있던 용의자는 눈이 녹갈색이었다.

▶황소자리인 사람이 무거운 핸드백을 가지고 있었다.

▶미드나이트 삼촌은 왕당파 레지스탕스에 자금을 지원할 생각이 없었다.

▶나라 전체를 폭격하고 싶었던 용의자는 실내에 있었다.

▶과학 수사 결과, 독이 든 무기가 테라스 좌석에 있었다.

▶부키상 수상자 게인스는 붉은 정부가 인정받기를 바라고 있었다.

▶피해자의 시신은 값비싼 음료가 적힌 메뉴판 옆에서 발견되었다.

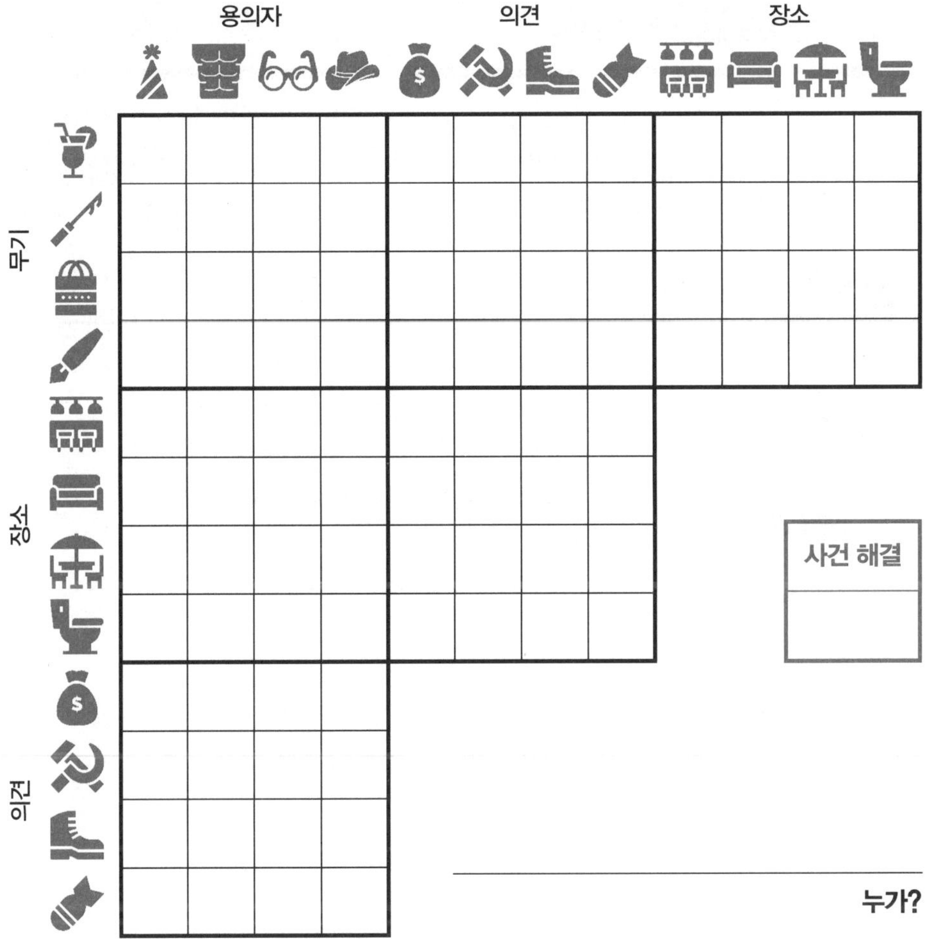

사건 해결

누가?

무엇으로?

어디에서?

의견은?

61 | 대성당의 참극

신비탐정 이라티노가 국경을 넘어 자유 드라코니아에 입국한 후 인민 대성당 회관(구 세인트 루핀 대성당)에 갔더니, 관광안내원이 살해된 직후였습니다. 이 살인의 전모를 알기 위해서는 용의자 전원의 신앙을 판별해야 했습니다.

용의자

카퍼 경관

범죄자가 경찰일 때 좋은 점은, 중간책을 제거해서
자기 범죄 수사를 망칠 수 있다는 것이다.

165cm / 오른손잡이 / 파란 눈 / 금발 / 양자리

미스 사프론

미스 사프론은 귀족으로 분류되지만,
그냥 갑부라고 말하는 편이 더 정확하다.

157cm / 왼손잡이 / 녹갈색 눈 / 금발 / 천칭자리

MX. 탠저린

성별 이분법에 들어가지 않는 사람도 얼마든지 살인자가
될 수 있다는 것을 몸소 입증하고 있다.
화가이자 시인이자 용의자.

165cm / 왼손잡이 / 녹갈색 눈 / 금발 / 물고기자리

초크 회장

여러 해 전에 출판업을 속속들이 파악한 뒤로
오직 앞만 보고 나아간다. 전자책은 반짝 유행으로 치부하며,
아직도 다이얼식 전화를 쓴다. 억만장자.

175cm / 오른손잡이 / 파란 눈 / 백발 / 궁수자리

장소

장의자
실내

여기 있는 장의자는
하나도 빠짐없이 비명의 숲에서 온
오래된 나무로 만들었다.

종탑
실내

금이 간 거대한 종이 있다.
혁명 전에는 하루에
일곱 번씩 종을 울렸다.

웅장한 계단
실외

드라코니아의 66개 귀족 가문을
나타내는 의미에서
66계단으로 만들었다.

제단
실내

드라코니아의
노역자들이 캔
대리석으로 만들었다.

무기

묵주
가벼움 / 상아 소재

상아 구슬에 작은 기호가
잔뜩 새겨져 있다.

성찬식 와인
보통 무게 / 유리 · 와인 소재

신실함을 입증하는 좋은 방법은 이 신성한
레드 와인을 대량으로 마시는 것이다.

성유물
보통 무게 / 뼈 소재

얼굴이 끔찍하게 생긴
옛 신의 토템 같다.

성유병
가벼움 / 기름 · 독소 소재

마사지 오일과 다르다.
석유에서 추출해 독성이 있지만,
그래도 신성하다.

신앙

뉴에이지	루핀 정교
가톨릭	무신론

단서

▶가톨릭 교리를 따르는 사람은 물고기자리의 기운을 진하게 풍기고 있었다. 어딘가 수상하다.

▶성유물은 오래된 나무 위에서 발견되었다.

▶웅장한 계단에 있었던 사람은 오른손잡이였다.

▶이라티노가 처음에는 외국어라고 생각했던 뒤죽박죽 메시지 :

크초 장회이 리석대 판 에위 서 었있다.

▶카퍼 경관은 레드 와인을 가져온 사람을 수상하게 여겼다.

▶무신론자가 와인이 들어간 무기를 가지고 있었다.

▶루핀 정교를 믿는 용의자는 실내에 있었다.

▶키가 가장 작은 용의자는 상아 구슬을 가지고 있었다.

▶관광안내원의 시신은 거대한 종 아래에서 발견되었다.

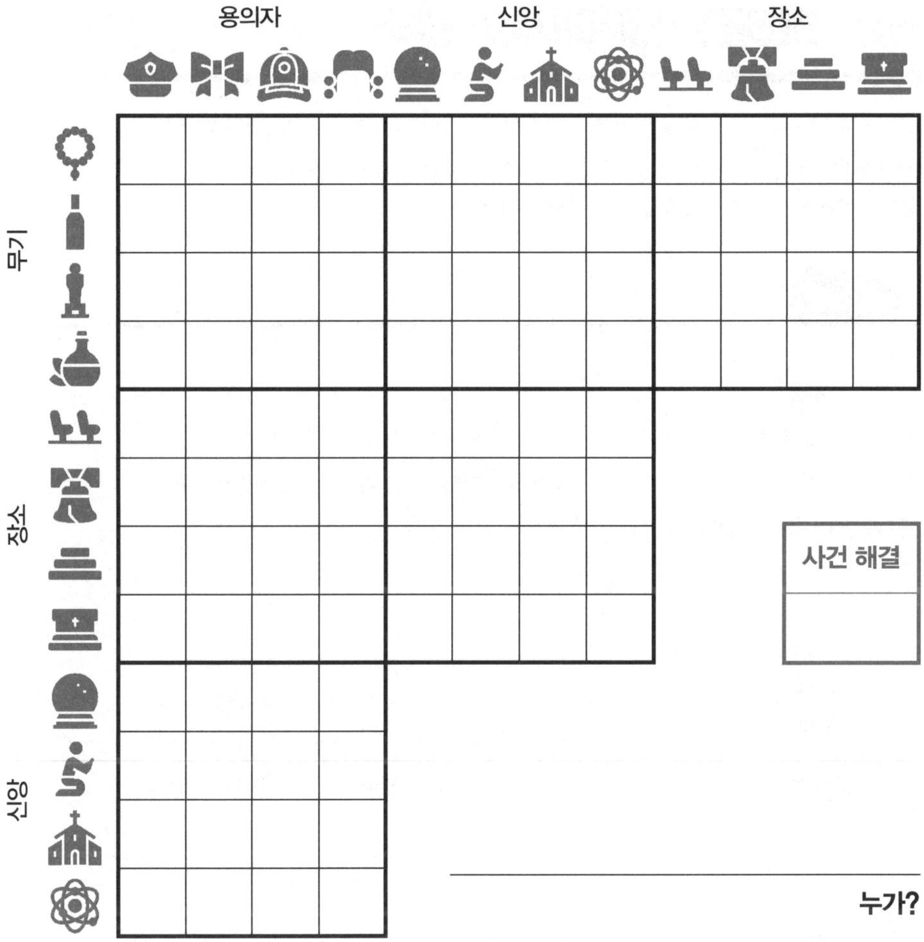

사건 해결

누가?

무엇으로?

어디에서?

신앙은?

62 | 반려견 스파에서의 참극

신비탐정 이라티노는 최고급 반려견 스파에서 연락을 받았습니다. 어떤 개의 살해 미수 사건을 풀어 달라는 것이었습니다. 어떤 탐정들은 그런 사건을 사소하게 여기기도 하지만, 이라티노는 영광스러운 의뢰로 받아들였습니다. 그리고 딱 하루만 로지코 추적을 쉬기로 했습니다.

용의자

그레이스케일 회계사

세계에서 제일 지루한 사람.

168cm / 오른손잡이 / 파란 눈 / 금발 / 처녀자리

모브 부사장

텍코 퓨처스의 부사장. 텍코의 최신 프로젝트인 텍토피아의 개발 책임자이기도 하다. 텍토피아는 현실 세계에 메타버스를 씌운 것과 비슷하다.

173cm / 오른손잡이 / 갈색 눈 / 검은 머리 / 황소자리

편집자 아이보리

역대 최고의 로맨스 편집자. 적이 연인으로 바뀌는 장르를 만들어 냈고, 최초로 책 표지에 벗은 남자를 넣었다.

168cm / 왼손잡이 / 갈색 눈 / 반백 머리 / 전갈자리

더스티 감독

진정한 영화 장인. 오직 영화를 만드는 일만 중요하게 여긴다. 혹 살인을 해야 한다고 하더라도.

178cm / 왼손잡이 / 녹갈색 눈 / 대머리 / 물고기자리

장소

방석의 방 **실내** '방석'이라는 이름은 오해의 소지가 있어 보인다. 개들이 전부 킹 사이즈 침대에서 자고 있다.	**뒷마당** **실외** 개들이 뛰놀며 프랑스산 흙과 유기농 잔디밭을 만끽하는 곳.
접수 구역 **실내** 아름다운 로비의 접수대에서 반려견을 체크인할 수 있다.	**수면실** **실내** 야간 경비원이 잘 때 쓰는 트윈 사이즈 침대 하나가 있다.

무기

화가 난 고양이 **보통 무게 / 털가죽 · 발톱 · 적의 소재** 발톱에 독을 발라서 매우 화가 났다.	**에메랄드 밥그릇** **보통 무게 / 에메랄드 소재** 부자인 반려인의 말에 따르면, 그 개는 에메랄드 그릇에 주는 밥만 먹는다고 한다.
거대한 뼈 **무거움 / 뼈 소재** 얼마나 큰 동물이어야 이런 뼈가 나올까? 그리고 개가 이 뼈를 먹으려면 덩치가 얼마나 커야 할까?!	**리드 줄** **가벼움 / 면 소재** 값이 다이아몬드 목걸이만큼 나가는 고가의 명품 리드 줄.

반려견 품종

그레이트데인	푸들
믹스견	닥스훈트

단서

▶분노가 깃든 무기를 가진 사람은 왼손잡이였다.

▶에메랄드 밥그릇을 가진 사람은 닥스훈트와 함께 있었다.

▶이라티노가 물끄러미 형광등을 바라보면서 골똘히 생각했더니 눈앞에 떠오른 뒤죽박죽 메시지 : 수접 에역구 있던었 람은사 눈이 이다갈었색.

▶물고기자리인 사람이 트윈 사이즈 침대에서 쉬고 있었다.

▶그레이트데인을 데려온 용의자는 프랑스산 흙 위에 서 있었다.

▶그레이스케일 회계사는 최고의 친구이자 동료인 푸들과 꼭 붙어 있었다.

▶편집자 아이보리는 거대한 뼈를 들고 왔다. 반려견 스파에서 그런 위험한 짓을 하다니.

▶살해가 일어날 뻔한 장소는 킹 사이즈 침대 위였다.

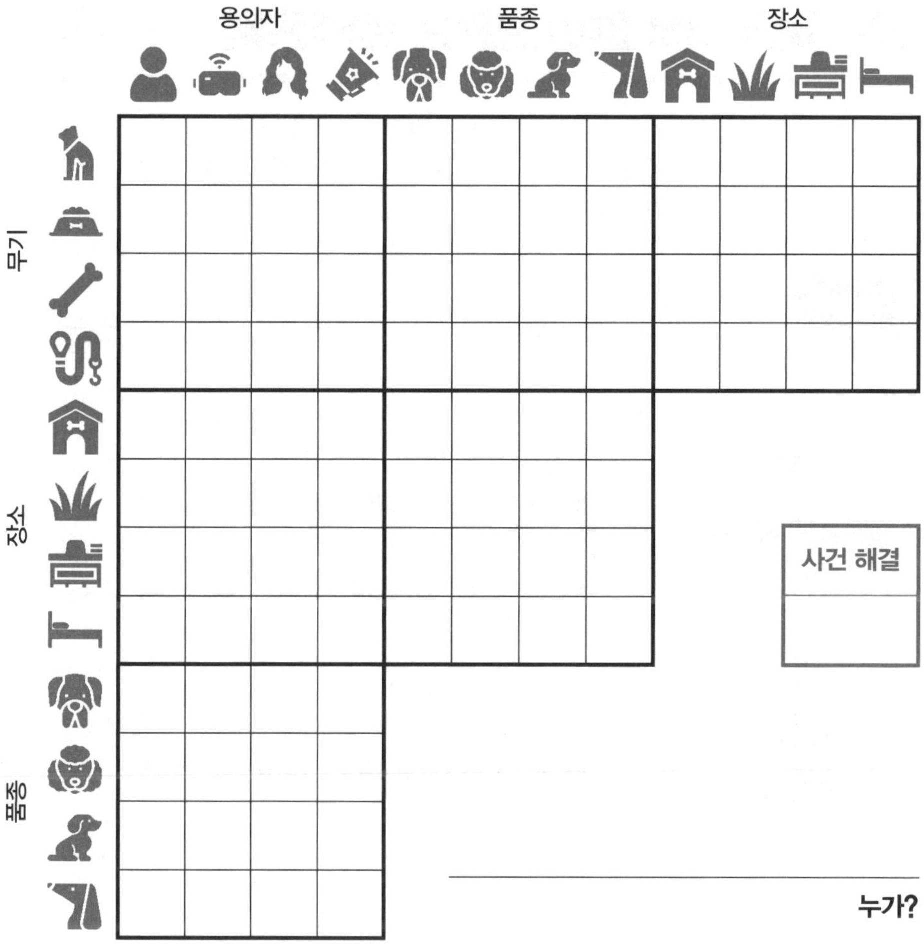

사건 해결

누가?

무엇으로?

어디에서?

품종은?

63 | 피가 너무 많이 흐르는 혈액은행

신비탐정 이라티노가 그레이스케일의 지도를 따라 산업 지구의 중심부로 갔더니, 사람들이 피를 팔아 돈을 받는 지하 혈액은행이 있었습니다. 그런데 어느 신문 칼럼 기고가가 피를 너무 많이 팔았나 봅니다. 아니면, 로지코의 행방을 발견하는 바람에 살해되었거나요.

용의자

에이전트 아가일

에이전트 잉크와 달리, 아가일은 따뜻한 마음이 없다.
아예 마음이랄 것이 없다.

193cm / 오른손잡이 / 갈색 눈 / 갈색 머리 / 처녀자리

점성학자 아주어

별을 보고 점을 친다.
사람들이 태어난 정확한 시간과 장소를 무척이나 궁금해한다.

168cm / 오른손잡이 / 녹갈색 눈 / 갈색 머리 / 게자리

라피스 수녀

세계를 다니며 신의 돈으로 신의 일을 하는 수녀.
캐시미어와 소비를 손에서 놓지 못한다.

157cm / 오른손잡이 / 갈색 눈 / 갈색 머리 / 게자리

슬레이트 대위

우주비행사. 달의 뒷면을 탐험한 최초의 여성이자,
우주선 부조종사 살인 혐의를 받은 최초의 인물.

165cm / 왼손잡이 / 갈색 눈 / 갈색 머리 / 물병자리

장소

채혈실
실내

아무 질문도 하지 않고
피의 대가로 거액을 지급한다.

비밀 입구
실외

쓰레기장 뒤쪽의 골목에 있다.
문을 세 번 두드리고
다시 한 번 두드리면 들어갈 수 있다.

투입 센터
실내

필요한 사람에게
피를 투입하는 곳.

혈액 탱크
실내

넘치게 받은 혈액이
넘쳐흐른다.

무기

현금 자루
무거움 / 캔버스 소재

완벽하게 합법적인
것처럼 보인다.

200도 알코올
보통 무게 / 유리 · 알코올 소재

뜨거운 시선으로 쳐다보면
불이 붙는다.

구불구불한 단검
보통 무게 / 금속 소재

'구불구불한 단검'이라고
다섯 번 빨리 말해 보자
(그리고 살인 사건 해결로 돌아가자!).

얇은 종이책
보통 무게 / 종이 소재

머리를 때리기에는
너무 가볍지만,
값싼 잉크에 독성이 있다.

혈액형

O	O형	AB	AB형
B	B형	A	A형

단서

▶현금 자루를 가진 사람은 혈액형이 A형이었다.

▶처녀자리는 O형이 많다는 속설이 있다. 이번에는 그 속설이 옳다.

▶뜨거운 시선으로 쳐다보면 불이 붙는 무기는 게자리인 사람이 가지고 있었다.

▶혈액형이 AB형인 사람은 투입 센터에 있었다.

▶달의 뒷면을 최초로 탐험한 여성이 넘쳐흐르는 혈액 탱크 주위를 어슬렁거리고 있었다.

▶O형인 사람은 비밀 입구에 없었다.

▶얇은 종이책을 가진 사람은 그 책을 왼손에 들고 있었던 것으로 보아 왼손잡이가 분명하다.

▶키가 두 번째로 큰 용의자는 몰래 비밀 입구에서 빠져나오는 중이었다.

▶피해자의 피를 빼내는 데에는 구불구불한 단검이 쓰였다.

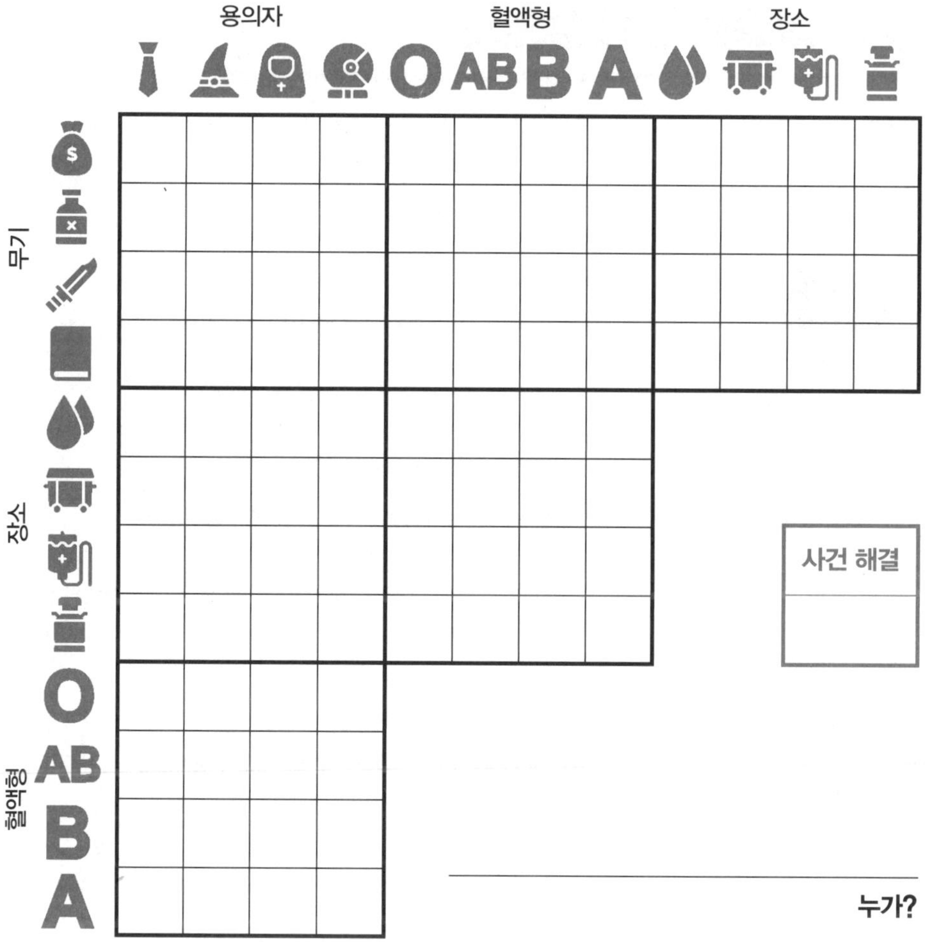

사건 해결

누가?

무엇으로?

어디에서?

혈액형은?

64 | 살육의 도살장에서

동물을 사랑하는 이라티노는 평생 이 도살장보다 끔찍한 곳을 본 적이 없습니다. 이곳의 광경이 남은 평생 내내 악몽에 나올 것만 같았습니다. 그래서 살인 사건을 해결하는 것은 고사하고 죽은 인간의 시체를 발견하는 것조차도 어려웠습니다.

용의자

커피 장군

부하들을 죽음의 격전장으로 보내기 전에
항상 모닝커피를 마시는 커피 애호가. 중요한 것은 명예인가,
영광인가, 부인가, 커피콩에 대한 사랑인가?

183cm / 오른손잡이 / 갈색 눈 / 대머리 / 궁수자리

귀족 세이블

섬에 갇혔다가 살인 혐의를 받았던 이야기는
칵테일 파티에서 이야깃거리로 유용했다.

165cm / 왼손잡이 / 녹갈색 눈 / 검은 머리 / 천칭자리

카퍼 경관

범죄자가 경찰일 때 좋은 점은, 중간책을 제거해서
자기 범죄 수사를 망칠 수 있다는 것이다.

165cm / 오른손잡이 / 파란 눈 / 금발 / 양자리

샴페인 동무

부유한 공산주의자. 세계를 여행하며 휴가지의 동지들에게
공산주의 메시지를 전하는 것이 최고의 기쁨이다.

180cm / 왼손잡이 / 녹갈색 눈 / 금발 / 염소자리

장소

우리
실내

철창 너머에서
작고 슬픈 눈들이 쳐다본다.

도축장
실내

엄청난 대규모의
살해 현장이다.

포장 공장
실내

이곳에서 일어나는 일은
너무나 끔찍해서 전체연령가
책에 인쇄할 수 없다.

선물 가게
실내

동물들이 좋은 대우를 받는 듯한
착각을 일으키는
행복한 소 봉제 인형을 살 수 있다.

무기

[redacted] 한 동이
보통 무게 / 금속 · [redacted] 소재

이 동이 안에 무엇이 들었는지는 모르는 편이
좋다. 알았다가는 죽을 수도 있다.

녹슨 톱
보통 무게 / 금속 소재

톱날은 녹이 슬었고,
이미 피투성이다.

닭 뼈
가벼움 / 뼈 소재

역사상 가장 많은 사람들의
숨을 막아 온 무기.

삽
보통 무게 / 금속 · 나무 소재

다목적 도구. 삽 하나로 사람을 죽이고
묻는 것까지 해결할 수 있다!

식생활

대체로 비건	구석기 다이어트
육식 100%	채식(페스코)

단서

▶행복한 소 봉제 인형 옆에서 다목적 도구가 발견되었다.

▶궁수자리인 사람이 녹슨 톱을 가지고 있었다. 무디면서 위험한데도 그냥 좋아하는 것 같았다.

▶대체로 비건 식생활을 하는 사람은 도축장에 있었다.

▶우리 안에서 발견된 인간 혈흔에 DNA 염기 서열 'GGTAT'가 포함되어 있었다(자료 C 참조).

▶귀족 세이블과 키가 같은 용의자는 포장 공장에 없었다.

▶채식(페스코) 식생활을 하는 사람은 오른손잡이였다.

▶키가 귀족 세이블과 같은 용의자는 [redacted] 한 동이를 가져왔다.

▶구석기 다이어트를 하는 사람은 보통 무게 무기를 가지고 있었다.

▶살인에는 닭 뼈가 사용되었다.

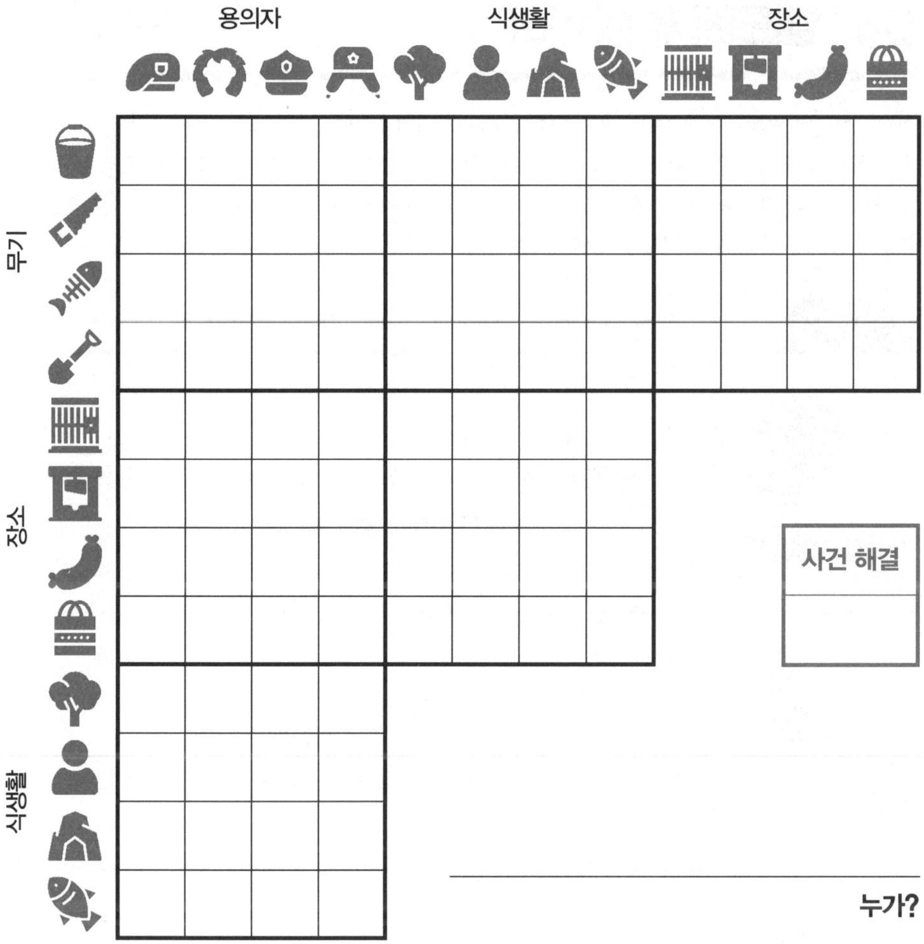

사건 해결

누가?

무엇으로?

어디에서?

식생활은?

65 | 갱도에서 살인이

신비탐정 이라티노는 레이 라인(오컬트에서 중요한 의미를 가진 직선 트랙)을 따라가다가 낡은 폐광에 발길이 닿았습니다. 왠지 갱도 아래에서 귀중한 단서가 기다리는 것이 분명하다는 느낌이 들었습니다. 하지만 어둠을 뚫고 가 보니 거기에는 시체가 있었습니다. 그리고 다양한 행색의 용의자 네 명이 그 시체 주위에 서 있었습니다.

용의자

라즈베리 코치

미시시피강 어느 쪽에 있건, 그쪽에서 손꼽히는 유능한 코치.
도박 문제가 있다는 말도 듣지만, 스스로는 위험을 즐긴다고 말한다.

183cm / 왼손잡이 / 파란 눈 / 금발 / 양자리

시너리어스 추기경

가톨릭교회에서 놀라울 정도로 높은 지위를 누리는 지도자.
위에는 오직 교황 한 사람이 있을 뿐이다…. 일단 지금은.

178cm / 왼손잡이 / 갈색 눈 / 대머리 / 전갈자리

파인 판사

법정의 주재자이며,
정의에 관한 신념을 스스로 정해 굳게 지킨다.

168cm / 오른손잡이 / 갈색 눈 / 검은 머리 / 황소자리

시뇨르 에메랄드

이탈리아의 저명한 보석상. 희귀 보석을 찾아 세계를 여행하며,
주머니에서 수시로 보석을 흘린다.

173cm / 왼손잡이 / 갈색 눈 / 검은 머리 / 궁수자리

장소

녹슨 철로
실내

WD-40(녹 방지 윤활제)을
조금 뿌리고 대대적인 재시공만 하면
쓸 만할 것 같다.

무너진 사무실
실내

갱도 바로 옆에 있다.
오래전에 버려진 후로
차차 무너진 것 같다.

잠긴 문
실외

녹슨 철문들. 예전에는 침입자를 막는
역할을 했지만 지금은 부서졌다.

방치된 갱도
실내

암흑 속으로 내려가는
어두운 구멍.

무기

오염된 밀주
보통 무게 / XXX 소재

마시면 확실히 죽는다.
냄새조차도 위험하다.

톱니바퀴
무거움 / 금속 소재

기계를 돌린다. 사회 속의 인간을
은유적으로 나타내기도 한다.

정동석
보통 무게 / 광물 소재

자연적으로 속이 빈 암석. 아마도 안쪽에
아름다운 광물 결정이 있겠지만, 이걸로
누굴 때려 쪼개보기 전에는 알 수 없다.

금괴
무거움 / 금속 소재

길쭉하고 반듯하게
생긴 금괴 하나.

사회 계급

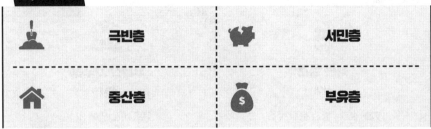

극빈층	서민층
중산층	부유층

단서

▶최고의 수비학자들이 톱니바퀴는 실외에서 발견될 것으로 예측했다.

▶시뇨르 에메랄드의 옷에 'XXX' 약간이 튀어 있었다.

▶극빈층인 사람이 방치된 갱도에 있었다.

▶극빈층과 중산층의 중간인 사람은 녹슨 철로에 없었다.

▶시너리어스 추기경은 갑부다. 추기경은 다들 그렇다!

▶살인 타로 카드를 보니 양자리가 금괴를 가지고 있었다.

▶서민적인 사람은 위험한 냄새를 맡았다.

▶키가 가장 작은 용의자는 부서진 침입 방지 시설 옆에 있었다.

▶시체 옆에서 발견된 정동석은 금이 가 깨져서 안에 있는 결정들이 보였다.

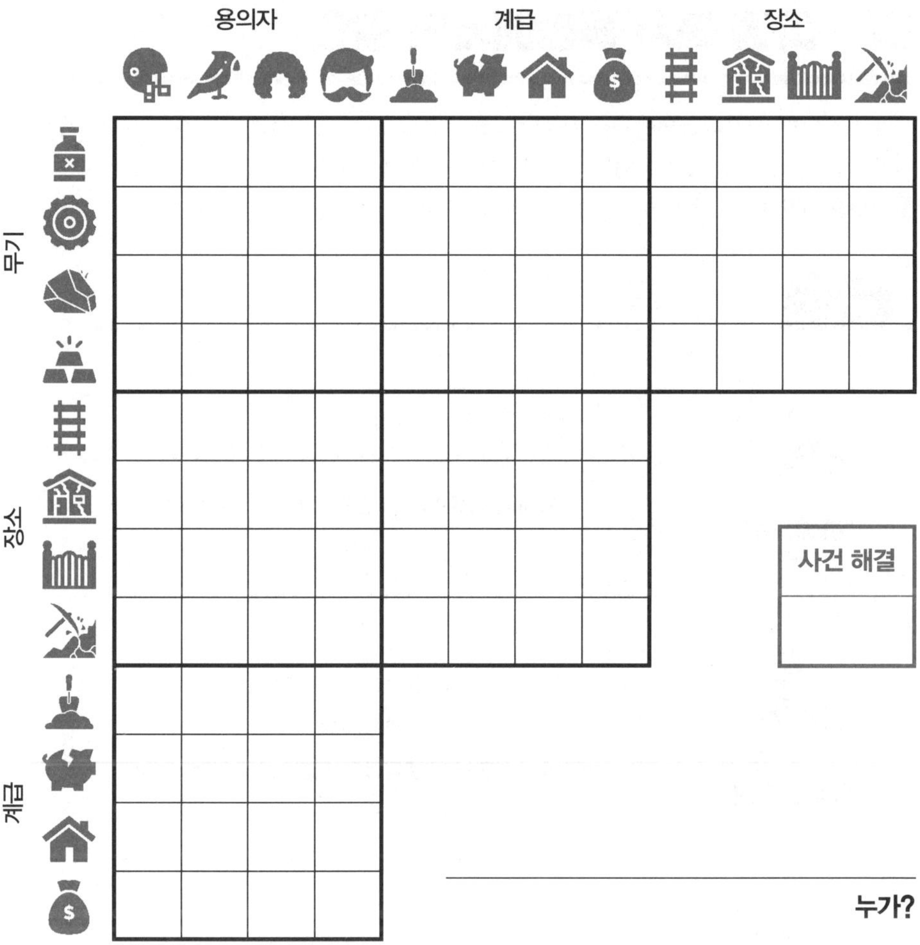

사건 해결

누가?

무엇으로?

어디에서?

계급은?

66 | 마을 독서 클럽에서의 살인

이라티노는 연금술사의 조언에 따라 한동안 살인 사건 해결을 멈추고 쉬기로 했습니다. 그래서 비밀을 숨긴 작은 마을로 가서 옵시디언 부인의 책을 읽는 독서 클럽에 들어갔습니다. 하지만 첫 모임을 시작하기도 전에 회원 한 명이 살해되었습니다! 다시 일을 하게 되었습니다….

용의자

그레이 백작

홍차로 유명한, 유서 깊은 그레이 백작가의 후손.
사인은 해 주지 않지만, 요청한 사람에게 티백 하나를 공짜로 준다.

175cm / 오른손잡이 / 갈색 눈 / 백발 / 염소자리

아주어 주교

근처 교회의 주교. 친구와 적 모두를 위해 기도한다.
비는 내용은 다르지만….

163cm / 오른손잡이 / 갈색 눈 / 갈색 머리 / 쌍둥이자리

버밀리온 공작부인

크고 오래된 비밀을 간직한 키 크고 나이 많은 여성.
만약 살인자라면, 이번이 처음은 아닐 것이다.

175cm / 왼손잡이 / 회색 눈 / 백발 / 물고기자리

룰리언 경

최근에 기사로 임명된 섬세한 신사.
항상 흔들고 다니는 공식 기사 임명장에 따르면 그렇다.

173cm / 오른손잡이 / 파란 눈 / 붉은 머리 / 사자자리

장소

마을 술집
실내

외지인이 들어오면 담배 얼룩에 덮인 술집엔 정적이 깔린다. 비밀 이야기를 하던 중이었을까?

작은 오두막
실내

이상한 노인이 사는 곳. 노인은 항상 무슨 말을 중얼거린다. 비밀에 관한 이야기일까? 아니면 그냥 점심 식사로 먹고 싶은 음식일까?

마을 광장
실외

마을 설립자의 석상이 있다. 그 사람은 몰래 악행을 저지르고 다녔을까? 혹시 그게 비밀일까?

낡은 폐방앗간
실내

마을 가장자리에 있다. 제분소로 쓰이던 곳인데 왜 문을 닫았을까? 비밀 때문일까?

무기

피아노
무거움 / 나무 · 상아 소재

이제는 피아노에 깔려 죽는 사람이 별로 많지 않다. 적어도 조금 전까지는 그랬다.

체스판
무거움 / 대리석 소재

대리석으로 되어 있고 심하게 무겁다.

신문지로 감싼 쇠지레
보통 무게 / 종이 · 금속 소재

겉을 둘러싼 드라코니언 타임스 신문에 "중대 발표를 앞둔 레드 소령!"이라는 기사 제목이 보인다.

드라코니아 갑옷 한 벌
무거움 / 금속 소재

붉은 세력이 점령하기 전의 신성 드라코니아에서 수입했다. 투구에 흰 깃털 장식이 달려 있다.

옵시디언 부인의 소설

《당황스러운 앵무새 문제》	《옥시덴트 지역 열차 살인》
《매우 적절한 살인》	《똑똑… 누구세요? 살인입니다!》

단서

▶구 제분소에 있던 사람은 왼손잡이였다.

▶버밀리온 공작부인과 키가 같은 용의자는 작은 오두막에 없었다.

▶아주어 주교는 《매우 적절한 살인》을 계속 반복해서 읽고 있었다.
그때마다 결말은 놀랍기만 했다!

▶피아노를 가지고 있던 사람이 좋아한 작품의 제목은 《똑똑… 누구세요? 살인입니다!》였다.

▶드라코니아 갑옷의 안쪽에서 피 한 방울이 발견되었다.
탐정 클럽에서 혈액 분석을 해 보았지만 알아낼 수 있었던 DNA 염기 서열은 'CTAA'가 전부였다(자료 C 참조).

▶《옥시덴트 지역 열차 살인》을 광적으로 좋아한 사람이 마을 술집에 있었다.

▶룰리언 경은 기사들의 몸가짐을 연구하려고 체스판을 가져왔다.

▶**살인은 마을 설립자의 거대한 석상 아래에서 일어났다.**

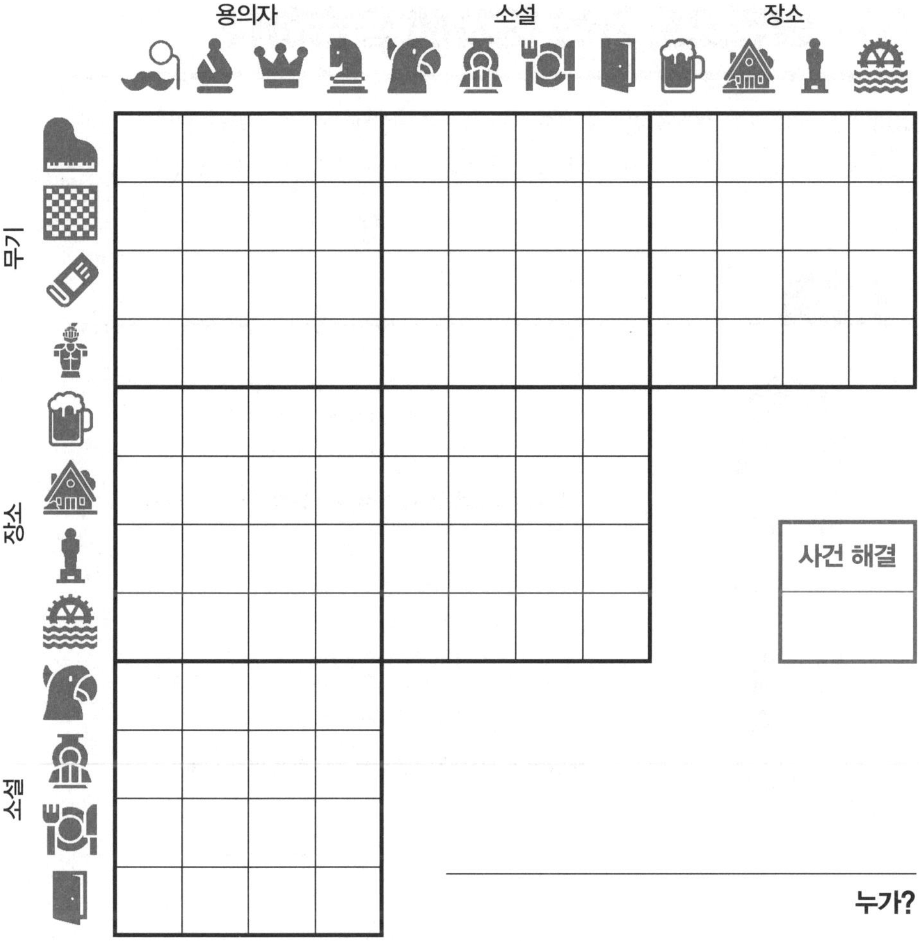

사건 해결

누가?

무엇으로?

어디에서?

소설은?

67 | 살인으로 가는 열차에 탑승하다

신비탐정 이라티노는 새로 발견한 단서를 따라 초호화 열차에 올랐습니다. 하지만 탑승하자마자 곧 어딘가 잘못되었다는 느낌이 들었습니다. 알고 보니 승무원이 살해되었습니다.

용의자

라벤더 경

보수적인 귀족원 의원. 히트 뮤지컬 〈길고양이들〉의 작곡가이기도 하다.

175cm / 오른손잡이 / 녹색 눈 / 반백 머리 / 처녀자리

글라우 학장

막대한 지원금을 받는 연구 대학의 무슨 학부 학장. 하는 일이라면, 일단 돈을 다루고….

168cm / 오른손잡이 / 갈색 눈 / 갈색 머리 / 처녀자리

슬레이트 대위

우주비행사. 달의 뒷면을 탐험한 최초의 여성이자, 우주선 부조종사 살인 혐의를 받은 최초의 인물.

165cm / 왼손잡이 / 갈색 눈 / 갈색 머리 / 물병자리

고고학자 에크루

고고학과 도굴로 전 세계에 명성을 떨치는 고고학자 겸 도굴꾼.

173cm / 왼손잡이 / 녹갈색 눈 / 반백 머리 / 궁수자리

장소

침대차
실내

고급 표를 사면
밤에 불을 끌 수 있다.

식당차
실내

철도 산업 전체에서 가장 비싼 음식들을 판다.
그중 몇 개는 최악의 음식이기도 하다.
누군가가 주방장을 죽여야 하지 않을까….

승무원실
실내

열차 뒤편에 있다. 지금 떠나는 곳,
남겨 놓은 것들이 보인다….

전망차
실외

여기에서 별을 보거나
누군가를 옆문 밖으로 밀칠 수 있다.

무기

석탄 한 덩이
무거움 / 암석 소재

닿는 곳마다 검은 얼룩을 남긴다
(이를테면 지구의 공기라거나).

와인병
보통 무게 / 유리 · 알코올 소재

마시고 즐기자!
어차피 누군가 다른 사람이 죽었다.

골동품 시계
무거움 / 나무 소재

똑딱똑딱.
시간은 우리를 천천히 죽인다.

가죽 짐가방
무거움 / 금속 · 가죽 소재

추하게 생겼다.
가죽은 소가 입었을 때 훨씬 보기 좋았다.

목적지

낭만적인 파리	세계로 열린 마드리드
영원한 로마	튤립이 가득한 암스테르담

단서

▶고고학자 에크루는 가죽 짐가방을 가져온 사람에게 반했다.

▶열차 뒤편에서 검은 얼룩이 발견되었다.

▶영원한 도시로 가는 사람이 전망차에 있었다.

▶뮤지컬 작곡가는 항상 낭만적인 도시에 가고 싶었는데, 이번에는 정말로 그리로 가는 중이다!

▶이라티노가 수정구를 보니 글라우 학장이 실내에 있었다.

▶물병자리인 사람이 침대차에서 잠을 못 이루고 있었다.

▶세계로 열린 마드리드로 가는 사람은 왼손잡이였다.

▶라벤더 경은 모든 히트 작품을 만들 때 골동품 시계를 이용했는데,
이 열차에도 그 시계를 가지고 탔다.

▶알코올을 함유한 붉은 얼룩이 그 승무원 옆에서 발견되었다.

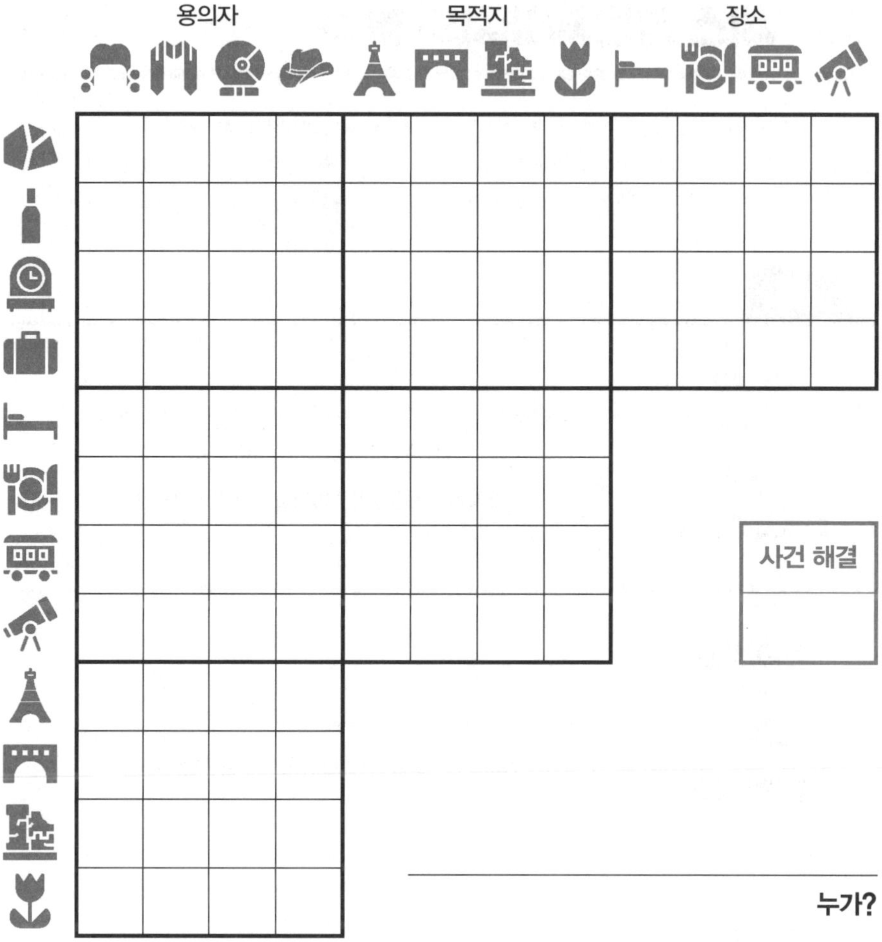

사건 해결

누가?

무엇으로?

어디에서?

목적지는?

68 | 체스 공동체에서의 참사

신비탐정 이라티노가 지난번에 들렀다 간 후에 또 새로운 교단이 이 공동체를 사들였습니다. 이번 교단의 지도자는 체스를 마치 종교 의식처럼 여기는 정체불명의 러시아인이었습니다. 이라티노는 노력 끝에 이곳에 잠입할 수 있었습니다. 하지만, 문제의 러시아인이 살해되었습니다!

용의자

마술사 믹스달

남편을 두 토막으로 자르는 마술을 완벽하게 해낸 마술사.
남편의 몸은 그 후에 사라졌다.

168cm / 왼손잡이 / 녹색 눈 / 금발 / 양자리

조그만 토프

사실은 아주 거대하다. 그래서 사람들이
농담 삼아 조그만 토프라고 부른다.

190cm / 왼손잡이 / 파란 눈 / 금발 / 황소자리

그랜드마스터 로즈

체스 그랜드마스터. 항상 다음 일을 미리 계획한다.
다음 상대를 제거하는 일까지도
(2… Qh4#, 로즈가 도전자를 하나 더 물리치다).

170cm / 왼손잡이 / 갈색 눈 / 갈색 머리 / 전갈자리

브라운스톤 수사

평생을 교회(의 돈벌이)를 위해 헌신한 수도사.

163cm / 왼손잡이 / 갈색 눈 / 갈색 머리 / 염소자리

장소

숙소
실내

문제의 러시아인은 따로 지은
저택에서 잔다.
나머지는 여기에서 잔다.

돌다리
실외

예쁜 자갈이 장식된 다리.
졸졸 흐르는 개울 위를 건넌다.
누군가를 밀치면 그 사람은 물에 젖는다.

폰 석상
실외

12m는 될 것 같다.
폰이 이 정도면 킹은 얼마나 클까!

체스판의 방
실내

체스판은
전부 이 방에 있다.

무기

가죽 장갑
가벼움 / 가죽 소재

가죽 장갑 낀 사람을 조심할 것.
그 아래에 무엇을 숨기고 있을까?!

체스 강의서
보통 무게 / 종이 소재

훌륭한 시합들의 플레이가 잔뜩 나온다.
이를테면 1. e4 e5 2. Nf3 Nc6 3. Bc4 d6 4. Nc3
Bg4 5. Nxe5 Bxd1 6. Bxf7+ Ke7 8. Nd5#. 같은….

피아노 줄
가벼움 / 금속 소재

어딘가에 줄 하나가 빠진 피아노가 있고,
그 때문에 음악회가 망할 참이다.

와인병
보통 무게 / 유리 · 알코올 소재

얼룩 조심. 붉은색이
좀처럼 빠지지 않는다.

가장 좋아하는 말

든든한 룩	음흉한 비숍
교묘한 나이트	강력한 퀸

단서

▶키가 가장 큰 용의자는 가방 안에 피아노 줄을 넣고 다녔다.

▶마술사 믹스달은 체스 강의서를 가져온 사람을 깊이 존경했다.

▶체스 강의서를 가져온 사람은 체스 말 중에서 강력한 퀸을 좋아했다.
강의서에 퀸이 제일 좋다고 나와 있었기 때문이었다.

▶마술사 믹스달은 체스판 사이를 걷고 있었다.

▶음흉한 체스 말을 가장 좋아하는 용의자는 실외에서 목격되었다.

▶브라운스톤 수사는 12m 석상 옆에서 기도를 하고 있었다.

▶사람들이 자는 침대에서 붉은 얼룩이 발견되었다.

▶교묘한 체스 말을 가장 좋아하는 용의자는 금발이었다.

▶러시아인 피해자는 가죽 장갑을 낀 사람에게 목이 졸려 죽었다.

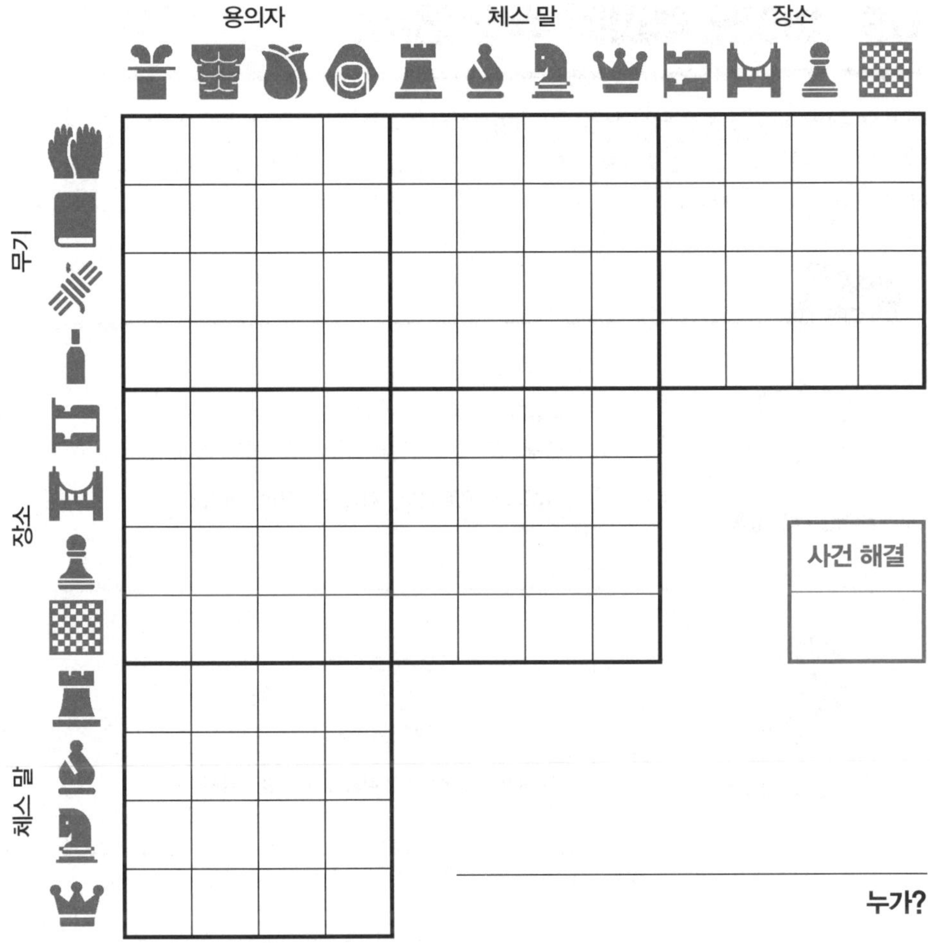

사건 해결

누가?

무엇으로?

어디에서?

체스 말은?

69 | 이것도 추리할 수 있을까!

신비탐정 이라티노는 무슨 단서든 최대한 긁어모으려고 로지코의 모교인 추리 대학에 갔습니다. 로지코는 항상 모교의 훌륭함을 한껏 이야기했지만, 실제로 가 보니 수많은 책벌레들과 시체 하나만 눈에 띄었습니다.

용의자

통계학자 마블

이제 수학 안에서도 세부 분야를 전문적으로 다룬다.
곧 통계학 내에서도 세부 분야를 고를 것이다.

170cm / 왼손잡이 / 파란 눈 / 금발 / 게자리

라즈베리 코치

미시시피강 어느 쪽에 있건, 그쪽에서 손꼽히는 유능한 코치.
도박 문제가 있다는 말도 듣지만,
스스로는 위험을 즐긴다고 말한다.

183cm / 왼손잡이 / 파란 눈 / 금발 / 양자리

애플그린 교장

살인죄를 면하는 것을 제외하고는 모든 면에서 엄격한 교장.
언제나 손에 분필가루가 묻어 있다.

180cm / 오른손잡이 / 파란 눈 / 대머리 / 천칭자리

에이전트 잉크

따뜻한 마음과 뜨거운 탐욕을 가진 에이전트.
살고 싶으면 적으로 삼지 말 것.
아마존보다 책 판매 실적이 더 높다.

165cm / 오른손잡이 / 갈색 눈 / 검은 머리 / 처녀자리

장소

서점 **실내** 교내에서 돈을 제일 잘 버는 곳. 교재 두 권에 500달러라는 문구가 걸려 있다.	**수목원** **실외** 교정 한가운데에 있는 수목원. 잡초가 무성하다.
경기장 **실외** 돈으로 살 수 있는 최고급 가짜 잔디가 바닥에 깔린 곳.	**구본관** **실내** 교내 최초의 건물이자 관리 상태가 최악인 곳. 벽에서 페인트가 벗겨질 정도다!

무기

학위복 술끈 **가벼움 / 천 소재** 이 끈에 목이 졸려 죽는 것도 큰 영광이 아닐까.	**무거운 백팩** **무거움 / 천 · 책 소재** 드디어 그 많은 논리학 교재들의 실용성을 찾았다.
날카로운 연필 **가벼움 / 나무 · 금속 소재** 당시에는 진짜 납이 들어 있었다. 찔리면 납 중독으로 죽을 수 있다.	**노트북** **보통 무게 / 금속 · 전자부품 소재** 업무용 기계. 일을 방해하는 세상의 모든 것과도 연결되어 있다.

연구 분야

엄밀한 논리학	웅대한 수사학
신비로운 음악 이론	고급 문법

단서

▶통계학자 마블은 엄밀한 연구를 좋아했다.
▶값비싼 교재 더미 아래에서 잘게 깎인 납 조각이 발견되었다.
▶문법을 연구하는 사람이 천 소재가 함유된 무기를 가져왔다.
▶라즈베리 코치는 노트북으로 스포츠 시합에 돈을 걸고 있었다.
▶무거운 백팩을 가진 사람은 신비로운 이론을 좋아했다.
▶에이전트 잉크는 자기가 가진 학위복 술끈을 자랑스럽게 여겼다.
▶수목원의 나무에서 잎사귀 하나가 떨어져 대머리 위에 앉았다.
▶수사학을 좋아한 사람은 경기장에 없었다.
▶피해자의 시신은 구본관 계단 위에 있었다.

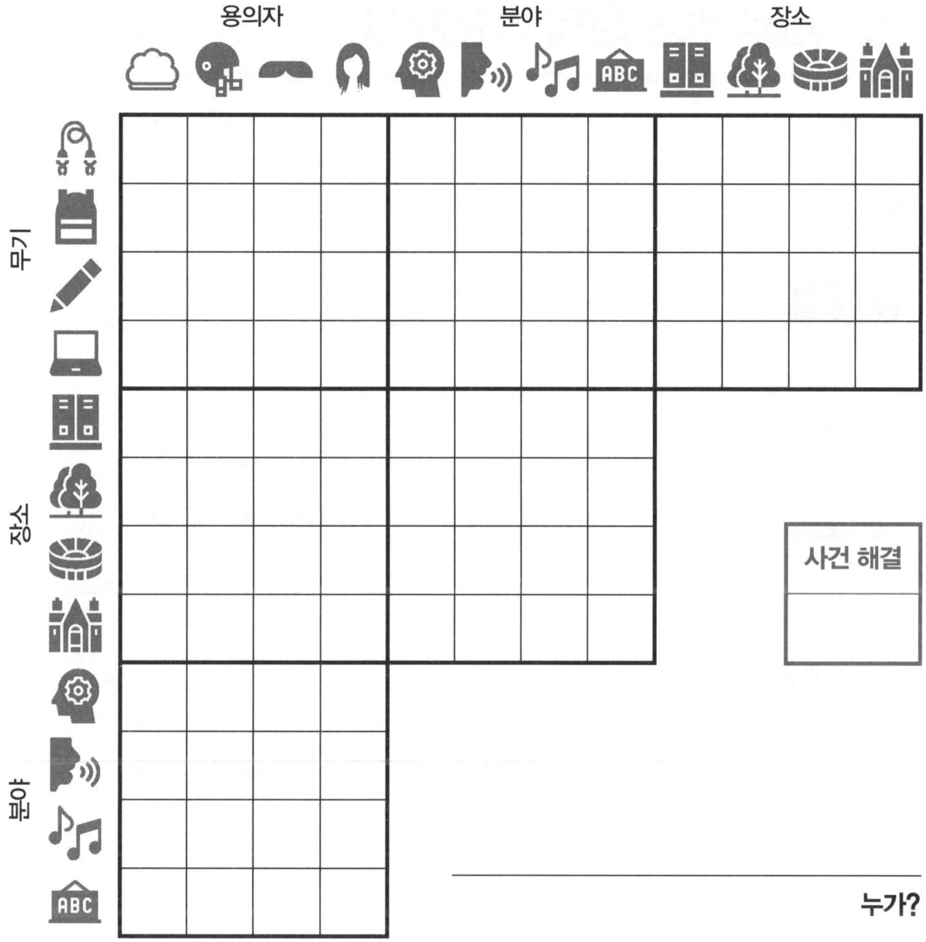

사건 해결

누가?

무엇으로?

어디에서?

분야는?

70 | 세상에서 제일 기묘한 묘지

신비탐정 이라티노는 살인 타로 카드를 통해 얻은 단서를 따라갔다가 묘비 없는 무덤을 찾았습니다. 로지코가 묻혔을까 두려워 얼른 파 보니 신선한 시체가 나왔습니다! 로지코의 시체는 아니었지만, 누군가가 피해자의 시신을 유기한 것 같았습니다. 누구였을까요?

용의자

아프리콧 계리사

통계적으로 그럭저럭 정확하게
상대방의 사망 시각을 예측할 수 있다.
추가로 자기가 살해할 예정이라면 정확도 상승.

178cm / 오른손잡이 / 갈색 눈 / 갈색 머리 / 처녀자리

마룬 남작

놀랍도록 오만하고 앙심을 잘 품는 남자. 아무도 남작의 심기를
거스르고 싶어 하지 않는다. 적어도 아직 살아 있는 사람들은….

188cm / 오른손잡이 / 녹갈색 눈 / 붉은 머리 / 전갈자리

크림슨 원장

원장은 인종과 사상에 관계없이 누구나 의료 혜택을
받아야 한다고 생각한다. 물론 돈만 충분하다면.

175cm / 왼손잡이 / 녹색 눈 / 붉은 머리 / 물병자리

모브 부사장

텍코 퓨처스의 부사장. 텍코의 최신 프로젝트인
텍토피아의 개발 책임자이기도 하다.
텍토피아는 현실 세계에 메타버스를 씌운 것과 비슷하다.

173cm / 오른손잡이 / 갈색 눈 / 검은 머리 / 황소자리

장소

이상한 오두막 **실내** 묘지 한 구석에 있는, 비밀이 있을 것이 분명한 나무 오두막.	**봉안당** **실외** 시체를 숨기기에 아주 좋은 곳. 그러려면 일단 화장을 해야 한다.
선물 가게 **실내** 비석 모양 기념품이나 이곳의 마스코트인 미스터 해골의 봉제 인형을 살 수 있다.	**입구** **실외** 불길한 분위기를 내기에 딱 적당할 만큼만 녹이 슨 거대한 철창문.

무기

인간 두개골 **보통 무게 / 뼈 소재** "아, 불쌍한 요릭, 나는 그 친구를 알았지. 이제는 이렇게 그 친구의 해골을 사람들에게 휘두르고 있지만."	**팔뼈** **보통 무게 / 뼈 소재** 죽은 사람의 뼈로 사람을 죽인다.
마법 가루 주머니 **가벼움 / 벨벳 · 가루 소재** 생명의 불꽃을 마치 '마법'처럼 꺼 버리는 굉장한 가루.	**지구본** **무거움 / 금속 소재** 세계 정복 계획을 세우거나 술을 보관할 때 쓰는 물건.

선호하는 장례식

땅 밑에 매장	과학 연구를 위해 기부
바다에 수장	화장

단서

▶마법 가루 주머니는 실외에서 발견되었다.
▶인간 두개골을 가지고 있던 사람은 녹색 눈으로 그 두개골을 가만히 바라보았다.
▶이라티노는 점성학 지식을 이용해서 전갈자리가 지구본을 가지고 있었던 것을 알아냈다.
▶죽은 후 땅 밑에 묻히고 싶었던 사람은 왼손잡이였다.
▶화장을 선호하는 사람은 이상한 오두막에 있었다.
▶아프리콧 계리사는 과학 발전을 위해 자기 시신을 기부하고 싶었다.
▶팔뼈를 쥐고 있던 사람은 화장되고 싶지 않았다.
▶이라티노는 펜듈럼을 이용해서 입구에 있던 사람이 왼손잡이임을 알아냈다.
▶아프리콧 계리사는 선물 가게에 간 적이 없다.
▶피해자의 시신은 재가 든 통 안에 있었다.

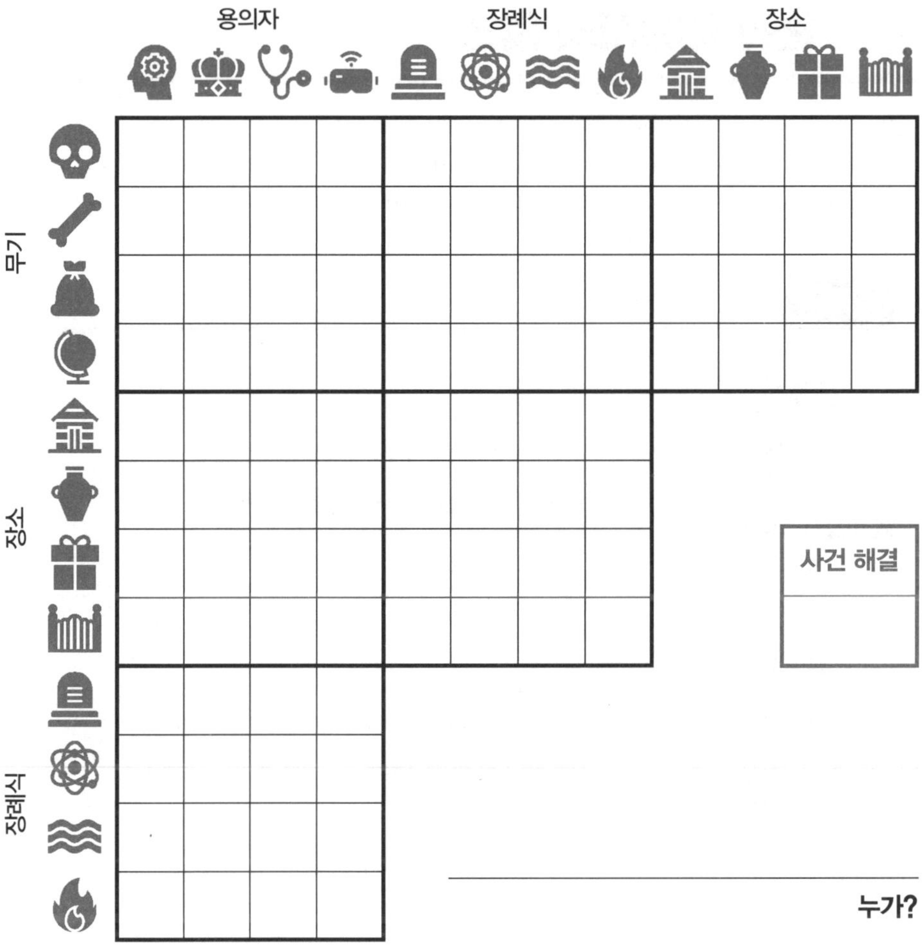

사건 해결

누가?

무엇으로?

어디에서?

장례식은?

71 | 출판사에서의 살인

신비탐정 이라티노는 어떤 아이디어든 건지고 싶어서 논리탐정 로지코와 계약한 출판사(텍코퓨처스의 자회사의 자회사의 소속 사무실)에 찾아갔습니다. 무엇이라도 있길 바라면서요. 하지만 건진 것은 무단 침입자가 죽었다는 사실뿐이었습니다.

용의자

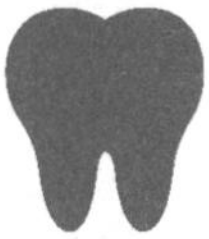

치과의사 시셸 선생

우주에 관한 새 이론을 연구하는
아마추어 물리학자이자 현직 치과의사.

170cm / 오른손잡이 / 녹색 눈 / 반백 머리 / 물고기자리

편집자 아이보리

역대 최고의 로맨스 편집자. 적이 연인으로 바뀌는 장르를
만들어 냈고, 최초로 책 표지에 벗은 남자를 넣었다.

168cm / 왼손잡이 / 갈색 눈 / 반백 머리 / 전갈자리

책임 프로듀서 스틸

할리우드에서 제일 부유하고, 영리하고, 성격 나쁜 프로듀서.
이 사람은 은행 잔고가 모자랐던 적이 없다.

168cm / 오른손잡이 / 회색 눈 / 백발 / 양자리

에이전트 잉크

따뜻한 마음과 뜨거운 탐욕을 가진 에이전트.
살고 싶으면 적으로 삼지 말 것.
아마존보다 책 판매 실적이 더 높다.

165cm / 오른손잡이 / 갈색 눈 / 검은 머리 / 처녀자리

장소

사무실
실내

페이지를 설정하고, 편집하고,
리뷰를 의뢰하는 등
책 만드는 일을 하는 곳.

인쇄기
실내

이 회사는 스스로 수직 통합형 기업이라고
말한다. 그것은 자기네 책을 지하실에서
직접 인쇄한다는 뜻이다.

옥상
실외

베스트셀러 작가들이
헬리콥터에서 내릴 때 쓰는
착륙장이 있다.

정원
실외

판매가 저조했던 작가 몇 명이 묻혀 있다.
그 위에는 데이지가 자란다.

무기

거대한 책 더미
무거움 / 종이 소재

밀어서 넘어뜨리면 사람이 깔린다.
들고 다니기는 어렵다.

골동품 타자기
무거움 / 금속 소재

주제를 은근하게 적을 수도 있고,
머리를 내리칠 수도 있다.

독 탄 잉크병
가벼움 / 잉크 · 독소 소재

어떻게 중독되었을까?
이 '병'으로!

얇은 종이책
보통 무게 / 종이 소재

머리를 때리기에는 너무 가볍지만,
값싼 잉크에 독성이 있다.

좋아하는 작가

옵시디언 부인	**논리탐정 로지코(의 대필작가)**
철학자 본	**부키상 수상자 게인스**

단서

▶처녀자리인 사람이 거대한 책 더미 옆에 있었다.

▶논리탐정 로지코(의 대필작가)를 가장 좋아한 사람은 옥상에 있었다.

▶책임 프로듀서 스틸과 키가 같은 용의자는 무거운 무기를 가지고 있었다.

▶치과의사 시셸 선생이 철학자의 광팬인 것을 보면 정말 위험한 사람이 분명하다.

▶옵시디언 부인을 가장 좋아한 용의자는 부인과 마찬가지로 왼손잡이였다!

▶정원에 있었던 사람은 왼손잡이였다.

▶싸고 독한 잉크 얼룩이 실외에서 발견되었다.

▶출판 에이전트는 기업의 수직 통합을 감독하고 있었다.

▶침입자의 시신 주변에 타자기 키 몇 개가 흩어져 있었다.

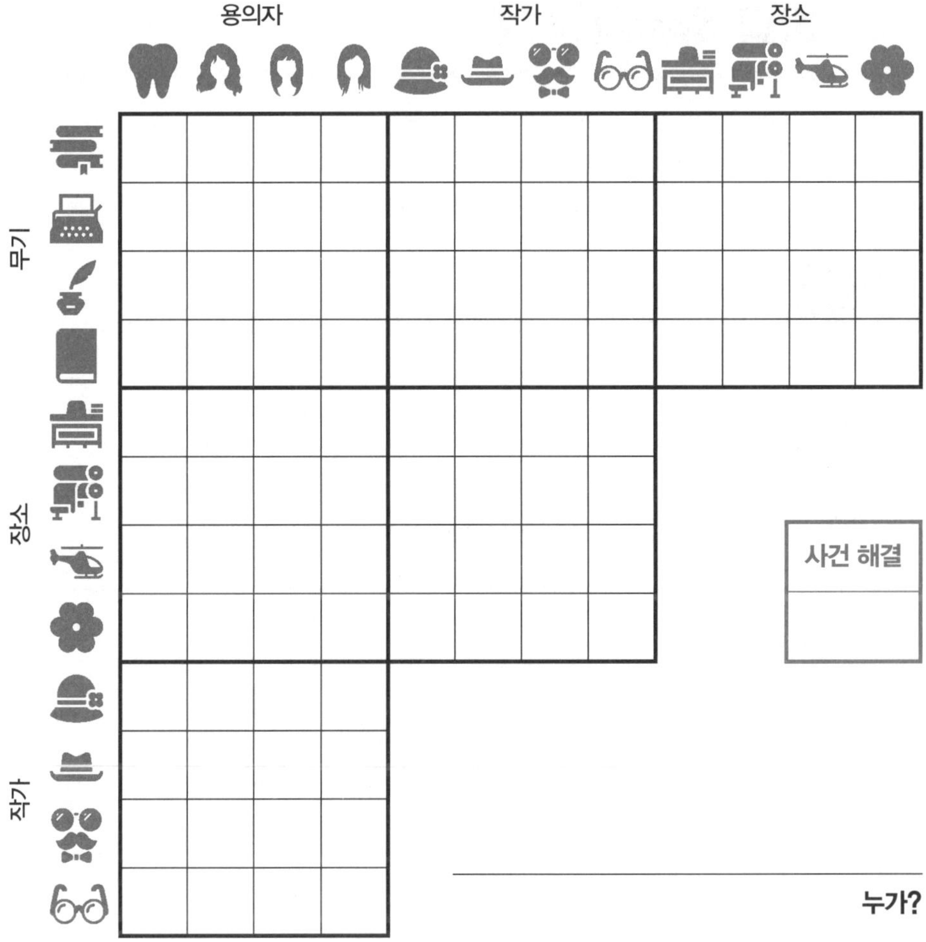

누가?

무엇으로?

어디에서?

작가는?

72 | 바다 위에서의 살인

신비탐정 이라티노의 일곱 번째 감각이 크루즈 여객선을 타고 일곱 바다를 건너야 한다고 속삭였습니다. 직감을 따라갔더니 이번에도 살인 사건이 기다리고 있었습니다. 43번째 항해자가 살해되었습니다. 문제는 그것만이 아니었습니다. 이 배 위에는 불만 없는 사람이 없었습니다!

용의자

앳된 블루 씨

트렌치코트에 들어간 사람은 어린이 두 명이 아니라 어른 남성 한 명이다. 미성년자 관람 불가 영화를 보거나, 맥주를 사거나, 잠들 시간이 지난 뒤에도 돌아다니는 등의 어른 같은 일들을 한다.

234cm / 오른손잡이 / 파란 눈 / 금발 / 쌍둥이자리

초크 회장

여러 해 전에 출판업을 속속들이 파악한 뒤로 오직 앞만 보고 나아간다. 전자책은 반짝 유행으로 치부하며, 아직도 다이얼식 전화를 쓴다. 억만장자.

175cm / 오른손잡이 / 파란 눈 / 백발 / 궁수자리

셀러돈 장관

국방장관. 전쟁 범죄도 꽤 저질렀다. 셀러돈 학살의 바로 그 셀러돈.

168cm / 왼손잡이 / 녹색 눈 / 갈색 머리 / 사자자리

포르퍼스 대주교

신성 드라코니아 교회의 대주교이자 세인트 루핀 정교 신도들의 유일하고도 진정한 지도자. 아무도 그 사실을 잊을 수 없다.

163cm / 오른손잡이 / 검은 눈 / 검은 머리 / 게자리

장소

갑판
실외

바다를 내려다볼 수 있다.
너무 멀리 보면 누군가에게 밀려
떨어질 수 있으니 조심.

기관실
실내

친환경 요트라서 핵반응로를 쓴다.
우라늄 연료봉이 소모되면
그냥 바다에 버린다.

선외
실외

넓은 바다.
역사 속 사랑 받는 익사자들
몇 명이 있는 곳.

망루
실외

여기에서 보면
모든 사람이 발밑에 있다.

무기

얇은 종이책
보통 무게 / 종이 소재

머리를 때리기에는 너무 가볍지만,
값싼 잉크에 독성이 있다.

오래된 닻
무거움 / 금속 소재

이끼에 뒤덮이고
체인이 녹슬어서 멋있게 보인다.

기념용 펜
가벼움 / 금속 · 잉크 소재

그 뭐였더라…
여하튼 특별한 행사를 기념하는 펜.
비싼 잉크가 새어 나온다.

독 탄 잉크병
가벼움 / 잉크 · 독 소재

어떻게 중독되었을까?
이 '병'으로!

불만

물에 빠질까 봐 두려움	너무 심한 뱃멀미
집에 대한 향수병	눈물 나게 지루함

단서

▶눈물 나게 지루했던 사람은 망루에 없었다.

▶얇은 종이책을 가진 사람은 별로 익사가 무섭다는 생각을 하지 않았다.

▶익사가 무서웠던 사람은 기관실에 숨어 있었다.

▶독이 든 잉크 한 방울이 무심하고 드넓은 바다에 떨어져 흩어졌다.

▶기념용 펜은 분명 갑판에 없었다.

▶셀러돈 장관은 긴 휴가 내내 보통 무게 무기를 가지고 다녔다.

▶갑판에 백발의 용의자가 서 있었다.

▶앳된 블루 씨는 집이 너무 그리웠다.

▶살인에 쓰인 무기는 이끼에 뒤덮여 있었다.

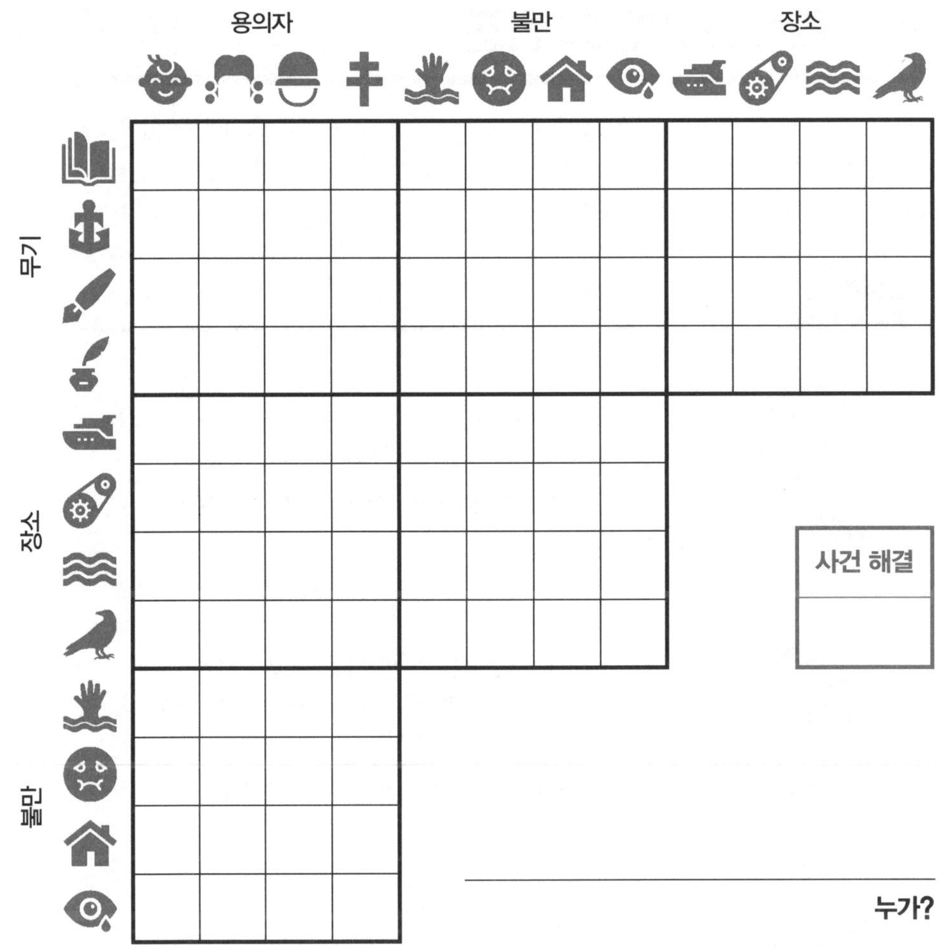

누가?

무엇으로?

어디에서?

불만은?

73 | 침묵과 살인의 음모

신비탐정 이라티노는 음모 이론 컨벤션에 초대를 받고 바로 응했습니다. 그 사람들이라면 로지코의 행방을 알 수 있을 것만 같았습니다. 하지만 실제로 가서 보니 자기네 행사 주최자가 살해된 사건조차 해결을 못 하고 있었습니다!

용의자

화이트 대표

세력을 되찾으려는 귀족들의 정당인 왕당파 레지스탕스에서 적절한 절차에 따라 선출된 대표. 과거의 영광을 꿈꾼다.

178cm / 오른손잡이 / 회색 눈 / 백발 / 사자자리

커피 장군

부하들을 죽음의 격전장으로 보내기 전에 항상 모닝커피를 마시는 커피 애호가. 중요한 것은 명예인가, 영광인가, 부인가, 커피콩에 대한 사랑인가?

183cm / 오른손잡이 / 갈색 눈 / 대머리 / 궁수자리

치과의사 시셸 선생

우주에 관한 새 이론을 연구하는 아마추어 물리학자이자 현직 치과의사.

170cm / 오른손잡이 / 녹색 눈 / 반백 머리 / 물고기자리

수정의 여신

신도들은 이 사람을 신성한 존재라고 생각하고, 그래서 돈을 준다.

175cm / 왼손잡이 / 파란 눈 / 백발 / 사자자리

장소

화장실
실내
여자 화장실에 줄이 없다!
그래서 참가자들이 그것도 음모가
아닌지 묻고 있다.

거대한 게시판
실내
모든 참가자가 각자의 이론을 결합해서
거대한 하나의 이론으로 만들 수 있게
준비한 거대 음모 이론 게시판.

접수대
실내
여기로 와서 자기소개를 하면
배지를 준다.

대형 홀
실내
'예티'는 사실 그냥 털이 많은
사람일 뿐이라고 설명하는
발표가 진행 중이다.

무기

붉은 실
가벼움 / 면 소재
음모 이론을 구성하는
각 부분을 연결하는 데 쓴다.

《드라코니아 음모의 가설들》
보통 무게 / 종이 소재
붉은 세력과 왕당파 사이의 전쟁,
그리고 그 배후의 흑막에 관한
온갖 이론이 들어 있다.

기념 컵받침
가벼움 / 종이 소재
이걸 무기로 쓸 방법은
감도 안 잡히지만… 그래도!

방탄조끼
보통 무게 / 케블라 소재
여기에 맞아서 죽는 것도
참 역설적이겠지.

주장하는 음모 이론

모든 살인에는 거대한 비밀이 있다	외계인이 세계를 지배한다
잠은 존재하지 않는다	시간은 지난 화요일에 시작되었다

단서

▶수정의 여신은 모든 살인에 엄청난 이유가 있다고는 믿지 않았다.

▶치과의사 시셸 선생은 거대한 음모 이론 게시판을 쳐다보고 있었다.

▶붉은 실을 가진 사람은 잠이 존재하지 않는다고 주장했고, 굉장히 피곤했다!

▶왕당파 레지스탕스의 대표는 보통 무게 무기를 가지고 있었다.

▶파란 눈의 사자자리 용의자는 《드라코니아 음모의 가설들》을 가지고 왔다.

▶시간은 지난 화요일에 시작되었다고 말하는 사람은 화장실에 가지 않았다.

▶모든 살인에 대한 음모 이론을 주장하는 사람은 대형 홀에 있었다.

▶커피 장군은 시간이 지난 화요일에 시작되었다고 믿는다.
그게 사실이라면 장군의 범죄 대부분이 사면된다.

▶역설적이게도, 방탄조끼가 피해자 옆에서 발견되었다!

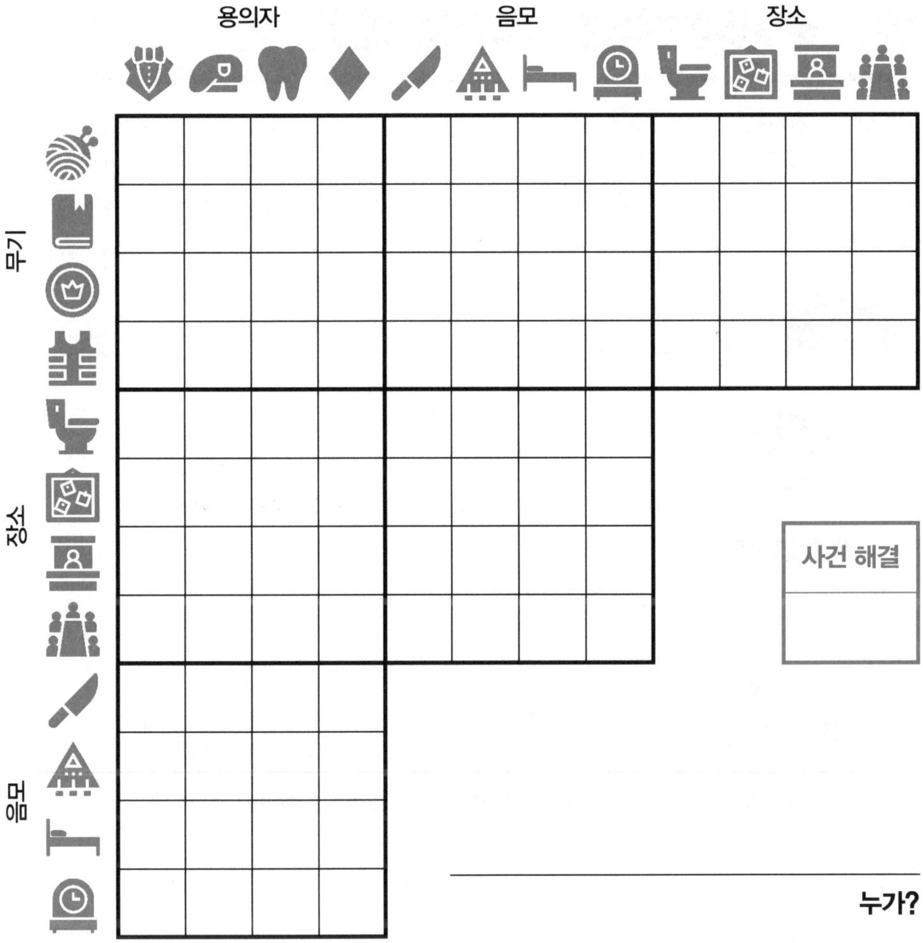

사건 해결

누가?

무엇으로?

어디에서?

음모는?

74 | 광기와 살인의 국경을 넘어

신비탐정 이라티노가 화이트 대표를 따라간 비밀의 장소는 드라코니아 국경 분쟁 지역이었습니다. 경호원이 살해되자, 이라티노는 경악했습니다. 하지만 그렇다고 살인 사건을 해결하지 않을 수는 없었습니다. 게다가 전쟁터에서 보이는 태도는 용의자에 대해 많은 것을 알려주기 마련입니다….

용의자

네이비 제독

네이비 제독의 맏아들인 네이비 제독의 맏아들.

175cm / 오른손잡이 / 파란 눈 / 갈색 머리 / 게자리

커피 장군

부하들을 죽음의 격전장으로 보내기 전에
항상 모닝커피를 마시는 커피 애호가. 중요한 것은 명예인가,
영광인가, 부인가, 커피콩에 대한 사랑인가?

183cm / 오른손잡이 / 갈색 눈 / 대머리 / 궁수자리

건메탈 하사

진지하고 냉철하며,
무엇이든 될 때까지 밀어붙인다.

183cm / 오른손잡이 / 갈색 눈 / 검은 머리 / 염소자리

리드 총관

자유 드라코니아에서 가장 많은 공포와
가장 적은 사랑을 받는 공무원.

188cm / 오른손잡이 / 갈색 눈 / 검은 머리 / 처녀자리

장소

방벽
실외

매년 더 커지고
효율이 나빠진다.

포대
실외

침략이 시작되었을 때
(아니면 실수로) 발사할 수 있도록
대포들이 국경 너머를 겨누고 있다.

비밀 터널
실내

국경을 넘어 물건이나
사람을 운반할 때 쓴다.

초소
실내

일하기에 아주 좋은 장소.
종일 책을 읽을 수 있다.

무기

낡은 검
무거움 / 금속 소재

오래된 전쟁에서 악당들이 썼던 검.
녹이 잔뜩 슬었다.

바주카포
무거움 / 금속 · 폭발물 소재

고전적인 군사 무기.
최근에 트이화 코퍼레이션에서 제조했다.

삽
보통 무게 / 금속 · 나무 소재

살인 무기로 삽을 쓰면 시체를 숨길
구멍도 팔 수 있어서 참 좋다.

너무나 뜨거운 커피
가벼움 / 도자기 · 물 · 커피콩 소재

평생 먹은 것 중 최고로 뜨거운 커피이자
평생의 마지막 커피!

전쟁터에서의 태도

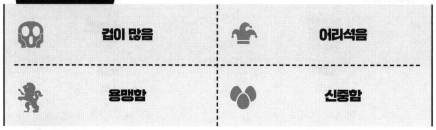

겁이 많음	어리석음
용맹함	신중함

단서

▶군사 무기는 실내에서 발견되었다.

▶유출을 막기 위해 뒤죽박죽 암호로 작성된 후 무선 송출된 병력 이동 정보:
리가소자염 초에소 서 었있다.

▶신중한 태도를 유지하던 사람은 방벽에 올라가지 않았다. 사실은 아예 가까이 가지도 않았다!

▶네이비 제독은 오래된 전투에서 쓰였던 낡은 검을 가지고 왔다.

▶키가 가장 작은 용의자는 방벽 옆에 서 있었지만 그 너머를 볼 수 없었다.

▶너무나 뜨거운 커피를 가지고 있던 사람은 겁이 많아서 자기 컵 뒤에 숨었다.

▶신중하게 행동하던 사람에게서 진정한 궁수자리의 기운이 풍겼다.

▶어리석은 태도를 보이던 사람은 비밀 터널에 숨어 있었다.

▶시신은 대포 안에 꽉 끼여 있었다.

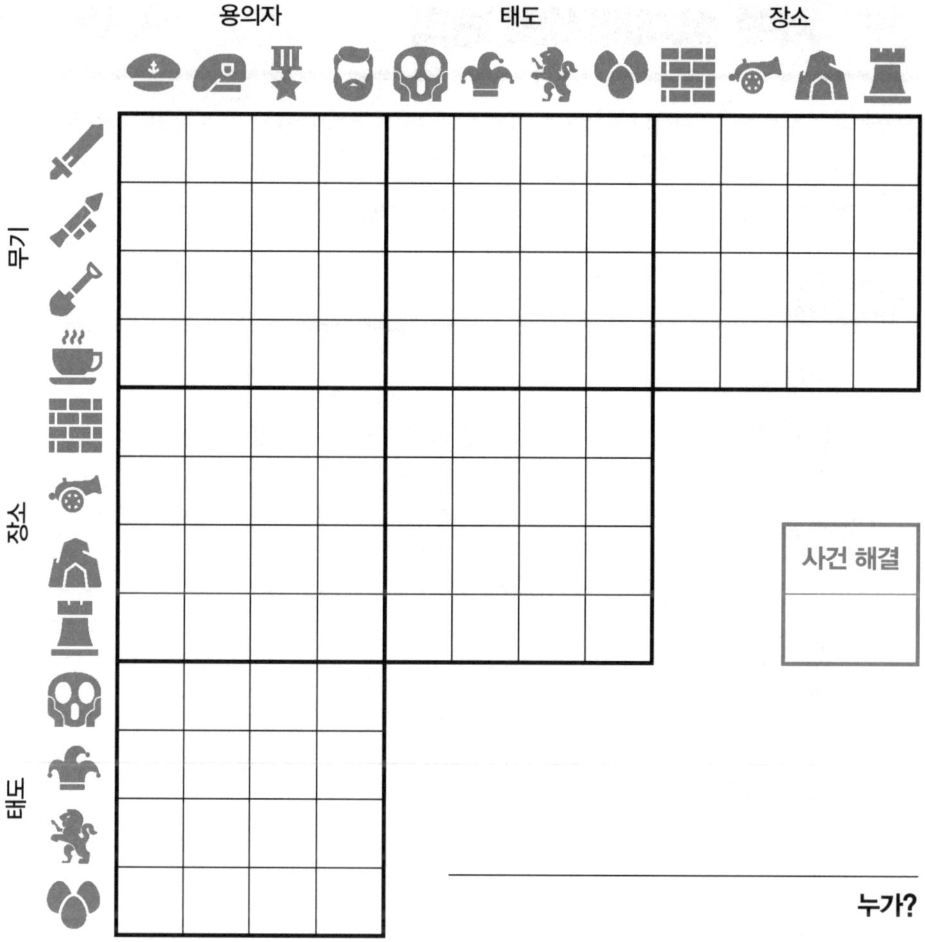

사건 해결

누가?

무엇으로?

어디에서?

태도는?

75 | 서쪽 성채에서의 승리

서쪽 성채는 신성 드라코니아의 서쪽 전초 기지로, 전진하는 군대로부터 드넓은 유전을 방어하고 있었습니다. 내전 이후로 여러 번 주인이 바뀌었지만, 지금은 붉은 세력의 점령 하에 있습니다. 협상은 시작부터 흐름이 좋지 않았고, 대사가 살해되자 분위기가 더욱 험악해졌습니다.

용의자

우주인 블루스키

전직 소련 우주비행사.
빨간 피가 흐른다. 물론 그게 보통이지만,
그래도 이건 애국의 상징이다.

188cm / 왼손잡이 / 갈색 눈 / 검은 머리 / 양자리

셀러돈 장관

국방장관. 전쟁 범죄도 꽤 저질렀다.
셀러돈 학살의 바로 그 셀러돈.

168cm / 왼손잡이 / 녹색 눈 / 갈색 머리 / 사자자리

화이트 대표

세력을 되찾으려는 귀족들의 정당인 왕당파 레지스탕스에서
적절한 절차에 따라 선출된 대표. 과거의 영광을 꿈꾼다.

178cm / 오른손잡이 / 회색 눈 / 백발 / 사자자리

건메탈 하사

진지하고 냉철하며, 무엇이든 될 때까지 밀어붙인다.

183cm / 오른손잡이 / 갈색 눈 / 검은 머리 / 염소자리

장소

가시철조망
실외

날카롭고 뾰족한 철조망이
성채 전체를 둘러싸고 있다.

보안실
실내

경비들이 다른 모든 방의
CCTV 영상을 보는 곳.

철문
실외

악당들이 거대한 탑에
들어오지 못하게 막는
거대한 철문.

대형 홀
실내

사람들이 둘러앉아
평화조약을 체결할 때
쓸 커다란 회의용 탁자가 있다.

무기

위조 치아
가벼움 / 에나멜 · 독소 소재

시안화물이 차 있다. 진짜 어려운 부분은
이 무기를 다른 사람의 입에 넣는 것.

삽
보통 무게 / 나무 · 금속 소재

흙투성이가 되는 것을 꺼리지 않는다면
온갖 이유로 구멍을 팔 수 있다.

무거운 부츠
무거움 / 고무 · 강철 소재

휘둘러서 철제 앞코로
사람을 칠 수 있다.
발로 차면 더 좋다!

커다란 붉은 책
보통 무게 / 종이 소재

레드 소령의 저서. 이런저런 소령의 말이
잔뜩 들어 있다. "비폭력을 주장하는 지도자도
있지만, 나는 그 반대를 주장한다."

가입한 비밀 결사

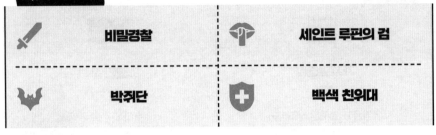

비밀경찰	세인트 루핀의 검
박쥐단	백색 친위대

단서

- ▶대형 홀에는 백색 친위대가 한 명도 없었다.
- ▶커다란 붉은 책에 묻은 혈흔을 분석해 보니 DNA 염기 서열 'GGCC'가 들어 있었다 (자료 C 참조).
- ▶우주인 블루스키는 무거운 부츠 한 짝을 신고 있었다.
- ▶비밀경찰에 소속된 사람은 왼손잡이였다.
- ▶셀러돈 장관의 옷은 온통 흙투성이였다.
- ▶위조 치아를 가진 사람은 세인트 루핀의 검 소속이었다.
- ▶전신을 통해 들어온 뒤죽박죽 보고서: 가군누가 외에실 멍을구 다팠.
- ▶가시철조망에서 백발 한 올이 발견되었다.
- ▶박쥐단에 가입한 사람은 보안실에 있었다.
- **▶대사의 시신은 철문에 쓰러져 있었다.**

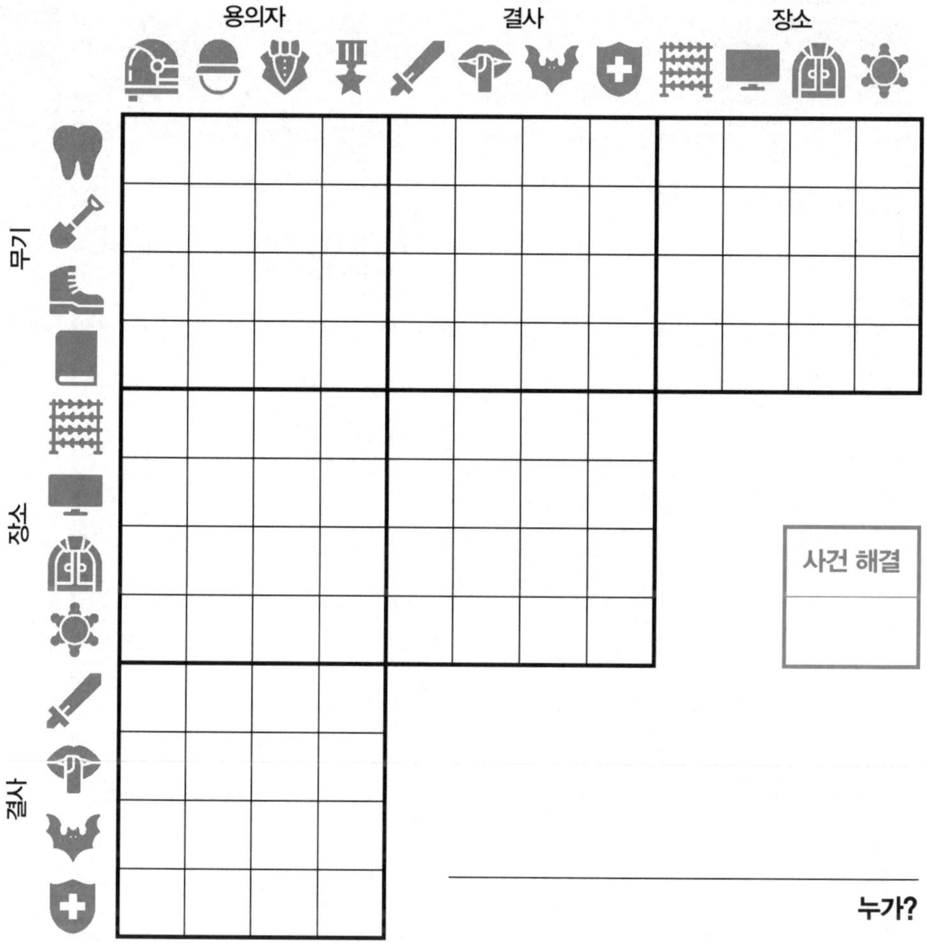

사건 해결

누가?

무엇으로?

어디에서?

결사는?

논리탐정 로지코는 자유 드라코니아에서 풀려났지만, 신비탐정 이라티노가 붙잡히고 말았습니다. 자유 드라코니아는 끔찍한 비명의 숲, 험난한 광기의 산줄기, 독한 죽음의 강이 있어서 안 그래도 무서운 곳이었습니다. 하지만 그 어느 것도 그곳의 정치 상황만큼 경악스럽지는 않았습니다.

그리 오래 지나지 않은 옛날, 붉은 혁명이 나라 전체를 휩쓸어 철의 차르를 퇴위시키고 인민 독재의 장을 열었습니다. 하지만 인민 독재는 명목일 뿐이고, 사실은 레드 소령이 모든 권력을 독점하는 일인 독재였습니다.

철의 차르는 모든 비판을 억압하고, 사람들을 빈곤에 몰아넣고, 세인트 루핀 정교를 따르지 않는 자들을 모두 교수형에 처하는 악인이었습니다. 하지만 인민 독재도 딱히 나을 것은 없었습니다.

붉은 정부는 차르 시절보다도 더 심하게 비판적인 의견을 찍어 눌렀습니다. 내전 때문에 빈곤도 전보다 심해졌습니다. 교수형 집행은 멈췄지만, 이제는 참수형을 집행하기 시작했습니다.

그래서 이제 살인 사건을 해결하기도 더 어려워졌습니다. 이 단계의 25개 사건에서는 범인과 무기, 살인이 일어난 장소 외에도 이유까지 알아내야 합니다. 동기는 누구나 가질 수 있지만, 한 사건의 범인은 단 한 명입니다.

이 사건들이 너무 쉽게 느껴진다면, 탐정 클럽의 도전을 받아 주세요. 자유 드라코니아의 정치 상황을 잘 연구해서 최근 드라코니아에 공포를 가져온 회색 인간들의 정체를 알아내세요. 회색 인간들은 누구이며, 어디에서 왔을까요?

불 가 능 에 도 전

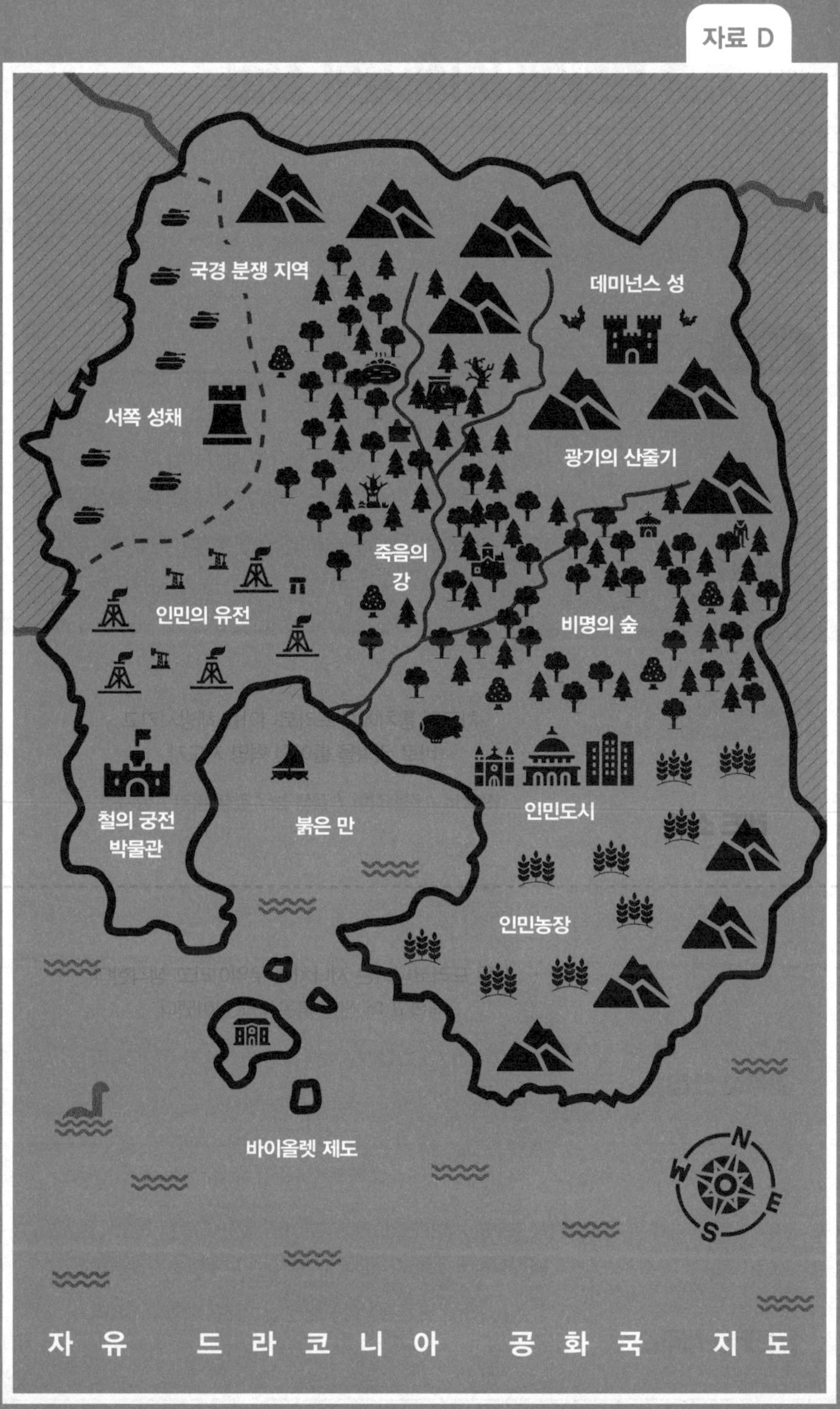
자료 D
국경 분쟁 지역
데미넌스 성
서쪽 성채
광기의 산줄기
죽음의
강
인민의 유전
비명의 숲
인민도시
철의 궁전
박물관
붉은 만
인민농장
바이올렛 제도
N
W
E
S
자 유 드 라 코 니 아 공 화 국 지 도

76 | 자유 드라코니아에서의 살인

혹독한 내전이 끝난 지도 10년이 넘었지만 자유 드라코니아 공화국에는 아직 평화가 자리를 잡지 못했습니다. 지난달에도 신문에 대서특필된 살인 사건이 있었습니다. 그 사건의 범인과 살인의 이유를 추리할 수 있을까요?

용의자

화이트 대표

세력을 되찾으려는 귀족들의 정당인 왕당파 레지스탕스에서
적절한 절차에 따라 선출된 대표. 과거의 영광을 꿈꾼다.

178cm / 오른손잡이 / 회색 눈 / 백발 / 사자자리

레드 소령

차르의 통치에서 드라코니아를 해방시키고
바로 권력을 틀어쥔 혁명 지도자.

188cm / 왼손잡이 / 갈색 눈 / 갈색 머리 / 양자리

과격파 크림슨

자유 드라코니아는 지나치게 우익이라고 생각한다.
새롭고 더 진한 붉은색을 찾아냈다.

170cm / 왼손잡이 / 녹색 눈 / 붉은 머리 / 천칭자리

포르퍼스 대주교

신성 드라코니아 교회의 대주교이자 세인트 루핀 정교 신도들의
유일하고도 진정한 지도자. 아무도 그 사실을 잊을 수 없다.

163cm / 오른손잡이 / 검은 눈 / 검은 머리 / 게자리

장소

데미넌스 성
실내

목숨을 유지하고 싶은 사람은 아무도
데미넌스 자작의 성을 찾아가지 않는다!

비명의 숲
실외

드라코니아의 유명한 자연림.
안에는 어떤 공포가 도사리고 있을까?

철의 궁전
실내

철의 차르가 지은 철의 요새.
한때는 모든 사람의 마음에 공포를
일으켰지만, 지금은 박물관이다.

인민도시
실외

전에는 세인트 루핀이라고 불렸고 이제는
인민도시라고 불린다.
그때도 지금도 의회가 운영한다.

무기

밤을 먹는 자의 상아 송곳니
보통 무게 / 불쌍한 코끼리 소재

고대 드라코니아의 전사들은 적에게
겁을 주려고 이것을 끼었다.
지금은 대량 생산되는 제품이다.

거대한 그림
무거움 / 나무 · 캔버스 소재

전에 드라코니아를 지배했던
철의 차르를 그린 초상화.
그림 속에서도 투구를 쓰고 있다.

고대의 검
무거움 / 금속 소재

전설에 따르면, 클라우스 드라큘리아가 이
검으로 드라코니아 전체를 복속시켰다고 한다.

붉은 바나나
가벼움 / 폭발물 소재

붉은 세력이 혁명에서 사용한
다이너마이트를 부르는 별명.

동기

인민 해방	토지 수복
국가 지배	귀족제 복원

단서

▶인민 해방을 원했던 사람은 인민도시에 산다고 했다.

▶레드 소령이 있던 장소가 가장 남쪽이었다(자료 D 참조).

▶글자가 뒤죽박죽 섞여서 찍힌 신문 기사의 한 줄 :

은붉 나를바나 들고 었던있 은사람 칭다리자였천.

▶신문 기사에는 화이트 대표가 실내에 있는 그림이 실려 있었다.

▶모든 세인트 루핀 정교 신도들의 지도자는 붉은 정부로부터 토지를 수복하고 싶었다.

▶신문사 분석가들에 따르면, 그림을 가지고 있던 사람은 오른손잡이였다.

▶비명의 숲에서 밤을 먹는 자의 상아 송곳니 한 세트가 발견되었다는 불안한 기사가 있었다.

진술

※범인은 거짓말을, 나머지는 진실을 말합니다.

▶**화이트 대표 :**

나는 붉은 바나나를 가져오지 않았다고 엄숙하게 맹세합니다.

▶**레드 소령 :**

과격파 크림슨은 거대한 그림을 가져오지 않았지.

▶**과격파 크림슨 :**

화이트 대표는 국가를 지배하고 싶어 하지!

▶**포르퍼스 대주교 :**

난 비명의 숲에 있었어요.

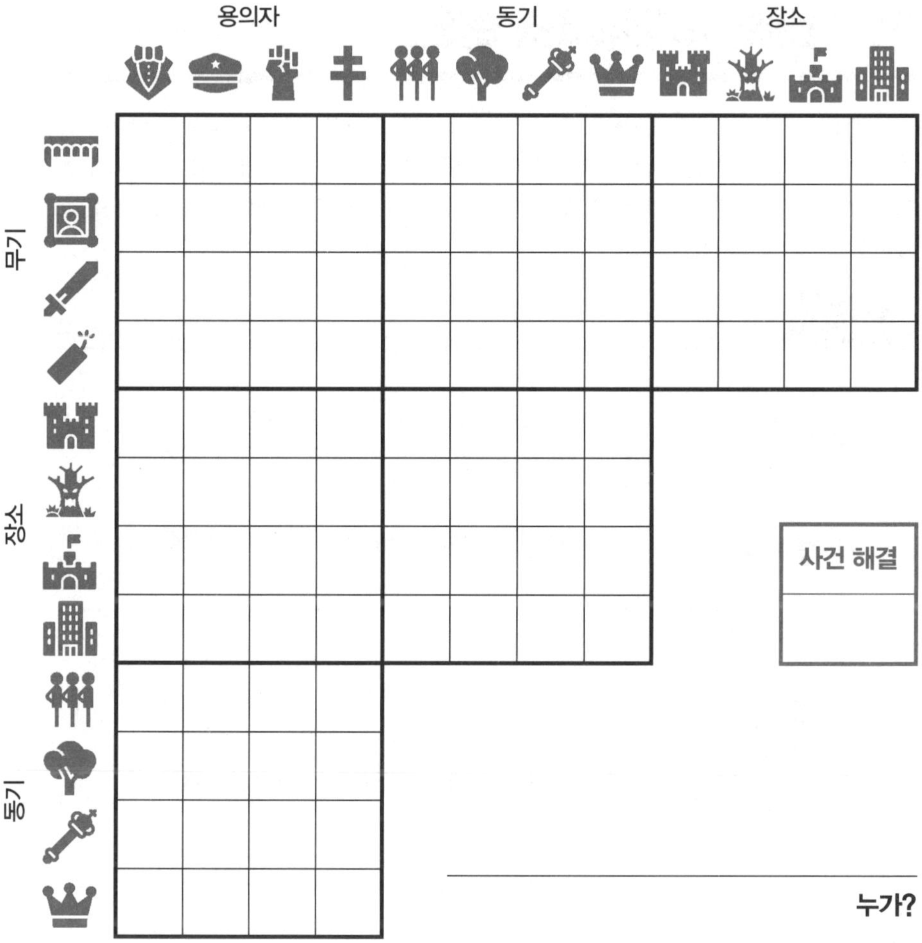

누가?

무엇으로?

어디에서?

왜?

77 | 비밀 기지에서의 살인

논리탐정 로지코는 숲속의 저택에서 감금 생활을… 아니 보호를 받고 있었습니다. 그 저택은 나라를 되찾으려는 왕당파 레지스탕스의 비밀 본부였습니다. 하지만 나라를 되찾기는커녕 동료 한 명이 목숨을 잃었습니다! 남은 사람 중 하나가 말했습니다. "음, 논리탐정을 여기 두길 잘했군요."

용의자

마룬 남작

놀랍도록 오만하고 앙심을 잘 품는 남자.
아무도 남작의 심기를 거스르고 싶어 하지 않는다.
적어도 아직 살아 있는 사람들은….

188cm / 오른손잡이 / 녹갈색 눈 / 붉은 머리 / 전갈자리

버밀리온 공작부인

크고 오래된 비밀을 간직한 키 크고 나이 많은 여성.
만약 살인자라면, 이번이 처음은 아닐 것이다.

175cm / 왼손잡이 / 회색 눈 / 백발 / 물고기자리

레이디 바이올렛

사법권이 미치지 않는 세계 최대의 영역인
바이올렛 제도의 상속자.

152cm / 오른손잡이 / 파란 눈 / 금발 / 처녀자리

화이트 대표

세력을 되찾으려는 귀족들의 정당인 왕당파
레지스탕스에서 적절한 절차에 따라 선출된 대표.
과거의 영광을 꿈꾼다.

178cm / 오른손잡이 / 회색 눈 / 백발 / 사자자리

장소

웅장한 저택

실내

지금까지 본 것 중에서 가장 넓고, 고색이 창연하고, 장엄한 저택. 아직 바이올렛 저택을 못 봤다면.

도주용 리무진

실내

연료를 항상 가득 채우고 언제든지 출발할 수 있게 준비해 둔다 (주류도 완비).

방책

실외

거대한 암석이 마치 밖을 향해 뾰족하게 세운 이빨처럼 보인다.

비명의 숲

실외

지금까지 원한이 맺힌 모든 사람의 비명 소리가 이 숲에서 들리는 것 같다.

무기

체스판

무거움 / 대리석 소재

왕들의 게임을 즐길 유일한 방법 (머릿속이나 전화로 시합이 안 된다면).

샴페인 잔

가벼움 / 유리 소재

깨서 사람을 찌를 수도 있고, 그냥 독이 든 샴페인을 따를 수도 있다.

세인트 루핀의 서

무거움 / 가죽 · 종이 소재

세인트 루핀의 현명한 말들이 들어 있다. "삶의 목적은 죽음이니, 내가 좋은 소식을 전하노라."

위엄 있는 망토

보통 무게 / 실크 소재

철의 차르가 입었던 망토. 목이 있던 시절에는 이 망토를 입을 수 있었다.

동기

배신자 처단	오컬트 부흥
사랑을 쟁취	돈 때문에

단서

▶사랑을 원하는 사람은 비명의 숲에 있었다.

▶마룬 남작은 무거운 무기를 옮기려고 낑낑대고 있었다.

▶왕들의 게임을 즐기려던 사람은 배신자를 처단할 작정이었다.

▶왕당파 레지스탕스에서 적절한 절차에 따라 선출된 대표는 실내에서 레지스탕스 업무를 처리하고 있었다.

▶버밀리온 공작부인은 돈을 원하지 않았다. 이미 얼마든지 있기 때문이다.

▶세인트 루핀의 서를 가지고 있던 사람은 왼손으로 책장을 넘기는 중이었다.

▶다음 글자 암호로 전달된 비밀 메시지: 릿켜듀 히윽 비딜숙 셔찰큐 윽퓻숀 식 엽시필.

진술

※범인은 거짓말을, 나머지는 진실을 말합니다.

▶마룬 남작 :

허! 진실은 버밀리온 공작부인이 도주용 리무진에 있었다는 것이지요.

▶버밀리온 공작부인 :

화이트 대표는 도주용 리무진에 없었고.

▶레이디 바이올렛 :

돈 때문에 살인할 만한 사람이 도주용 리무진에 있었어요.

▶화이트 대표 :

리무진 이야기는 그만. 버밀리온 공작부인은 비명의 숲에 있었어요.

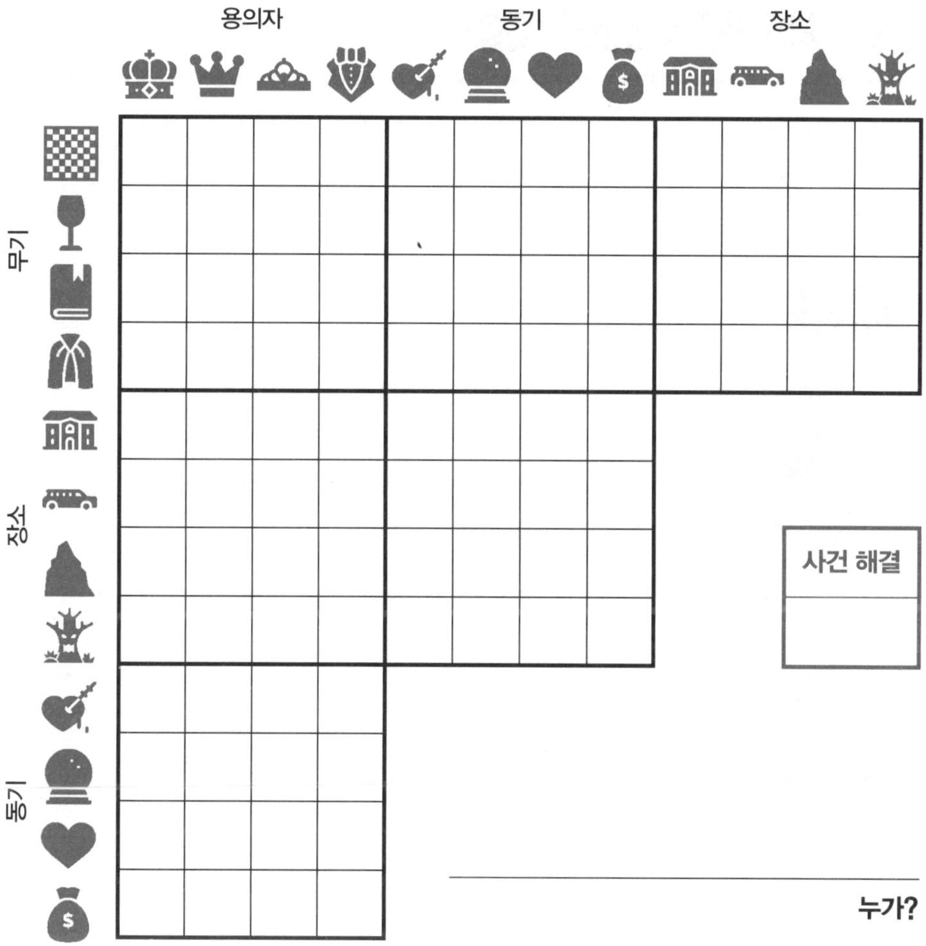

사건 해결

누가?

무엇으로?

어디에서?

왜?

78 | 세인트 루핀의 죽음

위대한 치유사 세인트 루핀의 이야기는 누구나 압니다. 세인트 루핀은 병든 고아 세 명을 고용하고 그 세 명의 도움을 얻어 세인트 루핀 대성당의 토대를 건설했습니다. 하지만 세인트 루핀의 삶에 관한 이야기만큼이나 그가 강도들에게 살해당한 이야기도 중요합니다.

용의자

강도 블루

강도들 중 하나. 과묵하고 힘이 세다.

152cm / 오른손잡이 / 녹갈색 눈 / 갈색 머리 / 양자리

강도 블랙

강도들 중에서 제일 영리하다.

147cm / 오른손잡이 / 파란 눈 / 갈색 머리 / 쌍둥이자리

강도 브라운

제일 기발한 강도. 언제나 새로운 계획을 생각해 낸다.

150cm / 왼손잡이 / 녹색 눈 / 금발 / 물고기자리

마을 주민 화이트

마침 근처를 지나가던 마을 주민.

178cm / 오른손잡이 / 갈색 눈 / 갈색 머리 / 궁수자리

장소

고통 받는 나무
실외

이상하고도 괴로운 형태로
뒤틀린 나무.

주춧돌
실외

전설에 따르면 이 돌들이 위대한 세인트
루핀 대성당의 토대가 되었다고 한다.

울타리
실외

오래된 성당을 두른
나무 울타리.

작은 나무 오두막
실외

아주 작고 초라한 숙소. 세인트 루핀은
참으로 금욕적이었다.

무기

흡혈 박쥐
보통 무게 / 생물 소재

드라코니아에서 밤을 먹는 자들이라고
부르는 존재들처럼 진짜로 피를 빨지는
않지만, 광견병을 옮긴다.

신성한 돌
무거움 / 기이한 물질 소재

세인트 루핀이 직접 이 돌을
쥐었던 적이 있다. 그때 이 돌에서
빛이 났다고 한다.

나무 말뚝
보통 무게 / 나무 소재

밤을 먹는 자도 죽이고 인간도 죽일 수 있다.
하지만 가시는 조심할 것.

독이 든 술잔
무거움 / 금속 소재

인류에게 알려진 최악의 독 중
하나인 알코올이 들어 있다.

동기

인민 해방	세인트 루핀의 사업 저지
방사능 중독	괴물 소탕

단서

▶인민 해방을 원했던 사람은 작은 나무 오두막에 있었다.

▶시간이 지나면서 역사 속의 사실이 뒤섞여 뒤죽박죽이 된 이야기:
이독 든 잔이술 리울타 서에옆 다견발되었.

▶강도 블루는 나무 말뚝을 가진 사람을 싫어했다.

▶신성한 돌을 가진 용의자는 머리카락이 갈색이었다.

▶살아있는 무기를 가지고 있던 사람은 꼭 세인트 루핀의 사업을 저지하고 싶었다.

▶기발한 강도는 무거운 무기를 가지고 있었다.

진술

※범인은 거짓말을, 나머지는 진실을 말합니다.

▶강도 블루 :
흡혈 박쥐는 주춧돌 근처에 없었어.

▶강도 블랙:
신께 맹세코, 괴물을 소탕하려던 사람이 고통 받는 나무 옆에 있었어.

▶강도 브라운 :
내 명예를 걸고, 강도 블랙이 고통 받는 나무 옆에 있었어.

▶마을 주민 화이트 :
제가 사람을 죽인다면, 그건 순전히 방사능 중독 탓입니다.

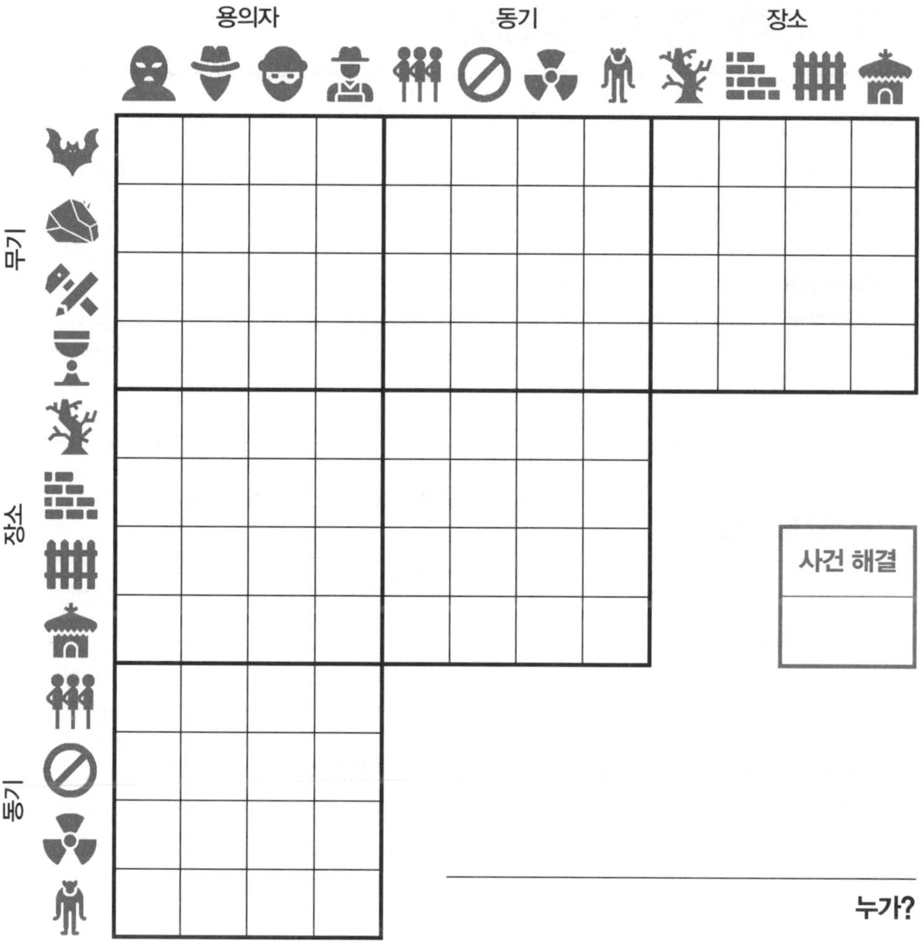

사건 해결

누가?

무엇으로?

어디에서?

왜?

79 | 자유 감옥에 갇혀서

한편, 신비탐정 이라티노는 인민도시에 있는 자유 감옥에 갇혀 있었습니다. 붉은 정부는 이라티노를 심문해서 왕당파 레지스탕스에 관한 정보를 알아내려고 했지만, 그보다 먼저 경비원이 살해된 사건에 대한 해결부터 해야 했습니다.

용의자

우주인 블루스키

전직 소련 우주비행사. 빨간 피가 흐른다.
물론 그게 보통이지만, 그래도 이건 애국의 상징이다.

188cm / 왼손잡이 / 갈색 눈 / 검은 머리 / 양자리

샴페인 동무

부유한 공산주의자. 세계를 여행하며 휴가지의
동지들에게 공산주의 메시지를 전하는 것이 최고의 기쁨이다.

180cm / 왼손잡이 / 녹갈색 눈 / 금발 / 염소자리

리드 총관

자유 드라코니아에서 가장 많은 공포와
가장 적은 사랑을 받는 공무원.

188cm / 오른손잡이 / 갈색 눈 / 검은 머리 / 처녀자리

카퍼 경관

범죄자가 경찰일 때 좋은 점은,
중간책을 제거해서 자기 범죄 수사를 망칠 수 있다는 것이다.

165cm / 오른손잡이 / 파란 눈 / 금발 / 양자리

장소

취조실
실내

벽면 전체를 차지한 거울에
불편한 의자 두 개와
탁자 하나가 비친다.

유치장
실내

정치 시위로 잡혀온
사람들을 재판(처형) 날까지
두는(가두는) 곳.

비상 '탈출'구
실외

25층 창문을 가리키는 은어.
빨리 치워야 할 사람을
여기에서 밖으로 던진다.

관찰실
실내

양면 거울의 반대쪽.
푹신한 소파에 앉아
취조실을 볼 수 있다.

무기

총검
보통 무게 / 금속 소재

요즘 총검은 이트 화공업 및
제조라는 곳에서 만든다.

골동품 타자기
무거움 / 금속 소재

주제를 은근하게 적을 수도 있고,
머리를 내리칠 수도 있다.

커다란 붉은 책
보통 무게 / 종이 소재

인용구 하나: "전 세계가 우리의 적이다.
좋다. 나는 공정한 전투가 좋다."

망치와 낫
무거움 / 금속 소재

무기 하나로 부족할 땐
이렇게 두 개를 쓰자!

동기

가족 부양	정부에 충성
묘지 도굴	아버지의 복수

단서

▶커다란 붉은 책을 가진 사람은 정부에 충성하는 마음으로 살인을 하려고 했다.

▶가족을 부양하고 싶었던 사람은 취조실에 가지 않았다.

▶처녀자리인 사람이 푹신한 소파에 앉아 있었다.

▶두 개가 한 세트인 무기를 왼손잡이 용의자가 들고 있었다.

▶묘지를 도굴하려고 한 사람은 유치장에 있었다.

▶로지코에게 한 수감자가 전한 뒤죽박죽 메시지 :
두 로째번 키가 은작 의자가용 품골동 기자타를 왔져가다.

▶우주인 블루스키는 우주를 떠올릴 수 있는 실외가 좋았다.

진술

※범인은 거짓말을, 나머지는 진실을 말합니다.

▶우주인 블루스키 :
골동품 타자기는 취조실에 없었어요.

▶샴페인 동무 :
나도 취조실에 없었어요.

▶리드 총관 :
자유 드라코니아의 명예를 걸고, 카퍼 경관이 커다란 붉은 책을 가져왔지.

▶카퍼 경관 :
커다란 붉은 책은 유치장에 없었고.

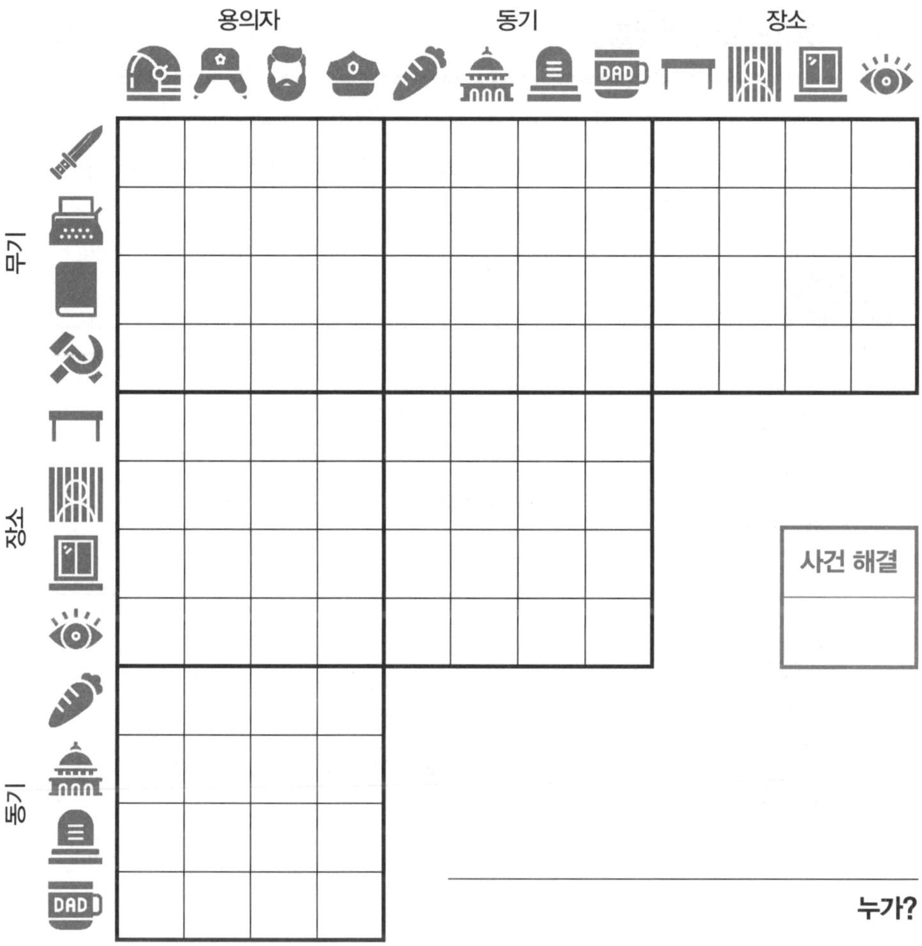

사건 해결

누가?

무엇으로?

어디에서?

왜?

80 | 혁명의 승리

리드 총관이 말하기를, 사람들은 내전이 하도 오래가다 보니 전쟁이 끝날 것이라는 상상도 못 했다고 합니다. 하지만 붉은 혁명군은 드라코니아를 차츰 점령해서 결국 철의 차르를 최후의 요새인 철의 궁전에 몰아넣었습니다.

용의자

과격파 크림슨

자유 드라코니아는 지나치게 우익이라고 생각한다.
차르를 쉽게 제거할 수 있을 것으로 여긴다.

170cm / 왼손잡이 / 녹색 눈 / 붉은 머리 / 천칭자리

조그만 토프

사실은 아주 거대하다. 그래서 사람들이
농담 삼아 조그만 토프라고 부른다.

190cm / 왼손잡이 / 파란 눈 / 금발 / 황소자리

레드 소령

차르의 통치에서 드라코니아를 해방시키고
바로 권력을 틀어쥔 혁명 지도자.

188cm / 왼손잡이 / 갈색 눈 / 갈색 머리 / 양자리

포르퍼스 대주교

신성 드라코니아 교회의 대주교이자 세인트 루핀 정교 신도들의
유일하고도 진정한 지도자. 아무도 그 사실을 잊을 수 없다.

163cm / 오른손잡이 / 검은 눈 / 검은 머리 / 게자리

장소

드넓은 알현실
실내

철의 차르는 해골의 왕좌
(그리고 포근한 방석) 위에 앉는다.

찬란한 성당
실내

농노들에게서 빼앗은
황금이 덮여 있다
(농노들에게 황금이 필요할 일은 없으니까?).

묘지
실외

아래로 뒤집어 묻어 놓은
적들의 시체가 가득하다.

거대한 철문
실외

최대한 큰 문을 상상해 보자.
이 문이 그것보다 더 크다.

무기

붉은 바나나
가벼움 / 폭발물 소재

붉은 세력이 혁명에서 사용한
다이너마이트를 부르는 별명.

바주카포
무거움 / 금속 · 전자부품 · 폭발물 소재

붉은 혁명을 상징하는 무기.
인민포라고도 부른다.

철 투구
무거움 / 철 · 보석 소재

아직 투구를 쓸 머리가 있던
시절에 철의 차르가 쓰던 투구.

골동품 화승총
보통 무게 / 금속 · 나무 소재

드라코니아 내전을 시작한
은 탄환을 발사했던 총이다.

동기

명령 이행	드라코니아 정복
혁명 성공	세인트 루핀의 영광

단서

▶시간이 흐르면서 뒤죽박죽 섞인 혁명의 역사 : 만그조 가토프 는살라인하 을령명 았다받.

▶철 투구는 뒤집힌 시체와 함께 발견되었다.

▶드라코니아를 정복하고 싶었던 용의자는 실외에서 목격되었다.

▶세인트 루핀의 영광을 드높이고 싶었던 사람은 해골 왕좌 근처에 없었다.

▶인민포를 가진 사람은 혁명의 성공을 위해 얼마든지 사람을 죽일 태세였다.

▶붉은 바나나가 황금으로 덮인 방에서 발견되었다.

▶천칭자리인 사람은 거대한 철문 앞에 서서 그 대단한 위용을 감상하고 있었다.

진술

※범인은 거짓말을, 나머지는 진실을 말합니다.

▶과격파 크림슨 :

난 골동품 화승총을 가져오지 않았지.

▶조그만 토프 :

내가 정말 속속들이 아는데, 레드 소령이 드라코니아를 정복하려고 했지.

▶레드 소령 :

철 투구를 가진 사람이 세인트 루핀의 영광을 높이려고 했지.

▶포르퍼스 대주교 :

과격파 크림슨은 찬란한 성당에 없었습니다.

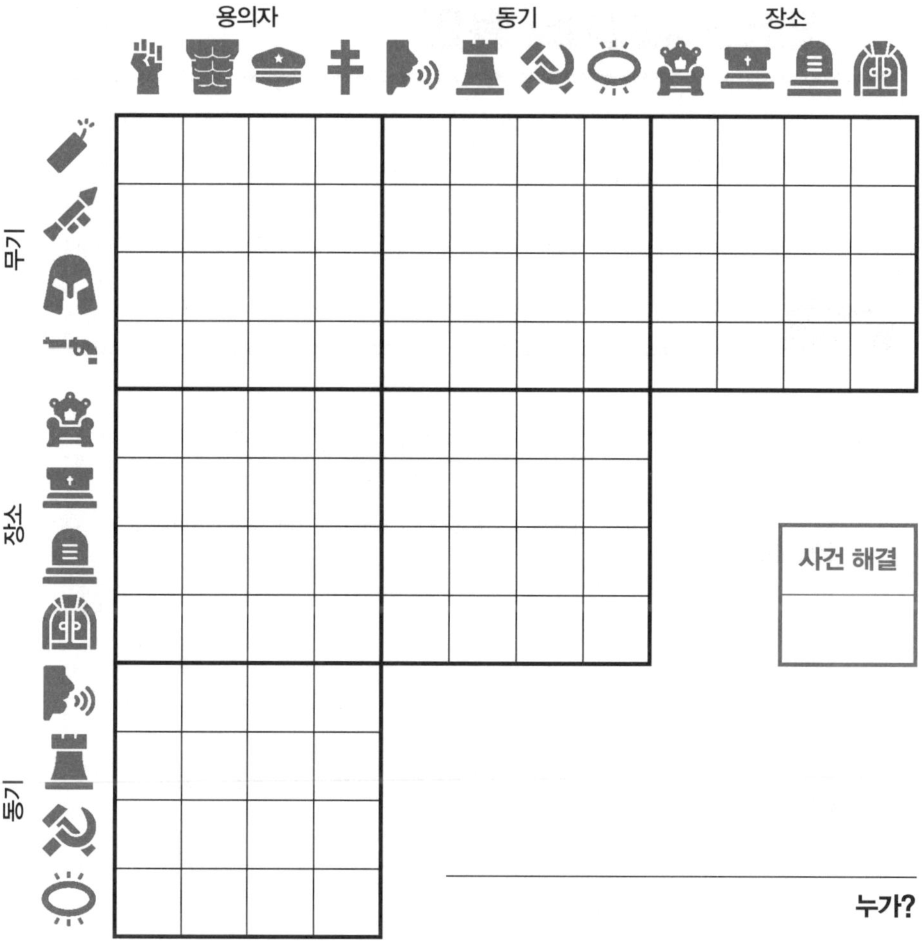

사건 해결

누가?

무엇으로?

어디에서?

왜?

81 | 인민도시에서의 살인

로지코는 왕당파 레지스탕스가 자기를 붉은 정부로부터 빼내서 우호적인 기사가 나왔으니, 완전히 자유롭게 풀어준다면 더 우호적인 기사가 나올 것이라고 주장했습니다. 왕당파 레지스탕스는 그 정연한 논리를 거부하지 못하고 로지코를 풀어주었습니다. 로지코는 곧장 이라티노를 구하러 인민도시로 갔습니다. 하지만 일단은 신문 판매원이 살해된 사건부터 해결해야 했습니다.

용의자

리드 총관

자유 드라코니아에서 가장 많은 공포와
가장 적은 사랑을 받는 공무원.

188cm / 오른손잡이 / 갈색 눈 / 검은 머리 / 처녀자리

화이트 대표

세력을 되찾으려는 귀족들의 정당인 왕당파 레지스탕스에서
적절한 절차에 따라 선출된 대표. 과거의 영광을 꿈꾼다.

178cm / 오른손잡이 / 회색 눈 / 백발 / 사자자리

레드 소령

차르의 통치에서 드라코니아를 해방시키고
바로 권력을 틀어쥔 혁명 지도자.

188cm / 왼손잡이 / 갈색 눈 / 갈색 머리 / 양자리

샴페인 동무

부유한 공산주의자. 세계를 여행하며 휴가지의 동지들에게
공산주의 메시지를 전하는 것이 최고의 기쁨이다.

180cm / 왼손잡이 / 녹갈색 눈 / 금발 / 염소자리

장소

붉은 만

실외

예전 이름은 세인트 루핀 만이었다.
드라코니아를 출입하는
선박 대부분이 통과하는 곳.

인민주택

실내

붉은 정부는 우선적으로
이 인민주택 건물을 지었다.
극빈층에게 삭막한 집을 공급한다.

인민 대성당

실내

전에는 세인트 루핀 대성당이었지만,
지금은 인민회관 겸 빙고장이다.

의사당

실내

전에는 철의 차르가 거느린 관료들이
쓰던 곳이지만, 지금은 인민의 의사당이다.

무기

체스판

무거움 / 대리석 소재

대리석으로 되어 있고
심하게 무겁다.

골동품 화승총

보통 무게 / 금속 · 나무 소재

드라코니아 내전을 시작한
은 탄환을 발사했던 총이다.

커다란 붉은 책

보통 무게 / 종이 소재

레드 소령의 말: “혁명을 위해
목숨을 바칠 필요는 없다.
혁명을 위해 목숨을 빼앗아야 한다.”

병 속의 뇌

무거움 / 금속 · 유리 · 뇌 소재

철학자들은 우리가 병 속의 뇌일 수도
있다고 말한다. 병 속의 뇌로
그 머리를 후려치면 훌륭한 반박이 되겠지.

동기

전설의 주인공	방사능 중독
정부 조종	혁명 성공

단서

▶전설의 주인공이 되고 싶었던 용의자는 실내에서 목격되었다.

▶커다란 붉은 책은 인민 대성당에서 발견되지 않았다.

▶조판이 엉켜 뒤죽박죽 섞인 신문 기사의 한 줄: 드레 령은소 정를부 조하종려고 했다.

▶혁명의 성공을 위해 살인을 저지를 태세였던 사람은 눈이 녹갈색이었다.

▶리드 총관은 방사능 중독 때문에 살인을 저지를 것 같았다.

▶병 속의 뇌는 철의 차르 휘하의 관료들이 전에 쓰던 건물에서 발견되었다.

▶과학 수사 결과, 금속을 함유한 무기가 붉은 만에 있었다.

진술

※범인은 거짓말을, 나머지는 진실을 말합니다.

▶**리드 총관 :**

자유 드라코니아의 영광을 걸고, 레드 소령께서 커다란 붉은 책을 가져오셨지!

▶**화이트 대표 :**

리드 총관은 병 속의 뇌를 가져왔던데.

▶**레드 소령 :**

골동품 화승총은 인민 대성당에 없었지.

▶**샴페인 동무 :**

리드 총관이 인민주택에 있었어요.

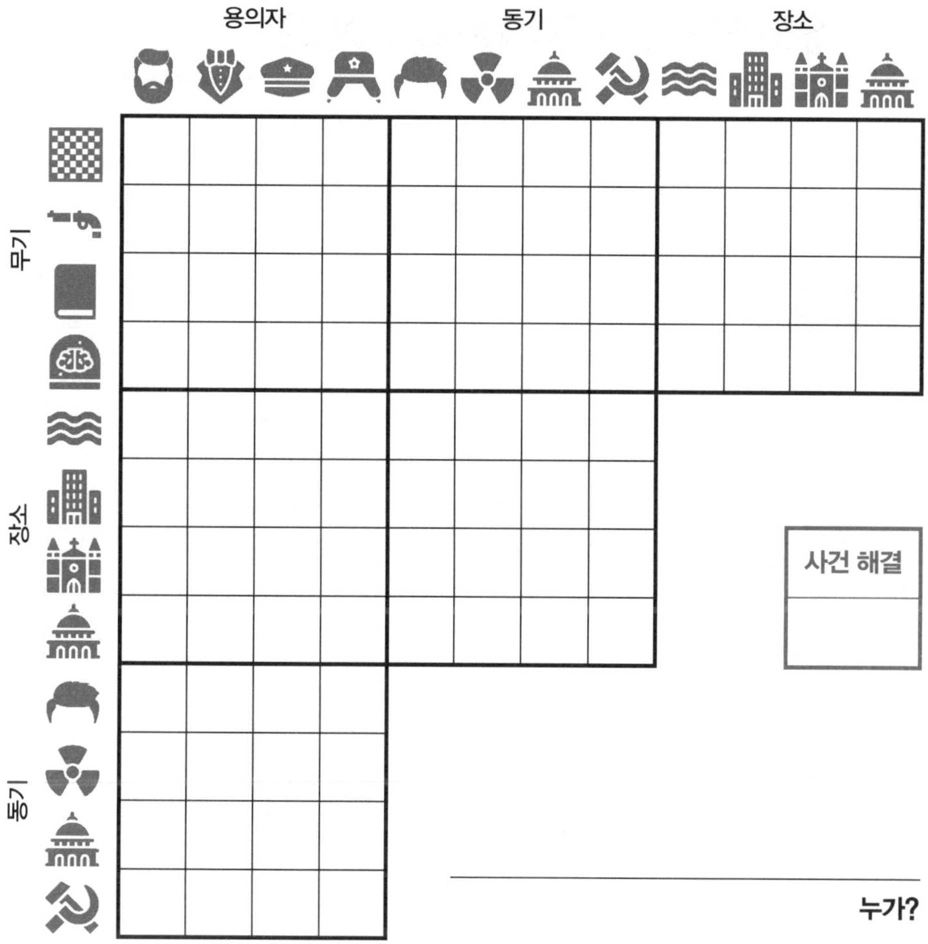

사건 해결

누가?

무엇으로?

어디에서?

왜?

82 | 인민주택에서의 냉혹한 살인

논리탐정 로지코는 그날 밤을 인민주택에서 보냈습니다. 주택 문제와 싸우기 위해 건설했다고 하지만, 그곳 자체가 주택 문제의 집합체였습니다. 건물은 조금씩 부서지고 있었습니다. 화재에도 취약했습니다. 게다가 방금 전에는 주민이 살해되었습니다.

용의자

회색 인간

텅 빈 눈으로 생기 없이 비틀비틀 돌아다닌다.
주위에 있으면 한기가 느껴진다.

173cm / 왼손잡이 / 파란 눈 / 갈색 머리 / 궁수자리

조그만 토프

사실은 아주 거대하다. 그래서 사람들이 농담 삼아
조그만 토프라고 부른다.

190cm / 왼손잡이 / 파란 눈 / 금발 / 황소자리

과격파 크림슨

자유 드라코니아는 지나치게 우익이라고 생각한다.
무정부주의도 너무 통제적이라고 생각한다.

170cm / 왼손잡이 / 녹색 눈 / 붉은 머리 / 천칭자리

우주인 블루스키

전직 소련 우주비행사. 빨간 피가 흐른다.
물론 그게 보통이지만, 그래도 이건 애국의 상징이다.

188cm / 왼손잡이 / 갈색 눈 / 검은 머리 / 양자리

장소

207호 **실내** 모든 방이 똑같이 생겼다.	**103호** **실내** 모든 방이 똑같이 생겼다.
239호 **실내** 모든 방이 똑같이 생겼다.	**324호** **실내** 모든 방이 똑같이 생겼다. 하지만 이 방은 벽에 전설의 대스타 실버튼의 포스터가 붙어 있다.

무기

샴페인 한 병 **보통 무게 / 유리 소재** 혁명의 성공을 위해 잔을 들자. 아니면 그냥 마셔도 된다.	**담배** **가벼움 / 식물 소재** 한 대 피울 때마다 일찍 죽을 확률이 미미하게 올라간다.
브로콜리 **가벼움 / 채소 소재** 녹색이고 몸에 좋다. 마치 돈처럼. 크기도 숨이 막히기에 딱 적당하다.	**커다란 붉은 책** **보통 무게 / 종이 소재** 레드 소령의 명언이 가득하다. "패배자는 박물관을 세울 수 없다."

동기

광적인 질투	**혁명 성공**
의회의 자리 확보	**전방 발령 회피**

단서

▶어느 방의 물건들에 관해 청소원이 악필로 남긴 메모: 서호에720 인샴페 한 을병 았찾다.

▶회색 인간은 채소에 전혀 관심이 없다. 도대체 무엇을 먹고 사는 걸까?

▶키가 두 번째로 큰 용의자는 324호에 없었다.

▶사람이 담배를 피우다 보면 광적인 질투 때문에 사람을 죽이고 싶을 때가 온다.
이는 명백한 사실이다.

▶방 번호가 220보다 작은 곳에 있던 사람은 모두 보통 무게 무기를 가지고 있었다.

▶의회석을 자기 것으로 만들고 싶었던 사람은 상징 숫자가
혁명과 관련되어 있었다(자료 B 참조).

▶전방 발령을 피하고 싶었던 사람의 방 번호에 포함된 숫자를
한 자리씩 전부 더하면 14가 된다.

▶커다란 붉은 책을 가진 사람은 혁명의 성공을 위해 사람을 죽일 생각이었다.
그 책은 사람들에게 그런 식으로 영향을 끼칠 때가 많다.

진술

※범인은 거짓말을, 나머지는 진실을 말합니다.

▶**회색 인간 :**

아으으— 조그만 토프, 103에 없어.

▶**조그만 토프 :**

전쟁터에 가지 않으려는 사람이 239호에 있었어요.

▶**과격파 크림슨 :**

조그만 토프는 커다란 붉은 책을 가져오지 않았지.

▶**우주인 블루스키 :**

회색 인간이 담배를 가지고 있었어요.

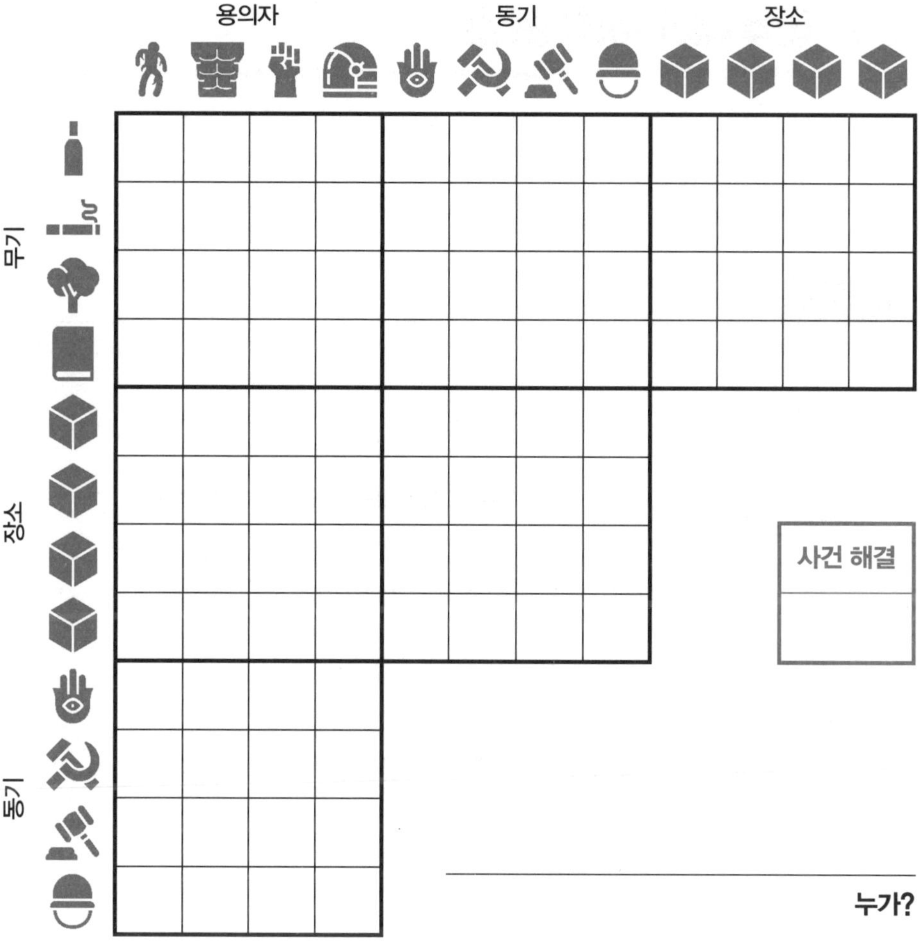

사건 해결

누가?

무엇으로?

어디에서?

왜?

83 | 단두대에서의 살인

로지코는 인민도시 한가운데에 있는 공공 단두대로 달려갔습니다. 하지만 도착해 보니 사람이 죽었다며 탄식하는 소리가 들렸습니다. "이럴 수가! 너무 늦었구나!" 로지코가 울부짖었지만, 알고 보니 죽은 사람은 신비탐정 이라티노가 아니라 처형인이었습니다.

용의자

영화광 스모키

미드나이트 영화사 추리극의 촬영 장소는 모두 알지만,
친구를 사귀는 법은 모른다.

178cm / 왼손잡이 / 검은 눈 / 갈색 머리 / 처녀자리

파인 판사

법정의 주재자이며, 정의에 관한 신념을
스스로 정해 굳게 지킨다.

168cm / 오른손잡이 / 갈색 눈 / 검은 머리 / 황소자리

조그만 토프

사실은 아주 거대하다. 그래서 사람들이 농담 삼아
조그만 토프라고 부른다.

190cm / 왼손잡이 / 파란 눈 / 금발 / 황소자리

과격파 크림슨

자유 드라코니아는 지나치게 우익이라고 생각한다.
왼발이 두 개인 사람을 본 적이 없겠지만, 이 사람은 왼손이 두 개다.

170cm / 왼손잡이 / 녹색 눈 / 붉은 머리 / 천칭자리

장소

단상

실외

혁명의 주역들이
혁명의 정의를 펼치는 곳.

관중 마당

실외

사람들이 정의 실현을
목격하는 곳.

높은 자리

실외

정의 실현을 목격하는
사람들을 내려다보는 곳.

경비탑

실내

경비들이 정의 실현을
목격하는 사람들을 바라보는
사람들을 보는 곳.

무기

마늘 타래

보통 무게 / 채소 소재

집에 걸면 밤을 먹는 자들이
들어오지 못하고, 목에 두르면
뇌에서 피가 돌지 않는다.

전기충격기

가벼움 / 금속 소재

비살상용이라고 광고하지만,
모든 것은 제대로 쓰면
살상력이 있다.

기념 컵받침

가벼움 / 종이 소재

이걸 무기로 쓸 방법은
감도 안 잡히지만… 그래도!

망치와 낫

무거움 / 금속 소재

무기 하나로 부족할 땐
이렇게 두 개를 쓰자!

동기

사악한 주문 완성	**영원한 삶**
국가 지배	**살인 저지**

단서

▶마늘 타래를 가진 사람은 끔찍한 주문을 완성할 생각이 없었다.

▶영원히 살고 싶었던 사람은 단상에 있었다.

▶종이로 된 무기를 가진 사람은 살인을 저지하고 싶었다.

▶키가 두 번째로 작은 용의자가 무기가 두 개인 세트 하나를 가지고 있었다.

▶국가를 지배하고 싶었던 사람은 관중 마당에 없었다.

▶검은 눈이 경비탑에서 밖을 바라보고 있었다.

▶높은 자리에 있던 사람은 자유 드라코니아가 너무 우익이라고 생각했다.

▶파인 판사는 긴장한 듯이 전기충격기를 움켜쥐고 있었다.

진술

※범인은 거짓말을, 나머지는 진실을 말합니다.

▶**영화광 스모키 :**

우와! 파인 판사가 단상에 있었어요.

▶**파인 판사 :**

망치와 낮은 단상에 없었는데.

▶**조그만 토프 :**

제가 크니까 하는 말인데, 기념 컵받침이 경비탑에 있었어요.

▶**과격파 크림슨 :**

진정한 혁명가로서, 살인을 저지하고 싶었던 사람이 관중 마당에 있었다고 단언한다.

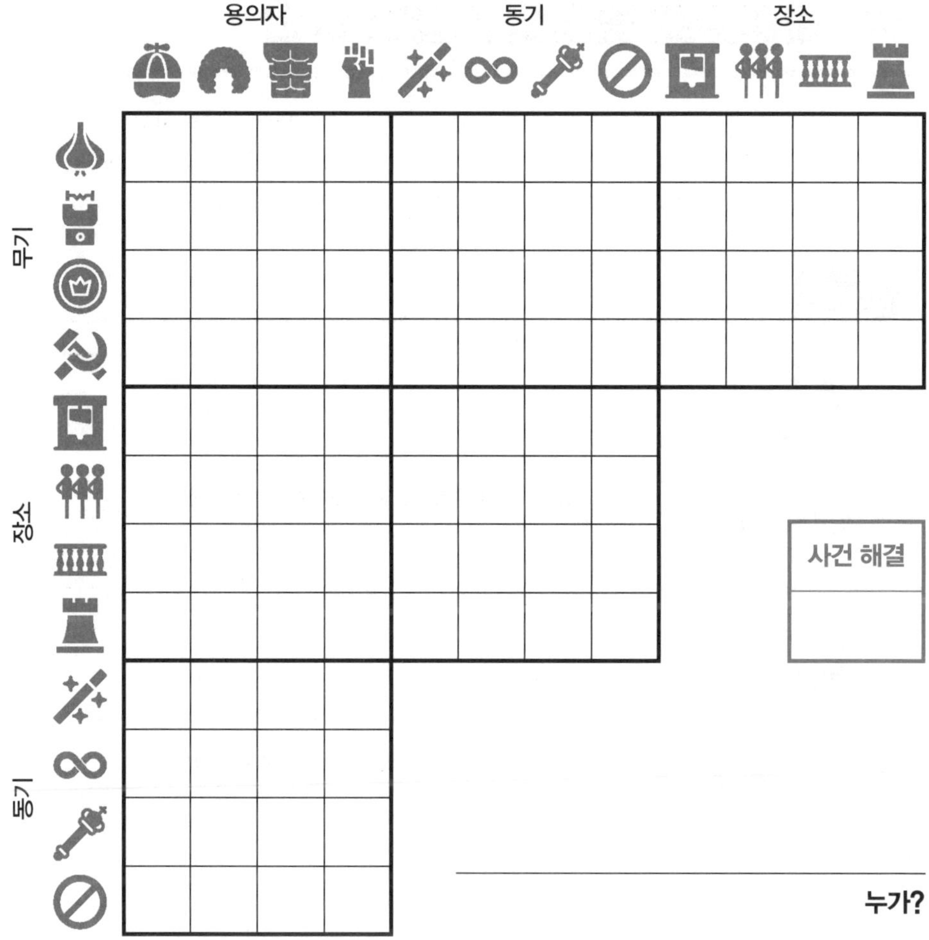

사건 해결

누가?

무엇으로?

어디에서?

왜?

84 | 바이올렛 농장의 비열한 살인

신문기사에 따르면, 바이올렛 제도는 바이올렛 농장 교화소가 되었습니다. 포로로 잡힌 귀족들이 자유를 얻으려면 그곳에서 농장 일을 해야 했습니다. 하지만 일하지 않고 살인으로 자유를 얻기로 한 사람도 있는 것 같습니다. 자유 드라코니아의 경비대원이 죽었습니다!

용의자

라피스 수녀

세계를 다니며 신의 돈으로 신의 일을 하는 수녀.
캐시미어와 소비를 손에서 놓지 못한다.

157cm / 오른손잡이 / 갈색 눈 / 갈색 머리 / 게자리

버밀리온 공작부인

크고 오래된 비밀을 간직한 키 크고 나이 많은 여성.
만약 살인자라면, 이번이 처음은 아닐 것이다.

175cm / 왼손잡이 / 회색 눈 / 백발 / 물고기자리

시뇨르 에메랄드

한때 유명한 보석상으로서 세계를 여행하며
희귀한 보석들을 찾으러 다녔지만, 지금은 갇힌 신세가 되었다.

173cm / 왼손잡이 / 갈색 눈 / 검은 머리 / 궁수자리

회색 인간

피가 없어 보인다. 비유적인 표현이 아니라
정말로 몸에 피가 적은 것 같다.

157cm / 왼손잡이 / 녹갈색 눈 / 금발 / 천칭자리

장소

농장

실외

정원 미로를 전부 밀고
공동 농장으로 만들었다.

부두

실외

붉은 경비대가
엄중하게 지키며 순찰을 돈다.

저택

실내

지금은 명목상으로만
자유로운 농장 노동자들이 산다.

절벽

실외

농장 노동자들이 (살아서는)
나가지 못하게 막고 있다.

무기

전기톱

무거움 / 금속 · 플라스틱 소재

추리극에는
잘 나오지 않는다
(현장이 엉망이 되니까).

오토만

보통 무게 / 나무 · 직물 소재

한때 세계를 지배하던 제국의 이름이다.
지금은 위에 부드러운 천을 댄
작은 가구 이름으로 잘 알려져 있다.

곰가죽 깔개

무거움 / 가죽 소재

거의 확실히
곰의 유령이
깃들었을 것이다.

성난 순록

무거움 / 생물 소재

단순히 '성난 순록'이라는
말로는 부족하다.
분노에 찬 순록이다!

동기

분노 조절 문제	탈출
압도적인 두려움	공포를 선사

단서

▶분노 조절에 어려움이 있어 살인을 저지를 법한 사람은 보통 무게 무기를 가지고 있었다.

▶버밀리온 공작부인은 반혁명 테러를 지지하는 것으로 유명하다.
대중에게 공포를 선사하는 것이 목적이다.

▶붉은 경비대가 가로챈 뒤죽박죽 메시지: 죽곰가 깔를개 진가 은람사 고려출하탈 했다.

▶저택에 있던 용의자는 금발이었다.

▶천칭자리인 사람이 곰가죽 깔개를 가지고 있었다. 아름답고 폭 파묻히기에도 좋은 가죽이었다.

▶성난 순록이 절벽을 배회했다.

▶전직 보석상은 예전에 정원 미로였던 곳을 돌아다니고 있었다.

진술

※범인은 거짓말을, 나머지는 진실을 말합니다.

▶**라피스 수녀 :**

자, 여러분. 공작부인에게는 오토만이 없었답니다.

▶**버밀리온 공작부인 :**

그렇게 물어본다면, 전기톱을 가진 사람이 두려움에 압도되어 살인할 것 같았지.

▶**시뇨르 에메랄드 :**

이상하게 라피스 수녀는 탈출할 생각이 없어 보였어요.

▶**회색 인간 :**

으으으, 오토만은 절벽에 없었어.

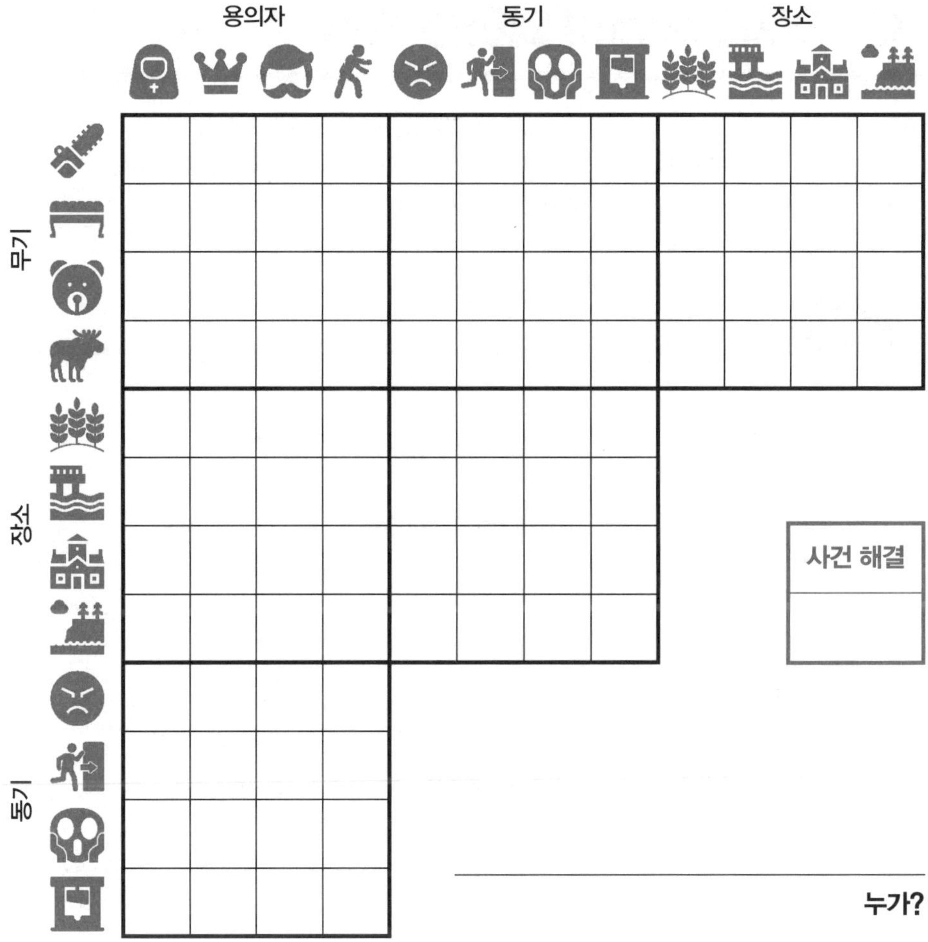

사건 해결

누가?

무엇으로?

어디에서?

왜?

85 | 의사당에서의 의아한 범죄

신비탐정 이라티노와 논리탐정 로지코는 갑자기 붉은 경비대에게 붙잡혀 의사당으로 끌려갔습니다. 전에는 차르 치하에서 무력하게 있던 신성 드라코니아 의회가 썼던 건물입니다. 하지만 붉은 정부 치하에서는 많은 것이 바뀌었습니다. 이를테면, 최근에 이 건물에서 누군가가 살해되었습니다.

용의자

레드 소령

차르의 통치에서 드라코니아를 해방시키고
바로 권력을 틀어쥔 혁명 지도자.

188cm / 왼손잡이 / 갈색 눈 / 갈색 머리 / 양자리

조그만 로프

어떻게 군중의 폭력을 벗어나 의사당에 피신했다.
여기에서 군중에게 저지른 범죄 때문에 재판을 받을 예정이다.

190cm / 왼손잡이 / 파란 눈 / 금발 / 황소자리

하인 브라운스톤

신에게 헌신하는 형제가 있지만,
하인 브라운스톤은 바이올렛 가문에 헌신한다.

188cm / 오른손잡이 / 갈색 눈 / 갈색 머리 / 게자리

네이비 제독

네이비 제독의 맏아들인 네이비 제독의 맏아들.

175cm / 오른손잡이 / 파란 눈 / 갈색 머리 / 게자리

장소

대기실
실내

사회 계급이 높을수록 더 오래 기다린다. 차르의 제도와 정확히 반대다.

레드 소령의 개인 사무실
실내

레드 소령은 에어컨이 있는 사무실에서 편하게 앉아 국정을 운영하고 인민재판을 감독한다.

보좌관 사무실
실내

어떻게 보면 정부의 진정한 권력 중추라고 할 수 있다. 레드 소령의 서명이 들어가는 것은 무엇이든 여기를 거친다.

상영실
실내

전에는 의회 모임이 열리던 장소였다. 지금은 레드 소령이 미드나이트 영화사 추리극 영화들을 상영한다.

무기

골동품 화승총
보통 무게 / 금속 · 나무 소재

드라코니아 내전을 시작한 은 탄환을 발사했던 총이다.

커다란 붉은 책
보통 무게 / 종이 소재

인용구 하나: "내가 차르를 죽이거나, 차르가 나를 죽이거나, 다른 사람이 죽이거나, 우리 모두가 결국은 자연사하거나."

철 투구
무거움 / 철 · 보석 소재

철의 차르는 항상 투구를 쓰고 있었기 때문에 아무도 얼굴을 본 적이 없다.

싸구려 펜
가벼움 / 플라스틱 소재

값비싼 펜에 죽어도 충분히 억울하겠지만….

동기

목격자 제거	귀족제 복원
부의 재분배	협박 끝내기

단서

▶키가 가장 큰 용의자는 대기실에 간 적이 없다.

▶누군가가 자기 자리 아래에서 골동품 화승총을 발견하는 바람에 미드나이트 영화사 추리극의 상영이 잠시 중단되었다.

▶싸구려 펜을 가진 사람은 목격자를 제거해야 했다.

▶철 투구는 에어컨이 설치된 사무실에서 발견되었다.

▶부의 재분배를 추구했던 사람은 눈이 파란색이었다.

▶암호로 뒤죽박죽 적힌 붉은 정부의 비밀 보고서 :

비네이 독은제 박을협 히전완 고내끝 었다싶.

▶하인 브라운스톤이 보통 무게 무기를 가지고 있었다.

진술

※범인은 거짓말을, 나머지는 진실을 말합니다.

▶**레드 소령 :**

네이비 제독은 커다란 붉은 책을 가져오지 않았더군.

▶**조그만 토프 :**

네이비 제독은 대기실에 없었어요.

▶**하인 브라운스톤 :**

커다란 붉은 책을 가진 사람은 협박을 끝내고 싶다고 했습니다.

▶**네이비 제독 :**

조그만 토프가 커다란 붉은 책을 가져왔지.

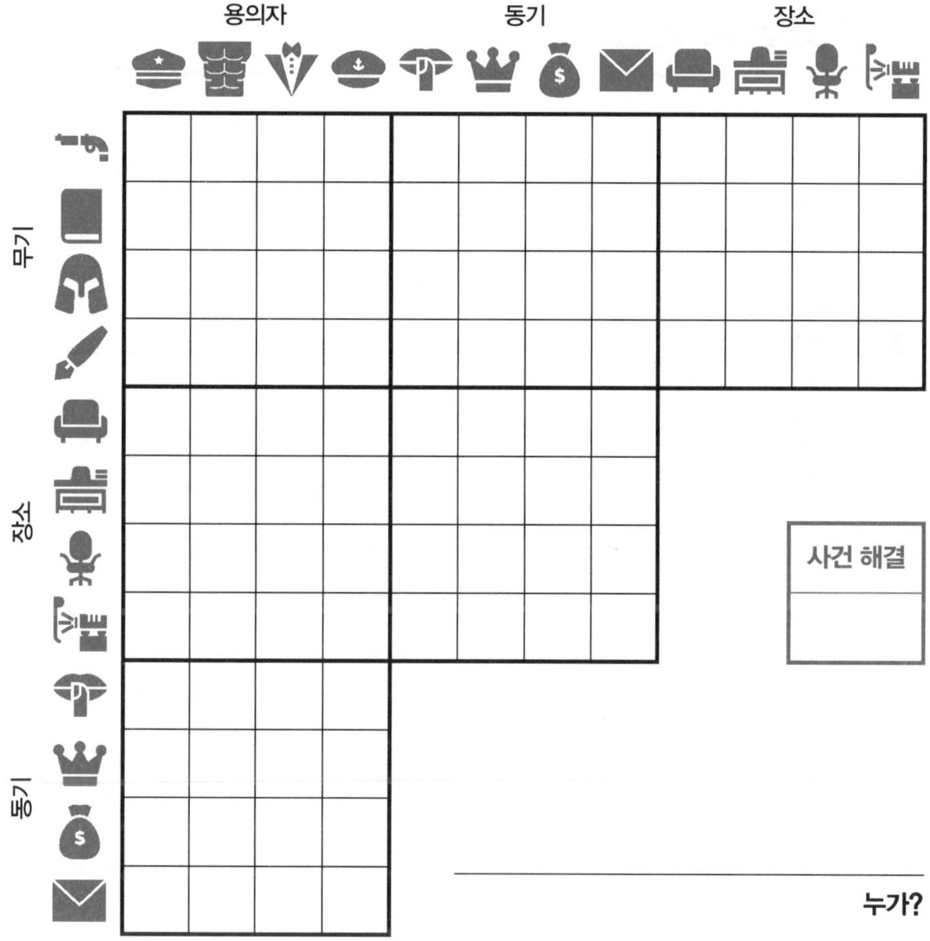

사건 해결

누가?

무엇으로?

어디에서?

왜?

86 | 고위급 살인

논리탐정 로지코와 신비탐정 이라티노는 의사당에서의 의아한 범죄를 해결한 후 레드 소령에게 부름을 받았습니다. 받아들이기에는 위험한 제안이었지만, 거절하기에는 더 위험했습니다. 방금 전에 레드 소령과 함께 사무실에 있던 사람이 살해되었기 때문에, 체감 위험도는 더 커졌습니다.

용의자

커피 장군

부하들을 죽음의 격전장으로 보내기 전에
항상 모닝커피를 마시는 커피 애호가. 중요한 것은 명예인가,
영광인가, 부인가, 커피콩에 대한 사랑인가?

183cm / 오른손잡이 / 갈색 눈 / 대머리 / 궁수자리

크림슨 원장

원장은 인종과 사상에 관계없이 누구나 의료 혜택을
받아야 한다고 생각한다. 물론 돈만 충분하다면.

175cm / 왼손잡이 / 녹색 눈 / 붉은 머리 / 물병자리

핵 블랙스턴

할리우드 작가 중에서 최고 수준의 돈을 받지만
실력은 최저 수준이다.

183cm / 오른손잡이 / 갈색 눈 / 대머리 / 궁수자리

레드 소령

차르의 통치에서 드라코니아를 해방시키고
바로 권력을 틀어쥔 혁명 지도자.

188cm / 왼손잡이 / 갈색 눈 / 갈색 머리 / 양자리

장소

비밀 통로
실내

목숨을 아껴야 하기 때문에 정확한 위치와
작동 방식은 여기에 적을 수 없다.

레드 소령의 그림
실내

그림이 실물보다 훨씬 잘생겼지만,
목숨이 아깝다면 그렇게 말하지 말 것.

레드 소령의 책상
실내

비명의 숲에서 온
참나무로 만들었다.
지금도 가끔 비명 소리가 들린다.

레드 소령의 책들
실내

거의 다 혁명에 관한 책들이지만,
옵시디언 부인의
추리 소설도 몇 권 있다.

무기

정치학 논문
보통 무게 / 종이 소재

지금껏 읽은, 폭력을 정당화하는
글 중에서 제일 빽빽하게 전문 용어가 쓰였다.
살인 무기로 딱 적당해 보인다.

밤을 먹는 자의 상아 송곳니
보통 무게 / 불쌍한 코끼리 소재

고대 드라코니아의 전사들은
적에게 겁을 주려고 이것을 끼었다.
이-화트 무역에서 수입.

철 부츠
무거움 / 금속 소재

철의 차르가 신던 부츠. 10cm짜리
키높이 깔창이 들어 있다.

독이 든 술잔
무거움 / 금속 소재

인류에게 알려진 최악의 독 중
하나인 알코올이 들어 있다.

동기

정부 조종	떠오른 보름달
비밀문서 은폐	전통 계승

단서

▶크림슨 원장은 비명의 숲에서 온 참나무 옆에서 목격되었다.

▶전통을 계승하는 의미에서 살인을 하려던 사람은 왼손잡이였다.

▶레드 소령은 밤을 먹는 자의 상아 송곳니를 가지고 있었다.

▶정부를 조종하려던 사람은 레드 소령의 책들 앞에 있었다.

▶레드 소령의 그림 옆에서 전문 용어가 가득한 문서 한 장이 발견되었다.

▶보름달이 떴기 때문에 살인을 저지르려고 한 사람에게서 약간의 독이 발견되었다.

진술

※범인은 거짓말을, 나머지는 진실을 말합니다.

▶**커피 장군 :**

나는 레드 소령의 책들 앞에 있었지.

▶**크림슨 원장 :**

레드 소령은 비밀 통로에 있었어요.

▶**핵 블랙스턴 :**

상상해 봐요. 철 부츠를 가진 사람이 정부를 조종하려고 했어요.

▶**레드 소령 :**

혁명의 이름에 걸고, 독이 든 술잔이 비밀 통로에 있었지.

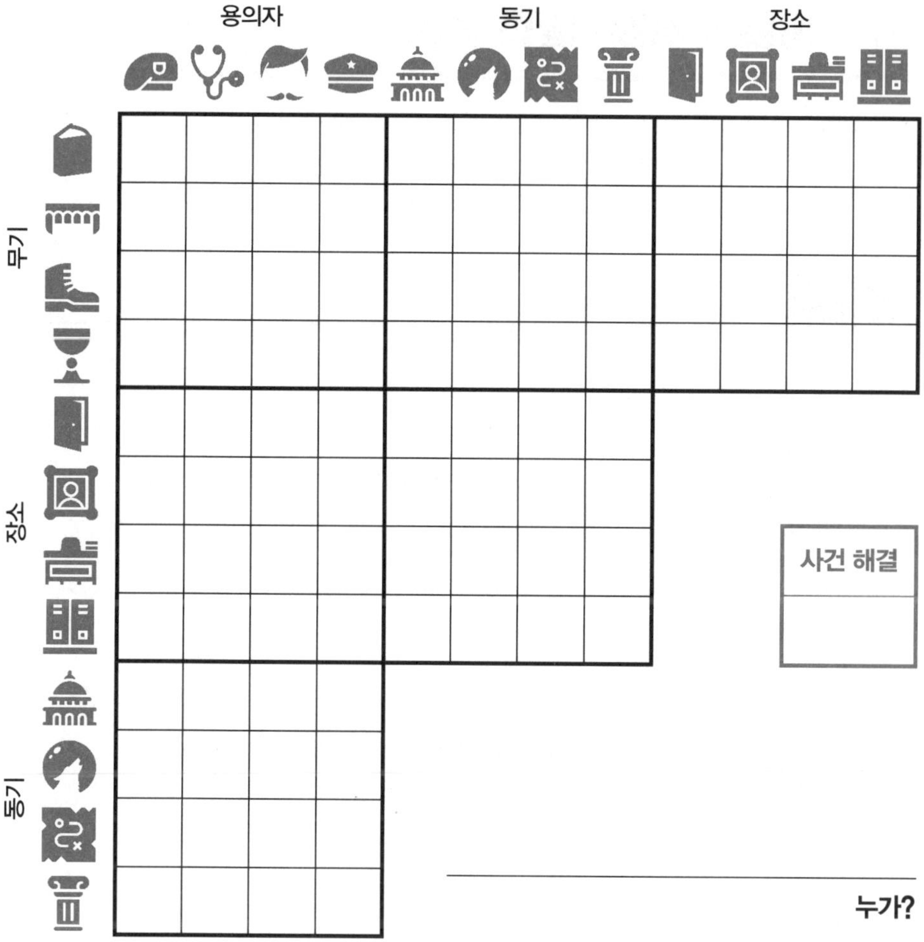

사건 해결

누가?

무엇으로?

어디에서?

왜?

87 | 비명의 숲에 울린 비명

레드 소령은 로지코와 이라티노가 비명의 숲만 빼고 어디든 원하는 곳에 갈 수 있도록 허가했습니다. 그래서 두 사람은 곧장 비명의 숲에 갔습니다. 그곳에서 이라티노는 나쁜 기운을 느꼈고, 로지코는 나무꾼의 시체를 발견했습니다.

용의자

건메탈 하사

진지하고 냉철하며, 무엇이든 될 때까지 밀어붙인다.

183cm / 오른손잡이 / 갈색 눈 / 검은 머리 / 염소자리

애쉬 원로

이 부근의 현명한 할머니. 하도 오래 살아서 미래를 볼 수 있다.

165cm / 왼손잡이 / 갈색 눈 / 갈색 머리 / 물고기자리

오버진 주방장

남편을 죽이고 요리해서 레스토랑 손님들에게 서빙했다는 소문이 있다. 헛소문이지만, 그런 헛소문에도 의미가 있다.

157cm / 오른손잡이 / 파란 눈 / 금발 / 천칭자리

네이비 제독

네이비 제독의 맏아들인 네이비 제독의 맏아들.

175cm / 오른손잡이 / 파란 눈 / 갈색 머리 / 게자리

장소

고통 받는 나무
실외

세인트 루핀이 세 강도에게
살해되었다는 전설 속의 그 나무.

죽음의 강
실외

원래는 생명의 강이라고 불렀다.
어떤 일이 있었는지는 아무도 모른다.

끓는 웅덩이
실외

온천이랑 비슷한데
훨씬 더 많이 뜨겁다.

악마바위
실외

악마가 마구 욕하는 듯한
형상의 거대한 바위.

무기

나무 말뚝
보통 무게 / 나무 소재

뱀파이어도 죽이고 인간도 죽일 수 있다.
하지만 가시는 조심할 것.

마법 버섯 다발
가벼움 / 곰팡이 소재

환각 효과는 없다.
사람이 정말 마법처럼 사라진다.

예티 가죽
보통 무게 / 폴리에스터 소재

이상하게 가짜 모피처럼 생겼지만,
이걸 판 사람은 예티 가죽이
맞다고 장담했다.

커다란 붉은 책
보통 무게 / 종이 소재

레드 소령의 명언들이 들어 있다.
"살인 한 건을 저지르면 경찰이 온다.
하지만 만 건을 저지르면
축제 행렬이 맞이하러 온다."

동기

나무 보호	정치 선전
소중한 책 훔치기	생존

단서

▶나무를 보호하고 싶었던 사람이 가장 서쪽 장소에 있었다(자료 D 참조).

▶생존을 위해 살인도 불사할 사람은 죽음의 강에 없었다.

▶커다란 붉은 책은 악마바위에서 발견되지 않았다.

▶가짜 모피 같은 물건이 종교적 의미가 깊은 나무 옆에서 발견되었다.

▶마법 버섯 다발을 가진 사람은 그 나무꾼에게서 소중한 책을 훔치려고 했다 (당연하지만 나무꾼 중에도 책을 좋아하는 사람은 있다).

▶나무 말뚝을 가진 용의자는 눈이 갈색이었다.

▶탐정 클럽에서 비밀 정부 통신 케이블을 가로채 빼낸 뒤죽박죽 메시지 :
비네이 독제은 치정 전선을 해위 고살하인 었싶다.

진술

※범인은 거짓말을, 나머지는 진실을 말합니다.

▶건메탈 하사 :
군인으로서, 애쉬 원로가 죽음의 강에 있었다고 맹세합니다.

▶애쉬 원로 :
오버진 주방장은 끓는 웅덩이에 없었지.

▶오버진 주방장 :
예티 가죽은 악마바위에 없었고요.

▶네이비 제독 :
애쉬 원로가 예티 가죽을 가져왔고.

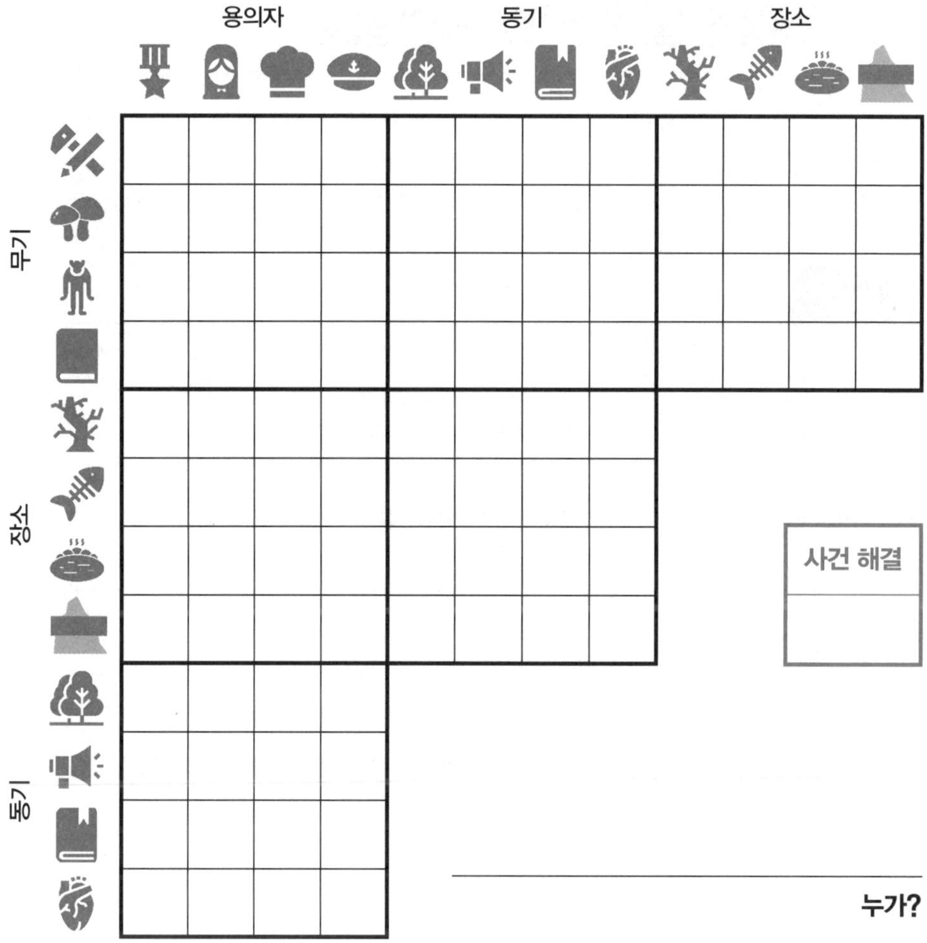

사건 해결

누가?

무엇으로?

어디에서?

왜?

88 | 버려진 줄 알았던 핵반응로

논리탐정 로지코와 신비탐정 이라티노는 버려진 건물을 살펴보다가 이곳이 아주 버려진 곳은 아니었다는 사실을 알았습니다. 그곳에는 다른 사람도 네 명(시체까지 치면 다섯 명) 있었기 때문입니다. 그 안에서 한 명은 범인이 누구인지 알았습니다. 범인도 그 안에 있었기 때문입니다!

용의자

모브 부사장

텍코 퓨처스의 부사장. 텍코의 최신 프로젝트인 텍토피아의 개발 책임자이기도 하다. 텍토피아는 현실 세계에 메타버스를 씌운 것과 비슷하다.

173cm / 오른손잡이 / 갈색 눈 / 검은 머리 / 황소자리

차콜 두목

옛 시절의 갱 보스. 당시 갱 보스는 그래도 지금보다 의미가 있는 자리였다.

180cm / 오른손잡이 / 갈색 눈 / 검은 머리 / 황소자리

애쉬 원로

이 부근의 현명한 할머니. 하도 오래 살아서 미래를 볼 수 있다.

165cm / 왼손잡이 / 갈색 눈 / 갈색 머리 / 물고기자리

회색 인간

이라티노는 이제 이 사람들이 평범한 좀비라고 확신한다.

188cm / 오른손잡이 / 녹갈색 눈 / 붉은 머리 / 전갈자리

장소

핵폐기물 보관실
실내

덩굴이 무성하게 자라서…
깜박이는 녹색 빛을 뿜어낸다.

죽어가는 뜰
실외

풀은 죽었고, 뒤틀린 나무들의
모습이 로지코의 기억을 자극한다.

반응로 코어
실내

핵반응로는 오래전에 도둑맞았다.
누가 가져갔는지, 그 사람이 어떤 끔찍한
일을 겪고 있는지는 아무도 모른다.

잠긴 문
실외

잠겨 있지만 부서져서
잠기지 않은 것이나
다름이 없다.

무기

볼트와 너트 자루
무거움 / 금속 · 캔버스 소재

온갖 종류의 위험한 무기를 만들어낼 수 있다.
살인 로봇이나 삼키면
숨이 막히는 장난감 같은….

돌이 된 사과
보통 무게 / 돌 소재

과일 더미
밑바닥에 있었다.

커다란 붉은 책
보통 무게 / 종이 소재

레드 소령의 인용구가 가득하다.
"혁명은 빈속에 더 좋다."

소화기
무거움 / 금속 · 화학약품 소재

머리를 내려쳐서 사람을 죽일 수 있다.
일단 불을 낸 다음 이걸 안 쓰는 방법도 있다.

동기

방사능 중독	은신처의 비밀 보호
미신 신봉	가족 부양

단서

▶텍토피아를 책임지는 사람은 그저 가족을 부양하고 싶을 뿐이었다.

▶이라티노에게 좀비로만 인식되던 사람은 방사능 중독 때문에 살인을 할 것만 같았다.

▶커다란 붉은 책을 가진 사람은 갈색 눈으로 그 책을 읽었다.

▶차콜 두목은 실외를 배회하고 있었다.

▶은신처의 비밀을 지키고 싶었던 사람은 핵폐기물 보관실에 있었다.

▶소화기를 가진 사람은 미신을 신봉하느라 사람을 죽일 수 있을 것 같았다.

▶이라티노가 떨리는 손으로 적어서 로지코에게 전한 쪽지 :

와트볼 트너 루자는 응로반 어에코 없다었.

진술

※범인은 거짓말을, 나머지는 진실을 말합니다.

▶모브 부사장 :

돌이 된 사과가 핵폐기물 보관실에 있었어요.

▶차콜 두목 :

여기를 보게. 볼트와 너트 자루가 죽어가는 뜰에 있었지.

▶애쉬 원로 :

우리가 항상 말하듯이, 모브 부사장은 잠긴 문에 있었지요.

▶회색 인간 :

그아아… 애쉬 원로 은신처 비밀 지킨다.

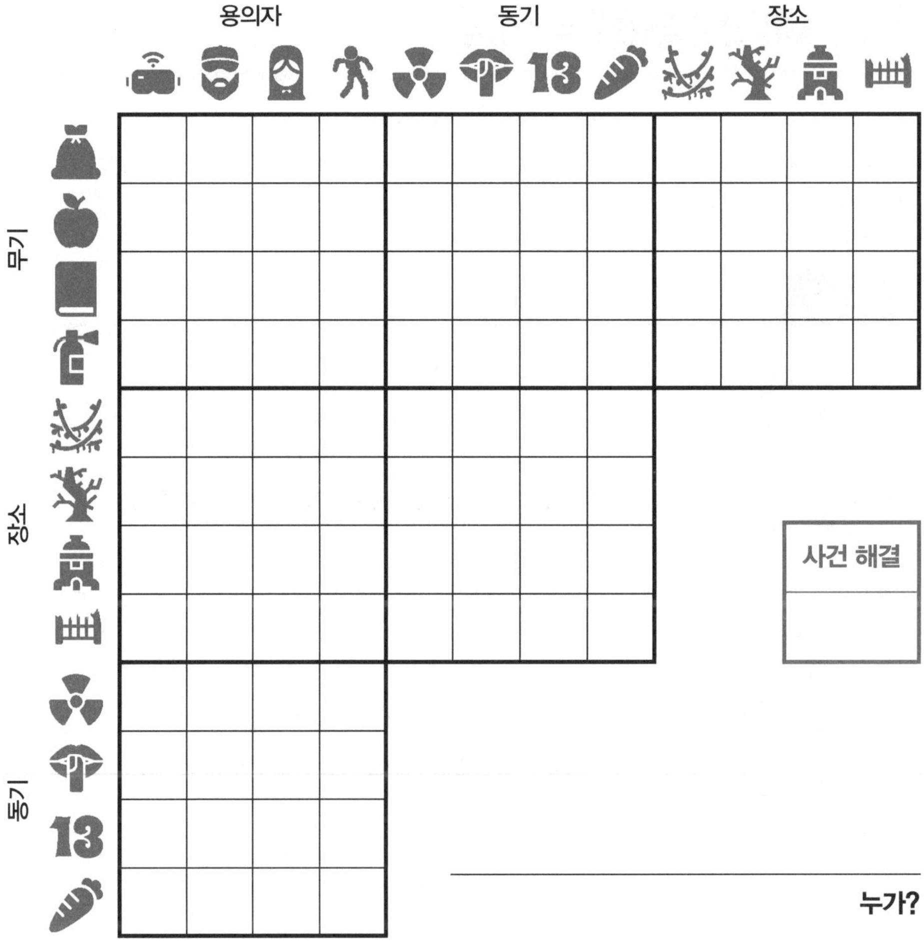

사건 해결

누가?

무엇으로?

어디에서?

왜?

89 | 세인트 루핀의 진실

애쉬 원로는 논리탐정 로지코와 신비탐정 이라티노에게 세인트 루핀이 데려가 키운 세 명의 조력자가 애초에 고아가 된 사정을 말해 주었습니다. 세 아이에게 있었던 단 한 명의 아버지가 살해되었습니다. 그리고 세 아이는 범인이 누구인지 분명하게 알았습니다.

용의자

조력자 블랙

세인트 루핀의 세 조력자 중 하나.
블랙이 셋 중에서 가장 영리하다.

147cm / 오른손잡이 / 파란 눈 / 갈색 머리 / 쌍둥이자리

조력자 블루

세인트 루핀의 세 조력자 중 하나.
블루가 셋 중에서 가장 힘이 세다.

152cm / 오른손잡이 / 녹갈색 눈 / 갈색 머리 / 양자리

세인트 루핀

옛 신성 드라코니아의 성인.
드라코니아 역사에서 가장 중요한 인물일 것이다.
그 생애는 드라코니아의 모든 사람에게 감명을 주었다.

175cm / 오른손잡이 / 녹색 눈 / 금발 / 사자자리

조력자 브라운

세인트 루핀의 세 조력자 중 하나.
브라운이 셋 중에서 제일 기발하다.

150cm / 왼손잡이 / 녹색 눈 / 금발 / 물고기자리

장소

근처 마을
실외

비명의 숲에서 근근이 살아가는
정겨운 작은 마을.

비명의 숲
실외

전사한 병사들의
무수한 유령이 방황한다.

아름다운 풀밭
실외

마을 동쪽에 있는
아름다운 풀밭.

돌무지
실외

마을 서쪽에 있는
거대한 돌무지.

무기

삽
보통 무게 / 금속 · 나무 소재

살인 무기로 삽을 쓰면
시체를 숨길 구멍도
팔 수 있어서 참 좋다.

쇠스랑
보통 무게 / 금속 · 나무 소재

마을 사람들은 건초를 내던지고
이걸 든 채 성난 군중에 합류했고,
그래서 건초를 모두 잃었다.

신성한 돌
무거움 / 기이한 물질 소재

세인트 루핀이 직접 이 돌을
쥐었던 적이 있다. 그때 이 돌에서
빛이 났다고 한다.

무거운 부츠
무거움 / 고무 · 강철 소재

휘둘러서 철제 앞코로
사람을 칠 수 있다
(발로 차면 더 좋다!).

동기

뜻밖의 사고	아이들의 처지
압도적인 두려움	괴물 소탕

단서

▶두려움에 압도되어 살인이라도 할 것 같았던 사람은 왼손잡이였다.

▶시간이 흘러 뒤죽박죽 섞인 이야기 : 아들이의 를지처 했각던생 은람사 근처 에마을 다있었.

▶힘이 센 조력자는 마을 동쪽에서 힘차게 걷고 있었다.

▶무거운 부츠의 끈을 묶은 모양을 보니 오른손잡이의 솜씨가 분명했다.

▶기발한 조력자는 쇠스랑을 가져오지 않았다.

▶괴물을 소탕하려고 한 사람은 비명의 숲에 있었다.

▶영리한 조력자는 신성한 돌을 아주 힘들게 옮기고 있었다.

진술

※범인은 거짓말을, 나머지는 진실을 말합니다.

▶**조력자 블랙 :**

무거운 부츠는 근처 마을에 없었어요.

▶**조력자 블루 :**

세인트 루핀께 맹세코, 제가 만약 살인을 한다면 그건 분명 뜻밖의 사고일 겁니다.

▶**세인트 루핀 :**

신께 맹세코, 조력자 블랙이 근처 마을에 있었습니다.

▶**조력자 브라운 :**

조력자 블루는 돌무지 근처에 없었어요.

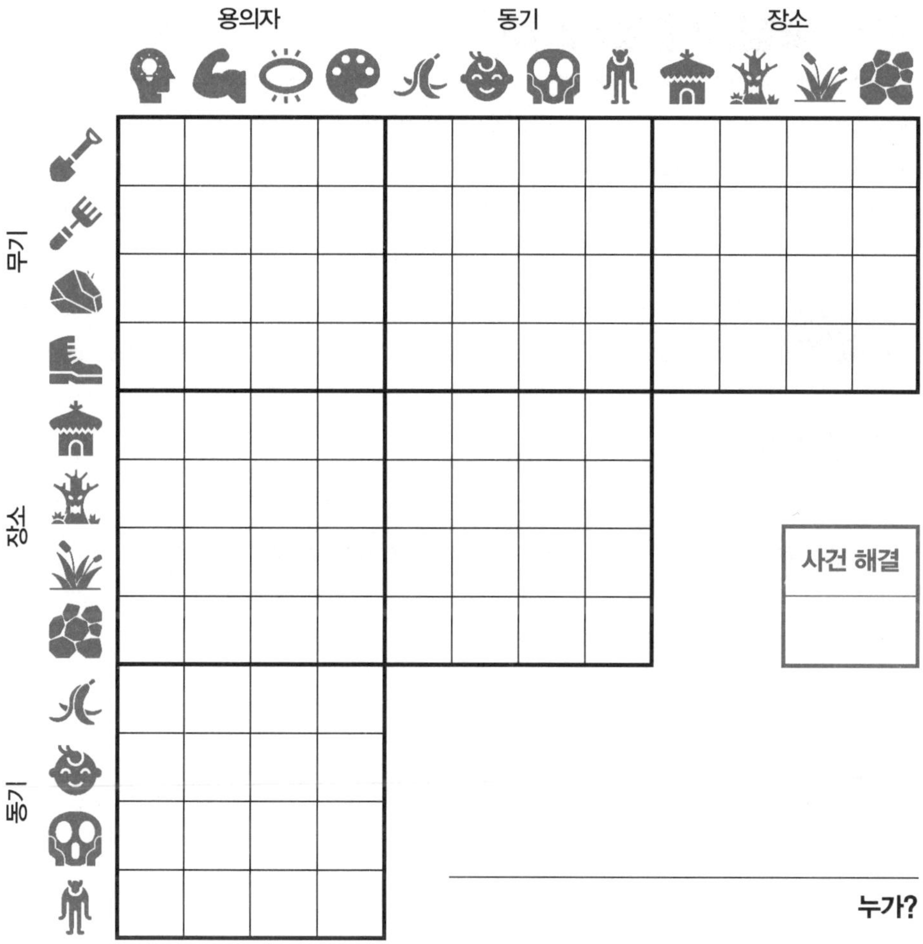

사건 해결

누가?

무엇으로?

어디에서?

왜?

90 | 죽음의 강을 건너

애쉬 원로는 마른 손가락으로 광기의 산줄기 방향을 가리키며 말했습니다. "저 성에 밤을 먹는 자가 있어요. 역사상 최악의 살인자랍니다." 로지코는 밤을 먹는 자가 있다고는 믿지 않지만, 그래도 살인 사건은 지나치지 않는다고 대답했습니다. 하지만 그리로 가려면 죽음의 강을 건너야 했고, 강을 건너는 사이에 연락선의 선장이 죽었습니다.

용의자

사회학자 엄버

과학을 대표하는 입장에 서서
항상 남들에게 누구의 계보를 이었는지,
독일의 경제학자 베버의 저서를 읽었는지 묻는다.

163cm / 왼손잡이 / 파란 눈 / 금발 / 사자자리

회색 인간

회색 인간을 죽이려면 반드시
평범한 사람을 죽일 수 있는 방법을 써야 한다.

173cm / 왼손잡이 / 파란 눈 / 갈색 머리 / 궁수자리

네이비 제독

네이비 제독의 맏아들인 네이비 제독의 맏아들.

175cm / 오른손잡이 / 파란 눈 / 갈색 머리 / 게자리

조그만 토프

자유 드라코니아를 탈출하는 중이다.
몸이 하도 커서 숨을 방법은 없다.

190cm / 왼손잡이 / 파란 눈 / 금발 / 황소자리

장소

죽음의 강물
실외

돌연변이 피라냐가 가득하다.
다른 생물은 여기에서 살아남지 못한다!

지저분한 갑판
실외

먼지와 피와
쓰레기에 뒤덮였다.

부서진 다리
실외

선장은 죽기 전에 진로를
평소 태도처럼 아주 불량하게 잡았다!

썩어가는 선창
실내

수십 개의 구멍에서
물이 샌다.

무기

인간 대퇴골
무거움 / 광물 소재

인간 해골의 일부라고 생각하니
소름이 끼친다.

나뭇조각
무거움 / 나무 소재

구명보트에서 떼어 낸 것.
아마 그 불쌍한 사람들은
이미 죽었겠지.

마늘 타래
보통 무게 / 채소 소재

집에 걸면 뱀파이어들이
들어오지 못하고, 목에 두르면
뇌에서 피가 돌지 않는다.

사나운 게
보통 무게 / 생물 소재

집게에 독이 발렸다는
말을 듣기 전까지는
별로 무섭지 않아 보인다!

동기

잔치	13 미신 신봉
은신처의 비밀 보호	혁명 완수

단서

▶과학을 대표하는 입장에 선 사람은 썩어가는 선창에 가지 않았다.
▶잔치를 벌이고 싶었던 사람은 무거운 무기를 가지고 있었다.
▶키가 두 번째로 큰 용의자는 돌연변이 피라냐 옆에서 노닥거리고 있었다.
▶조그만 토프는 선장이 배의 진로를 잡았던 곳에서 목격되었다.
▶미신 때문에 살인을 할 것 같았던 사람은 지저분한 갑판에 있었다.
▶마늘 타래를 가지고 있던 용의자는 머리카락이 갈색이었다.
▶독을 바른 집게를 들고 다니던 사람은 은신처의 비밀을 지키려고 했다.

진술

※범인은 거짓말을, 나머지는 진실을 말합니다.

▶사회학자 엄버 :

책을 더 읽기 전에 말할 수 있는 것은 인간 대퇴골이 썩어가는 선창에 있었다는 점까지입니다.

▶회색 인간 :

우어어어, 사나운 게 선창에 없어.

▶네이비 제독 :

선원으로서의 명예를 걸고 말하는데, 내가 인간 대퇴골을 가져왔지.

▶조그만 토프 :

마늘 타래는 썩어가는 선창에 없었어요.

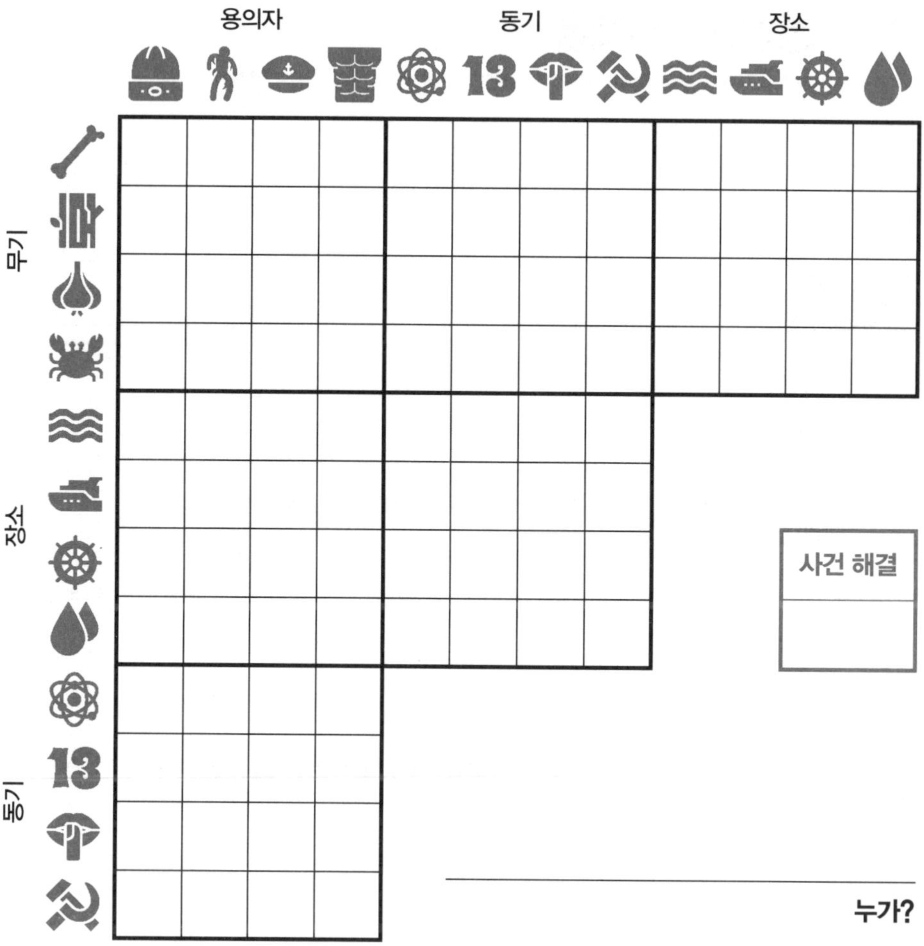

사건 해결

누가?

무엇으로?

어디에서?

왜?

91 | 산줄기의 괴물

죽음의 강을 건넌 후에는 광기의 산줄기를 올라야 했습니다. 꽤 순조롭게 올라가는 중이었는데, 곤란한 문제에 봉착한 다른 산악인들을 만났습니다. 그 안에서 한 명은 죽었고, 한 명은 살인자였습니다.

용의자

회색 인간

예전에는 인간이었을 것이다.
그게 아니면 실험실에서 배양되었을 것이다.

168cm / 왼손잡이 / 녹색 눈 / 갈색 머리 / 사자자리

설인

자세히 보니 그냥 이 산맥에 살고
털이 아주 많이 자란 노인이다.

190cm / 오른손잡이 / 회색 눈 / 백발 / 황소자리

고고학자 에크루

고고학과 도굴로 전 세계에 명성을 떨치는 고고학자 겸 도굴꾼.

173cm / 왼손잡이 / 녹갈색 눈 / 반백 머리 / 궁수자리

포르퍼스 대주교

신성 드라코니아 교회의 대주교이자
세인트 루핀 정교 신도들의 유일하고도 진정한 지도자.
아무도 그 사실을 잊을 수 없다.

163cm / 오른손잡이 / 검은 눈 / 검은 머리 / 게자리

장소

신비한 동굴
실내

곰이 조용히 기다리다가
인간을 습격하기에 아주 좋은 장소.

높은 절벽
실외

중력이 조용히 기다리다가
인간을 습격하기에 아주 좋은 장소.

구불구불한 길
실외

강도들이 조용히 기다리다가
인간을 습격하기에 아주 좋은 장소.

눈에 잘 안 띄는 숲
실외

쉬기 좋은,
편안하고 작은 숲.

무기

신문지로 감싼 쇠지레
보통 무게 / 종이 · 금속 소재

겉을 둘러싼 드라코니언 타임스 신문에
"레드 소령, 회색 인간은 존재하지 않는다고
밝혀"라는 기사가 대문짝만하게 났다.

가죽 장갑
가벼움 / 가죽 소재

가죽 장갑 낀 사람을 조심할 것.
그 아래에 무엇을 숨기고 있을까?!

아이스피켈
보통 무게 / 금속 소재

등반과 살인에 좋다.
바위에도, 머리에도
작은 구멍을 남긴다.

암살용 뱀
보통 무게 / 생물 소재

자동 무기라고 할 수 있다.
흔들어서 던진 다음에는
구경만 하면 된다.

동기

비밀문서 은폐	가족 부양
복수	떠오른 보름달

단서

▶털이 아주 많이 자란 노인은 가족을 부양하고 싶었다.

▶바람 속에서 메아리처럼 로지코의 귀에 들린 뒤죽박죽 단서 :
름보달 문에때 인살려하던 사은람 한비신 굴에동 다없었.

▶회색 인간은 가죽 장갑을 끼고 있었다.

▶고고학자 에크루는 쉬기 좋은 나무들 사이를 서성이고 있었다.

▶모든 세인트 루핀 정교 신도들의 지도자는 암살용 뱀을 가져온 사람이 무서웠다.

▶신문지에 왼손잡이의 지문이 묻어 있었다.

▶구불구불한 길에 있던 사람은 오른손잡이였다.

▶복수하고 싶었던 사람은 높은 절벽에 있었다.

진술

※범인은 거짓말을, 나머지는 진실을 말합니다.

▶회색 인간 :

우으으으— 대주교 구불구불한 길에!

▶설인 :

으우우… 내가 암살용 뱀을 가져왔어.

▶고고학자 에크루 :

으음… 설인은 가족을 부양하려고 했어요.

▶포르퍼스 대주교 :

흠, 고고학자 에크루가 비밀문서를 은폐하려고 했지요.

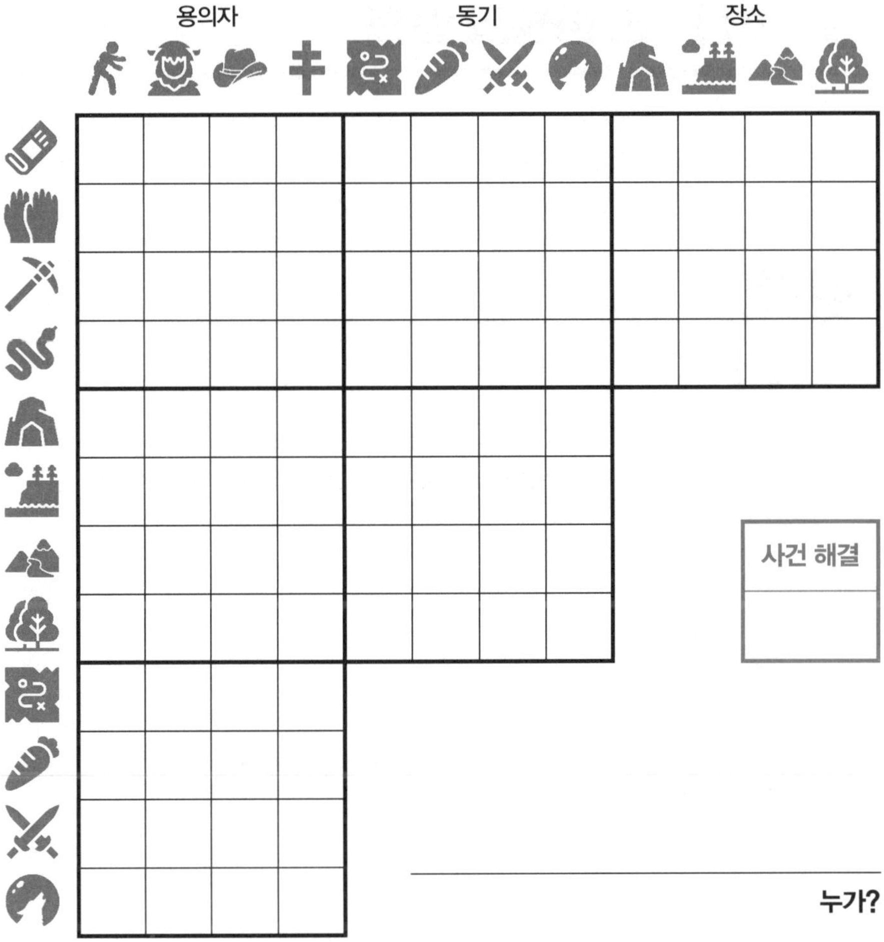

사건 해결

누가?

무엇으로?

어디에서?

왜?

92 | 고전적인 마을의 살인

논리탐정 로지코와 신비탐정 이라티노는 광기의 산줄기를 올라 데미넌스 성 바로 아래 마을에 도착했습니다. 그런데 그곳 주민들 모두가 문을 닫아걸고 숨어 있었습니다. 양치기가 살해되었기 때문입니다. 한 주민이 말했습니다. "밤을 먹는 자가 그랬어요!" 하지만 과연 그럴까요?

용의자

건메탈 하사

진지하고 냉철하며, 무엇이든 될 때까지 밀어붙인다.

183cm / 오른손잡이 / 갈색 눈 / 검은 머리 / 염소자리

신비동물학자 클라우드

빅풋, 예티, 서스쿼치와 같은 설인의
모든 목격담과 각각의 차이를 전부 안다.

170cm / 오른손잡이 / 회색 눈 / 백발 / 전갈자리

그레이 백작

홍차로 유명한, 유서 깊은 그레이 백작가의 후손.
사인은 해 주지 않지만, 요청한 사람에게 티백 하나를 공짜로 준다.

175cm / 오른손잡이 / 갈색 눈 / 백발 / 염소자리

과격파 크림슨

자유 드라코니아는 지나치게 우익이라고 생각한다.
더 나은 내일을 믿는다.

170cm / 왼손잡이 / 녹색 눈 / 붉은 머리 / 천칭자리

장소

죽어가는 밭
실외

흙은 말랐고
곡식은 죽었다.

빈 오두막
실외

전에는 농부들의 것이었지만,
이제는 여기 살고 싶은 사람이
아무나 들어가기만 하면 된다.

마른 우물
실외

우물 바닥에는
먼지와 뼈만 쌓여 있다.

버려진 저택
실내

오래되고 썩었다.
마치 여기에 살던 귀족들처럼.

무기

돌연변이 피라냐
보통 무게 / 생물 소재

평범한 피라냐와 비슷하지만
크기도 두 배, 이빨도 두 배다.
그리고 항상 굶주려 있다.

은 탄환
가벼움 / 금속 소재

늑대인간을 죽일 수 있다.
사실 비용을 신경 쓰지 않으면
누구든 죽일 수 있다.

왕실 인장 반지
가벼움 / 금속 소재

철의 차르의 가문 인장이 있다. 전에는
대단한 의미가 있었지만, 지금은 그냥 반지다.

불량식품
무거움 / 치명적인 음식 소재

장기적으로 이보다 치명적인 것이 없다
(물론 누군가 먹다가 목이 막힐 수도 있다).

동기

과학 발전	피 수확
방사능 중독	선언문 홍보

단서

▶이라티노는 은 탄환에 녹색 눈이 비쳤던 것을 알 수 있었다.

▶피해자의 피를 수확하려고 했던 사람은 검은 머리였다.

▶방사능 중독 때문에 살인을 할 만한 용의자는 실외에서 발견되었다.

▶선언문을 홍보하고 싶었던 사람은 죽어가는 밭에 있지 않았다.

▶굶주린 농노가 마을에 남긴 뒤죽박죽 메시지 :

이그레 백이작 와지먼 뼈 에서염 되었목다격.

▶돌연변이 피라냐가 빈 오두막에서 발견되었다.

▶치명적인 식단이 오래되고 썩어가는 건물에서 발견되었다.

진술

※범인은 거짓말을, 나머지는 진실을 말합니다.

▶건메탈 하사 :

군인으로서 단언하는데, 과격파 크림슨은 과학 발전을 원했지.

▶신비동물학자 클라우드 :

왕실 인장 반지를 가지고 있던 사람은 방사능 중독 때문에 살인을 할 것 같았어요.

▶그레이 백작 :

불량식품은 마른 우물에 없었어요.

▶과격파 크림슨 :

나는 버려진 저택에 가지 않았지.

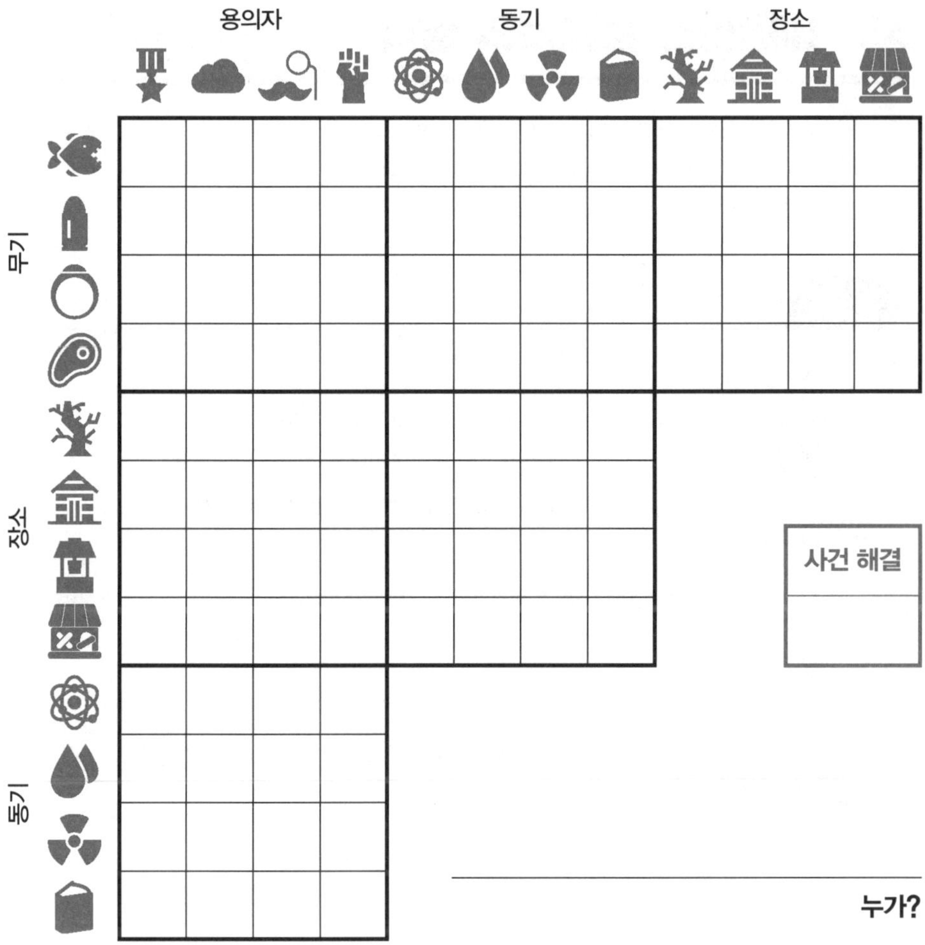

사건 해결

누가?

무엇으로?

어디에서?

왜?

93 | 데미넌스 성에서의 참극

논리탐정 로지코와 신비탐정 이라티노가 데미넌스 성에 도착했을 무렵에는 번개가 치고 천둥이 울렸습니다. 황폐한 성벽과 녹슨 사슬이 거미줄의 미감과 아주 잘 어울렸습니다. 물론 시체와도요! 일단 그 불쌍한 사람의 살인 사건부터 해결하고 시작해야 할 것 같았습니다.

용의자

과격파 크림슨

자유 드라코니아는 지나치게 우익이라고 생각한다.
혁명도 너무 전통을 답습한 것 같다고 말한다.

170cm / 왼손잡이 / 녹색 눈 / 붉은 머리 / 천칭자리

고고학자 에크루

고고학과 도굴로 전 세계에 명성을 떨치는 고고학자 겸 도굴꾼.

173cm / 왼손잡이 / 녹갈색 눈 / 반백 머리 / 궁수자리

건메탈 하사

진지하고 냉철하며, 무엇이든 될 때까지 밀어붙인다.

183cm / 오른손잡이 / 갈색 눈 / 검은 머리 / 염소자리

룰리언 경

최근에 기사로 임명된 섬세한 신사.
항상 흔들고 다니는 공식 기사 임명장에 따르면 그렇다.

173cm / 오른손잡이 / 파란 눈 / 붉은 머리 / 사자자리

장소

안뜰
실외

성의 안쪽 뜰.
우물과 마구간 몇 개가 있다.

해자
실외

물은 말랐고
뼈가 가득하다.

경비초소
실내

거대한 쇠창살이
닫혀 있다.

아성
실내

성의 한가운데에 있는 거대한 탑.
꼭대기의 불이 켜져 있다.

무기

암살용 뱀
보통 무게 / 생물 소재

자동 무기라고 할 수 있다.
흔들어서 던진 다음에는
구경만 하면 된다.

나무 말뚝
보통 무게 / 나무 소재

뱀파이어도 죽이고
인간도 죽일 수 있다.
하지만 가시는 조심할 것.

돌이 된 심장
보통 무게 / 돌 소재

누군가가 진짜 돌로 된
심장을 가지고 있다.

마늘 타래
보통 무게 / 채소 소재

마늘 농사는
드라코니아에서
아주 잘나가는 산업에 속한다.

동기

떠오른 보름달	**정치 선전**
아버지의 복수	**인민 해방**

단서

▶보름달 때문에 살인을 하려던 사람은 뱀 가죽이 함유된 무기를 가지고 왔다.

▶룰리언 경과 키가 같은 용의자는 거대한 탑 안에서 목격되었다.

▶건메탈 하사는 뼈들 옆에서 어슬렁거리고 있었다.

▶인민의 해방을 원했던 사람은 경비초소에 없었다.
자기가 추구하는 가치와 반대되는 곳이기 때문이다.

▶과격파 크림슨은 돌이 된 심장을 가지고 왔다. 그게 붉은 정부를 상징하는 무기라고 했다.

진술

※범인은 거짓말을, 나머지는 진실을 말합니다.

▶**과격파 크림슨** :
나무 말뚝을 가져온 사람은 아버지의 복수를 하려고 했지.

▶**고고학자 에크루 :**
아버지의 복수를 하려고 했던 사람은 안뜰에 있었습니다.

▶**건메탈 하사 :**
군인으로서, 고고학자 에크루가 보름달 때문에 사람을 죽이고도
남을 사람이라고 맹세하는 바다.

▶**룰리언 경 :**
고고학자 에크루가 나무 말뚝을 가지고 왔지요.

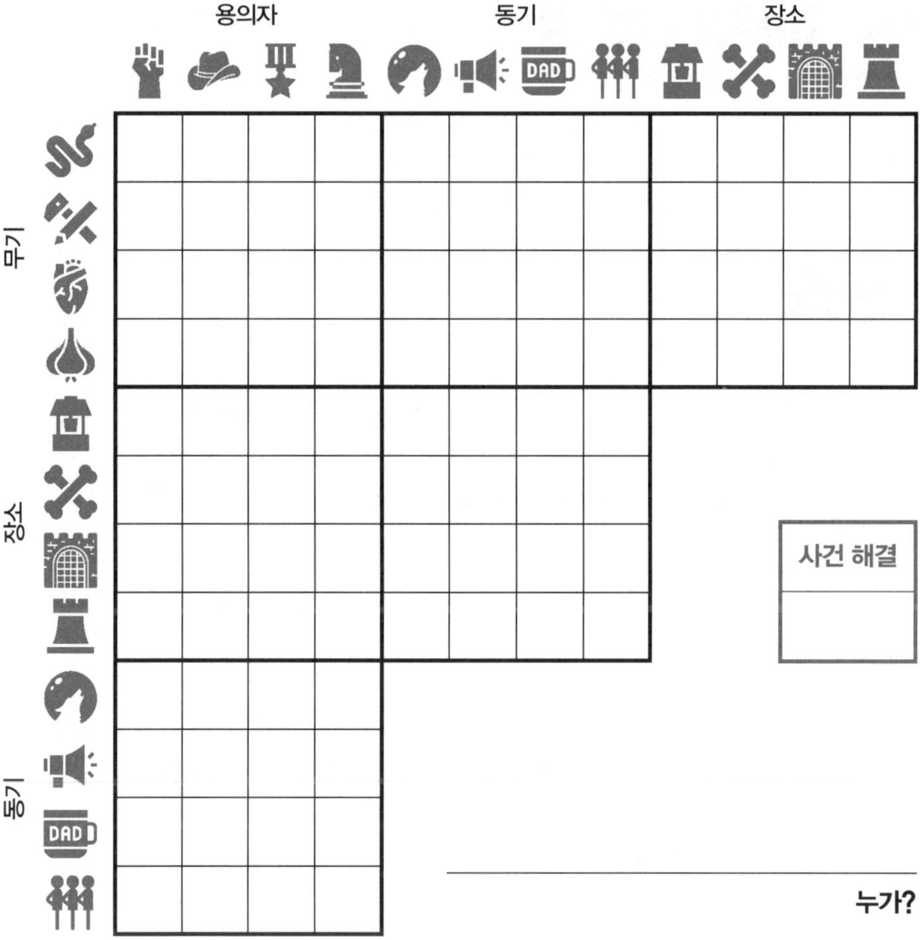

사건 해결

누가?

무엇으로?

어디에서?

왜?

94 | 비밀이 잠든 성

논리탐정 로지코와 신비탐정 이라티노는 앞에 높이 솟은 아성을 보았습니다. 다른 창문은 전부 캄캄했지만 탑 꼭대기의 창문 하나에서만 붉은빛이 나오고 있었습니다. 그것만 해도 충분히 섬뜩한데, 곧 피가 얼어붙을 듯한 비명까지 울렸습니다! 미모의 젊은 여성이 살해되었습니다.

용의자

데미넌스 자작

평생 본 사람 중에 가장 나이가 많다. 비교할 만한 사람은 철의 차르뿐이었는데, 철의 차르는 10년 전에 죽었다.

157cm / 왼손잡이 / 회색 눈 / 갈색 머리 / 물고기자리

크림슨 원장

원장은 인종과 사상에 관계없이 누구나 의료 혜택을 받아야 한다고 생각한다. 물론 돈만 충분하다면.

175cm / 왼손잡이 / 녹색 눈 / 붉은 머리 / 물병자리

회색 인간

비틀비틀 으스스하게 움직이는 모습이 이 괴이한 성에 딱 어울린다.

168cm / 왼손잡이 / 녹색 눈 / 갈색 머리 / 사자자리

레이디 바이올렛

사법권이 미치지 않는 세계 최대의 영역인 바이올렛 제도의 상속자.

152cm / 오른손잡이 / 파란 눈 / 금발 / 처녀자리

장소

지하 감옥
실내

사슬과 고문 기구들에 녹이 잔뜩 슬었다. 안 써서 녹이 슨 것이 아니라, 일부러 분위기를 내려고 녹슬게 만든 것이다.

대형 홀
실내

썩어가는 커다란 식탁과 녹슨 샹들리에가 보인다. 모든 것이 거미줄로 엮여 있다.

거처
실내

자작의 몸 크기에 딱 맞는 아름다운 침대가 있다. 잘 지핀 불이 활활 탄다.

성벽
실외

이 위에서 화살을 쏘면 사람을 죽일 수 있다. 그냥 돌을 떨어뜨려도 된다.

무기

부지깽이
보통 무게 / 금속 소재

이걸로 불을 피우거나 누군가의 심장을 찌를 수 있다.

새틴 커튼
보통 무게 / 공단 소재

목을 졸릴 때 다른 직물보다 쾌적하겠지.

핵연료봉
무거움 / 금속 소재

전설에 따르면 죽은 자를 되살리는 힘이 있다고 한다. 그건 몰라도 산 자를 죽일 수 있는 것은 확실하다.

병 속의 뇌
무거움 / 금속 · 유리 · 뇌 소재

철학자들은 우리가 병 속의 뇌일 수도 있다고 말한다. 병 속의 뇌로 그 머리를 후려치면 훌륭한 반박이 되겠지.

동기

사악한 주문 완성	죽은 자의 부활
생존	압도적인 두려움

단서

▶지하 감옥에 눈이 파란 사람은 한 명도 없었다.
▶논리탐정 로지코는 잘게 조각난 종이를 주웠다. 잘 맞춰서 거기에 쓰인 글을 읽으려고 애써 봤지만, 이 정도가 한계였다. '스넌미데 은자작 남아고살'
▶부지깽이가 (당연하게도) 활활 타는 불 옆에 있었다.
▶사악한 주문을 완성하려고 한 사람은 보통 무게 무기를 가지고 있었다.
▶대형 홀에 있었던 사람은 눈이 녹색이었다.
▶회색 인간은 병 속에 든 자기 뇌를 먹으려고 애쓰는 중이었다.
▶화살을 쏘기에 좋은 위치에 핵연료봉이 놓여 있었다.
▶크림슨 원장은 지하 감옥에 발도 들이지 않았다.
▶레이디 바이올렛은 압도적인 두려움 때문에 살인이라도 할 것 같았다.

진술

※범인은 거짓말을, 나머지는 진실을 말합니다.

▶데미넌스 자작 :
아, 그래요. 커튼이 지하 감옥에 있었지.

▶크림슨 원장 :
데미넌스 자작은 성벽에 없었어요.

▶회색 인간 :
부지깽이! 그어어! 대형 홀에 없어!

▶레이디 바이올렛 :
데미넌스 자작은 핵연료봉을 가져오지 않았어요.

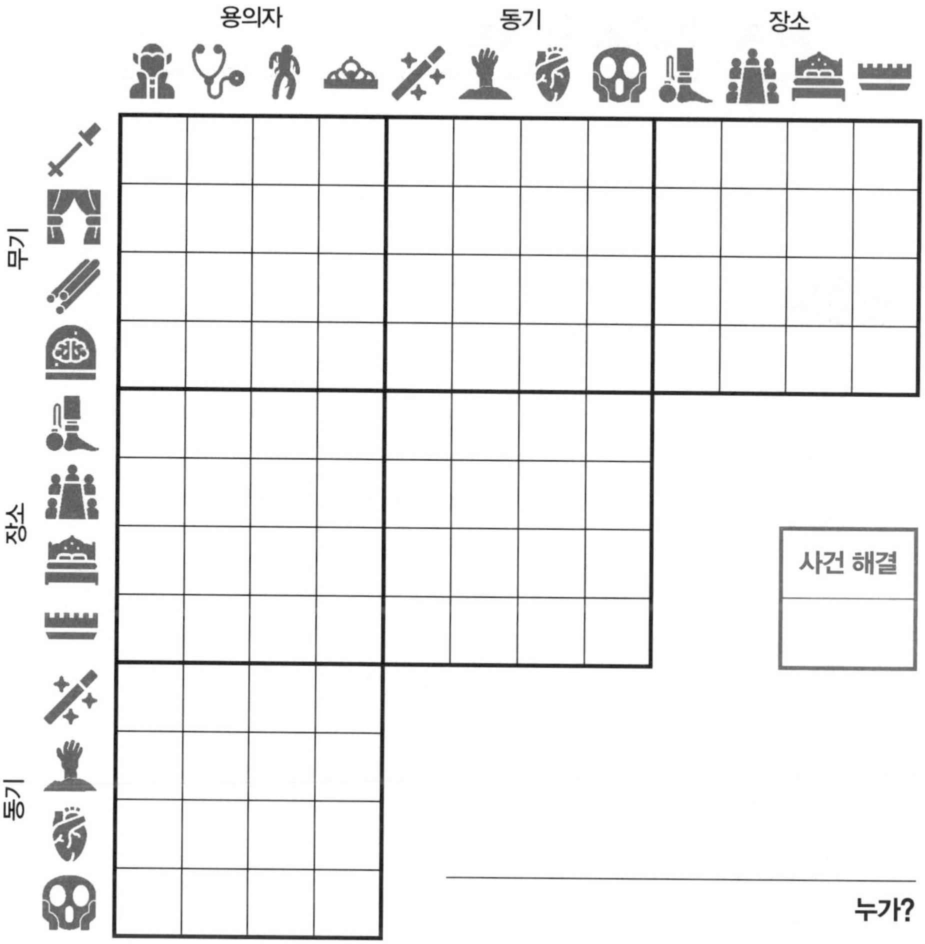

사건 해결

누가?

무엇으로?

어디에서?

왜?

95 | 회색 인간들의 죽음

논리탐정 로지코와 신비탐정 이라티노가 자작을 뒤쫓아 거처에 가 보니 자작은 중병에 걸렸거나, 죽어가고 있거나, 그게 아니라도 뭔가 의사의 진료가 필요해 보였습니다. 게다가 누군가가 회색 인간 하나를 죽였고, 다른 회색 인간이 주변을 배회하고 있었습니다.

용의자

크림슨 원장

원장은 인종과 사상에 관계없이 누구나 의료 혜택을 받아야 한다고 생각한다. 물론 돈만 충분하다면.

175cm / 왼손잡이 / 녹색 눈 / 붉은 머리 / 물병자리

하인 브라운스톤

신에게 헌신하는 형제가 있지만, 하인 브라운스톤은 바이올렛 가문에 헌신한다.

188cm / 오른손잡이 / 갈색 눈 / 갈색 머리 / 게자리

회색 인간

혼란스러운 듯이 느리고 엉성하게 움직인다. 마치 유아가 그대로 몸만 커진 것 같다.

157cm / 왼손잡이 / 녹갈색 눈 / 금발 / 천칭자리

모브 부사장

텍코 퓨처스의 부사장. 텍코의 최신 프로젝트인 텍토피아의 개발 책임자이기도 하다. 텍토피아는 현실 세계에 메타버스를 씌운 것과 비슷하다.

173cm / 오른손잡이 / 갈색 눈 / 검은 머리 / 황소자리

장소

병상
실내

데미넌스 자작이 겨우 목숨만 붙어서
이 침대에 누워 있다.

발코니
실외

지평선 끝까지 펼쳐진
드라코니아 전체의 모습이 내려다보인다.

혈액 탱크
실내

커다란 혈액 탱크 여러 개가 보인다.
제각기 다른 이름이 붙어 있다.

거대한 기계
실내

혈액 탱크와 병상 사이에서
커다란 기계가 전자음을 울리고 있다.

무기

문장
무거움 / 나무 · 금속 소재

철의 차르의 문장. 10년 전부터는
사용이 금지되어 있다.

과학 교양서
보통 무게 / 종이 소재

읽을 수 있지만 이해할 수 없는 글로
구성되어 있다. 예를 들어, "DNA는 각각 A–T,
G–C끼리 상보적인 결합을 이룬다"처럼.

드라코니아 갑옷 한 벌
무거움 / 금속 소재

붉은 세력이 점령하기 전의
신성 드라코니아에서 수입했다.
투구에 흰 깃털 장식이 달려 있다.

밤을 먹는 자의 상아 송곳니
보통 무게 / 불쌍한 코끼리 소재

고대 드라코니아의 전사들은
적에게 겁을 주려고 이것을 끼었다.

동기

생명 연장	**성을 상속**
자원 개발	**자작의 복수**

단서

▶자작의 복수를 하고 싶었던 사람은 오른손잡이였다.

▶생명을 연장하려던 사람은 보통 무게 무기를 가지고 있었다.

▶ 크림슨 원장의 책상 위에 뒤죽박죽 흩어진 서류 :

을원자 발하던려개 사은람 른잡였이오다손.

▶밤을 먹는 자의 상아 송곳니는 발코니에 없었던 것이 분명하다.

▶모브 부사장은 금지된 문장을 가지고 있었다.

▶회색 인간이 드라코니아 갑옷 한 벌을 가지고 왔다.

▶성을 상속하고 싶었던 사람은 거대한 기계 옆에 있었다.

진술

※범인은 거짓말을, 나머지는 진실을 말합니다.

▶크림슨 원장 :

의학적인 소견을 물어보신다면, 과학 교양서가 병상에 있었어요.

▶하인 브라운스톤 :

예, 모브 부사장이 병상에 있었습니다.

▶회색 인간 :

크어어… 자원 개발… 병상.

▶모브 부사장 :

크림슨 원장이 과학 교양서를 가져왔던데.

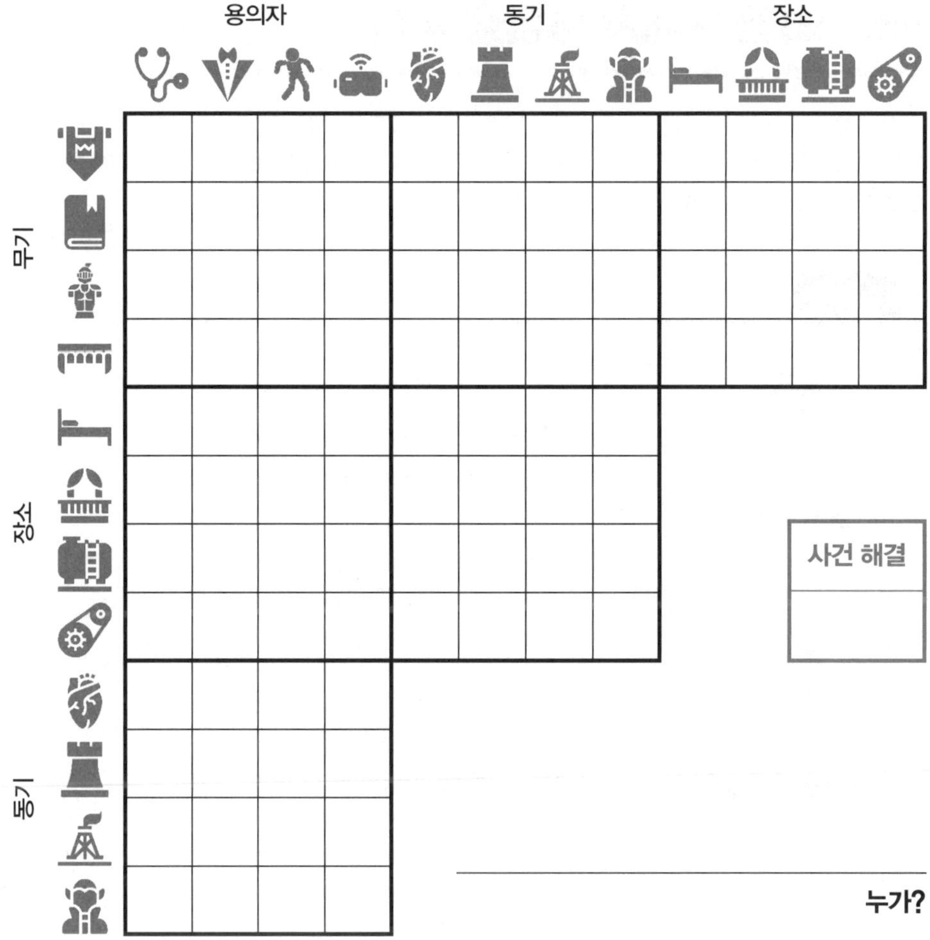

사건 해결

누가?

무엇으로?

어디에서?

왜?

96 | 혁명 속에서 무덤을 파다

크림슨 원장은 설명했습니다. "혁명이 끝난 당시의 진짜 상황은 붉은 정부가 내내 퍼뜨린 이야기와는 달라요. 누군가가 죽은 것은 사실이지만, 철의 차르는 죽지 않았어요. 철의 차르 휘하에 있던 어느 상병이 죽었지요."

용의자

철의 차르

수십 년간 철권과 철 부츠, 철포 등등으로 드라코니아를 지배했다.

168cm / 왼손잡이 / 회색 눈 / 갈색 머리 / 물고기자리

포르퍼스 대주교

신성 드라코니아 교회의 대주교이자
세인트 루핀 정교 신도들의 유일하고도 진정한 지도자.
아무도 그 사실을 잊을 수 없다.

163cm / 오른손잡이 / 검은 눈 / 검은 머리 / 게자리

레드 소령

차르의 통치에서 드라코니아를 해방시키고
바로 권력을 틀어쥔 혁명 지도자.

188cm / 왼손잡이 / 갈색 눈 / 갈색 머리 / 양자리

조그만 토프

사실은 아주 거대하다. 그래서 사람들이 농담 삼아
조그만 토프라고 부른다.

190cm / 왼손잡이 / 파란 눈 / 금발 / 황소자리

장소

거대한 철문
실외

최대한 큰 문을 상상해 보자.
이 문이 그것보다 더 크다.

찬란한 성당
실내

농노들에게서 빼앗은 황금이 덮여 있다
(농노들에게 황금이
필요할 일은 없으니까?).

묘지
실외

아래로 뒤집어 묻어 놓은
적들의 시체가 가득하다.

드넓은 알현실
실내

철의 차르는
해골의 왕좌(그리고 포근한 방석)
위에 앉는다.

무기

골동품 화승총
보통 무게 / 금속 · 나무 소재

드라코니아 내전을 시작한
은 탄환을 발사했던 총이다.

철 투구
무거움 / 철 · 보석 소재

모든 의도와 목적으로 볼 때,
이 투구가 곧 철의 차르의 얼굴이었다.

바주카포
무거움 / 금속 · 전자부품 · 폭발물 소재

붉은 혁명을 상징하는 무기.
인민포라고도 부른다.

붉은 바나나
가벼움 / 폭발물 소재

붉은 세력이 혁명에서 사용한
다이너마이트를 부르는 별명.

동기

영웅의 길	**국가 지배**
묵은 원한	**정치적 목적**

단서

▶골동품 화승총은 찬란한 성당에 없었다. 예배당에는 총을 가지고 들어갈 수 없다!

▶포르퍼스 대주교는 바주카포를 들고 다니면서 신성포라고 불렀다.

▶철 투구는 뒤집힌 시신과 함께 발견되었다.

▶조그만 토프는 실내에서 몸을 웅크리고 있었다.

▶붉은 바나나를 던진 것은 국가를 지배하고 싶은 사람이었다.

▶철의 차르는 정치적 목적으로 사람을 죽일 생각이 없었다.

▶영웅의 길을 가고자 했던 용의자는 실내에서 마음을 추스르고 있었다.

▶이 당시의 일을 적었지만 그 후에 조각조각 찢겨 뒤죽박죽 섞인 공식 기록 :

이이트다마너 가하나 한대거 문 에래아

진술

※범인은 거짓말을, 나머지는 진실을 말합니다.

▶**철의 차르 :**

포르퍼스 대주교가 거대한 철문에 있었다.

▶**포르퍼스 대주교 :**

바주카포는 묘지에 없었고.

▶**레드 소령 :**

혁명에 맹세코, 조그만 토프는 묵은 원한 때문에 살인을 할 사람이지.

▶**조그만 토프 :**

나는 묘지에 가지 않았어요.

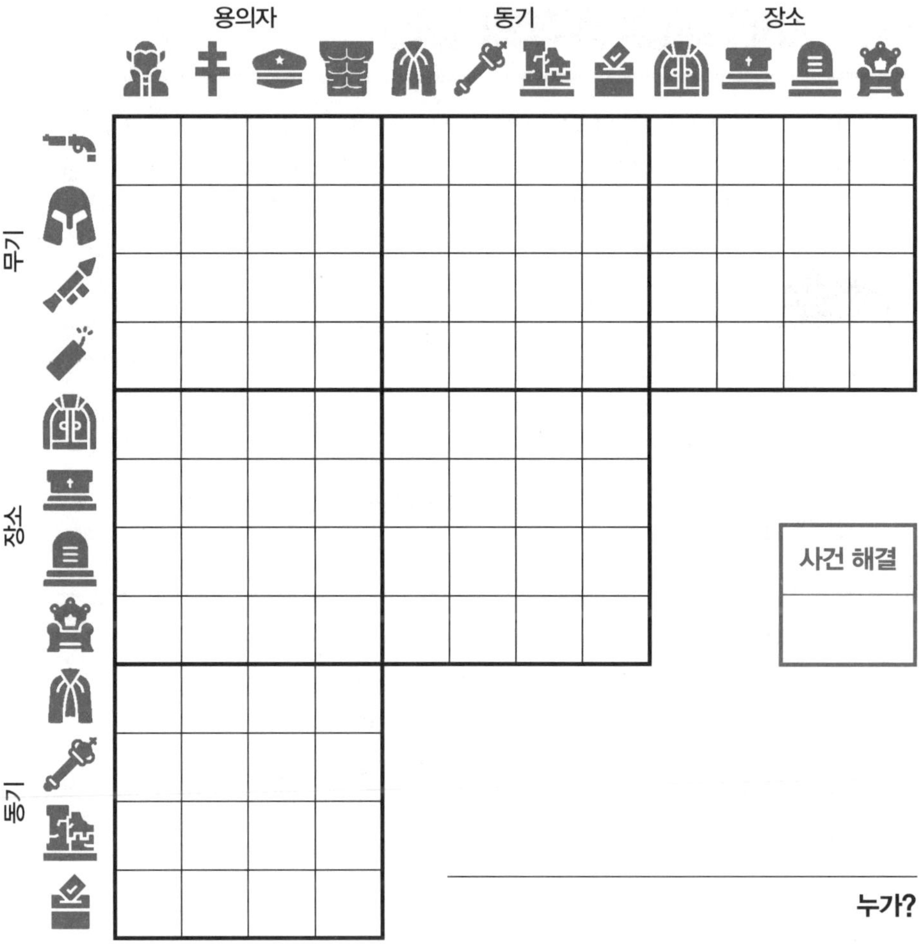

사건 해결

누가?

무엇으로?

어디에서?

왜?

97 | 자매 대결: 최후의 결전

크림슨 원장은 성 꼭대기의 성벽 옆에서 대기하고 있던 헬리콥터로 달려갔습니다. 그러나 동생인 과격파 크림슨이 앞을 막았습니다. "언니가 한 짓은 정말 사악했어." 원장이 대답했습니다. "아니, 똑똑했지." "사악하면서 똑똑할 수도 있지. 여하튼, 그대로 도망치게 두지는 않을 거야."

용의자

회색 인간

이 회색 인간은 과격파 크림슨에게 약간 낯익은 모습이다.
전에 싫어했던 사람인 것 같다.

168cm / 왼손잡이 / 녹색 눈 / 갈색 머리 / 사자자리

회색 인간

이 회색 인간은 신체적인 능력이 특출난 것 같다.
누구인지 알 수 있을까?

183cm / 왼손잡이 / 파란 눈 / 금발 / 양자리

크림슨 원장

원장은 인종과 사상에 관계없이 누구나 의료 혜택을
받아야 한다고 생각한다. 물론 돈만 충분하다면.

175cm / 왼손잡이 / 녹색 눈 / 붉은 머리 / 물병자리

과격파 크림슨

사악한 친언니보다는 혁명이 더 소중하다.

170cm / 왼손잡이 / 녹색 눈 / 붉은 머리 / 천칭자리

장소

헬리콥터

실내

회전하는 날개가 있으니
이 장소 자체를 무기로 볼 수도 있다.

성벽

실외

궁수들이 서서
화살을 날릴 수 있다.

가장자리 너머

실외

중력이라는 이름의
이길 수 없는 적과 마주치는 곳.

계단통

실내

꼭대기까지 커다란 계단이
758개라니. 솔직히 심했다.

무기

구슬 주머니

가벼움 / 유리 소재

누군가를 후려칠 수도 있고,
어느 계단 위에서
아래로 쏟을 수도 있다.

쇠스랑

보통 무게 / 금속 · 나무 소재

마을 사람들은 건초를 내던지고
이걸 든 채 성난 군중에 합류했고,
그래서 건초를 모두 잃었다.

두개골 수술톱

보통 무게 / 금속 소재

뼈를 자르는 톱.
뇌수술이나 생체 해부,
살인에 쓸 수 있다.

메스

가벼움 / 금속 소재

왠지 작아서
더 위험해 보인다.

동기

탈출	혈육을 저지
뇌 확보	혼란스러운 상황

단서

▶회색 인간은 둘 다 실내에 있었다.

▶회색 인간 중에서 키가 작은 쪽만이 날개에 머리가 날아갈 위험 없이 헬리콥터에 오를 수 있었다.

▶크림슨 원장이 탈출하고 싶었고, 과격파 크림슨이 원장을 저지하고 싶었던 것은 분명하다.

▶궁수들이 서기 좋은 곳에서 메스가 발견되었다.

▶지상에서 본 상황을 전달한 뒤죽박죽 메시지 :
림크슨 이장원 리가자장 에너머 쳐걸 다었있.

▶쇠스랑을 가진 사람은 뇌를 먹고 싶었다.

▶두개골 수술톱은 실내에 있었다.

진술

※범인은 거짓말을, 나머지는 진실을 말합니다.

▶**회색 인간 :**
으아아… 다른 회색 인간… 헬리콥터에 없어.

▶**회색 인간 :**
우어어… 구슬… 탈출 원해!

▶**크림슨 원장 :**
당연하지 않나요? 제가 두개골 수술톱을 가져왔지요.

▶**과격파 크림슨 :**
파란 눈의 회색 인간은 두개골 수술톱을 가져오지 않았어!

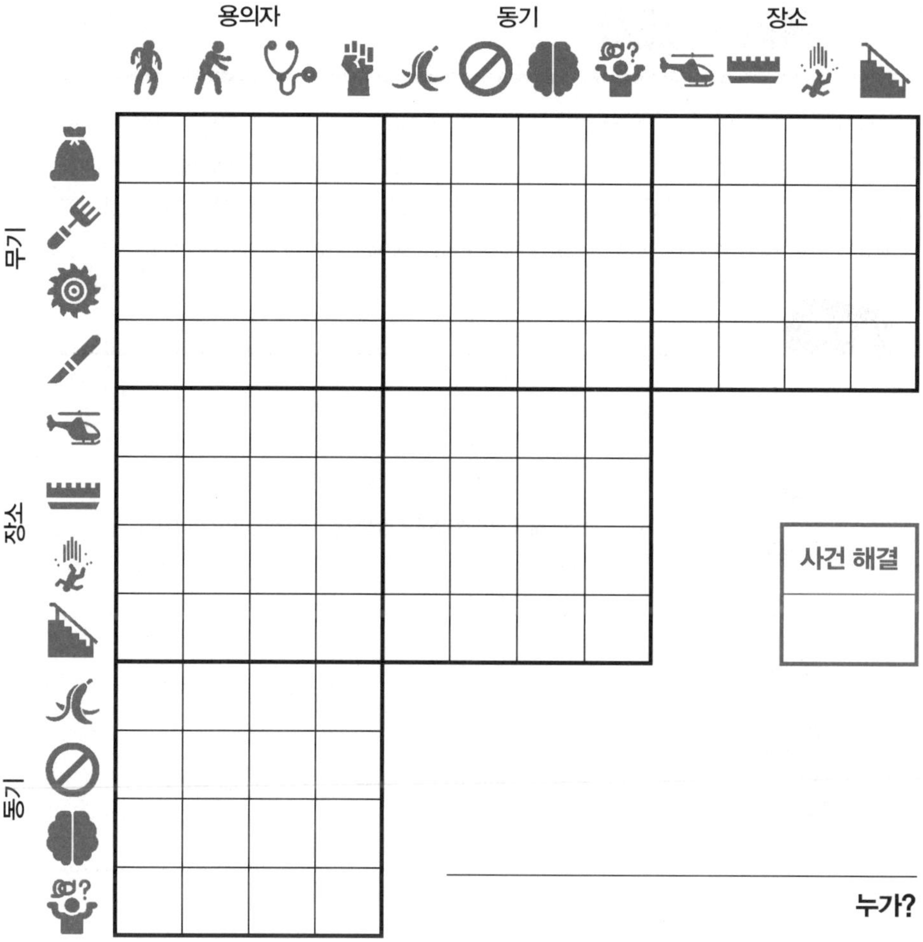

사건 해결

누가?

무엇으로?

어디에서?

왜?

98 | 불타는 도시

논리탐정 로지코와 신비탐정 이라티노가 돌아왔을 때 인민도시는 불길에 휩싸여 폐허로 변하는 중이었습니다. 화이트 대표를 지지해서 철의 차르를 복권시킬 비밀 계획에 협조하게 된 연합군은 도시 전체에 불을 질렀습니다. 로지코와 이라티노는 불타는 도시를 가로질러 공항으로 향했습니다. 그 길로 이 나라를 벗어나고 싶었지만, 도중에 살인 사건도 해결해야 했습니다.

용의자

리드 총관

자유 드라코니아에서 가장 많은 공포와
가장 적은 사랑을 받는 공무원.

188cm / 오른손잡이 / 갈색 눈 / 검은 머리 / 처녀자리

차콜 두목

옛 시절의 갱 보스. 당시 갱 보스는
그래도 지금보다 의미가 있는 자리였다.

180cm / 오른손잡이 / 갈색 눈 / 검은 머리 / 황소자리

건메탈 하사

진지하고 냉철하며, 무엇이든 될 때까지 밀어붙인다.

183cm / 오른손잡이 / 갈색 눈 / 검은 머리 / 염소자리

고고학자 에크루

고고학과 도굴로 전 세계에 명성을 떨치는 고고학자 겸 도굴꾼.

173cm / 왼손잡이 / 녹갈색 눈 / 반백 머리 / 궁수자리

장소

붉은 만
실외

이 도시에서 유일하게 안전한 곳.
단, 수영은 할 줄 알아야 한다!

인민 대성당
실내

이제는 구 구 세인트 루핀 대성당.
재건되는 일은 없을 것이다.

의사당
실내

거대한 돔이 불타고 있다.

인민주택
실내

건축 비용을 절감하는 비결 중 하나는
화재 안전을 무시하는 것이었던 듯하다.

무기

총검
보통 무게 / 금속 소재

붉은 군대의 공식 무기.
총알 값이 들지 않는다는 점이
높은 평가를 받았다.

커다란 붉은 책
보통 무게 / 종이 소재

레드 소령의 저서.
지배자가 없는 세상을 논한다
(물론 저자는 예외).

핵연료봉
무거움 / 금속 소재

핵연료의 안전은 이온 트레이드
화학 및 원자핵 에너지에서
담당한다고 한다.

문장
무거움 / 나무 · 금속 소재

철의 차르의 문장.
10년 전부터는
사용이 금지되어 있다.

동기

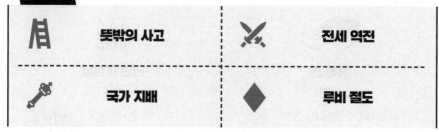

뜻밖의 사고	전세 역전
국가 지배	루비 절도

단서

▶무선으로 송출된 뒤죽박죽 비밀 암호: 드리 은관총 가를국 배하지고 었다싶.

▶차콜 두목은 일반적인 화재 안전 수칙에 따라 실외에 대피해 있었다.

▶건메탈 하사는 보통 무게 무기를 가지고 있었다.

▶고고학자 에크루는 인민주택을 수색하고 있었다.

▶10년 전 금지된 물건을 가진 사람은 오른손잡이였다.

▶뜻밖의 사고로나 살인을 저지를 듯한 사람은 인민 대성당에 있었다.

▶루비를 훔치고 싶었던 사람은 붉은 만에 없었다.

▶핵연료봉 때문에 주위의 바닷물이 부글거리고 있었다.

진술

※범인은 거짓말을, 나머지는 진실을 말합니다.

▶리드 총관 :

자유 드라코니아의 명예를 걸고, 핵연료봉을 가진 사람은 국가를 지배할 생각이 없었지.

▶차콜 두목 :

여기 보게. 고고학자 에크루가 인민주택에 있었지.

▶건메탈 하사 :

총검은 의사당에 없었다!

▶고고학자 에크루 :

흠… 커다란 붉은 책은 인민 대성당에 없었어요.

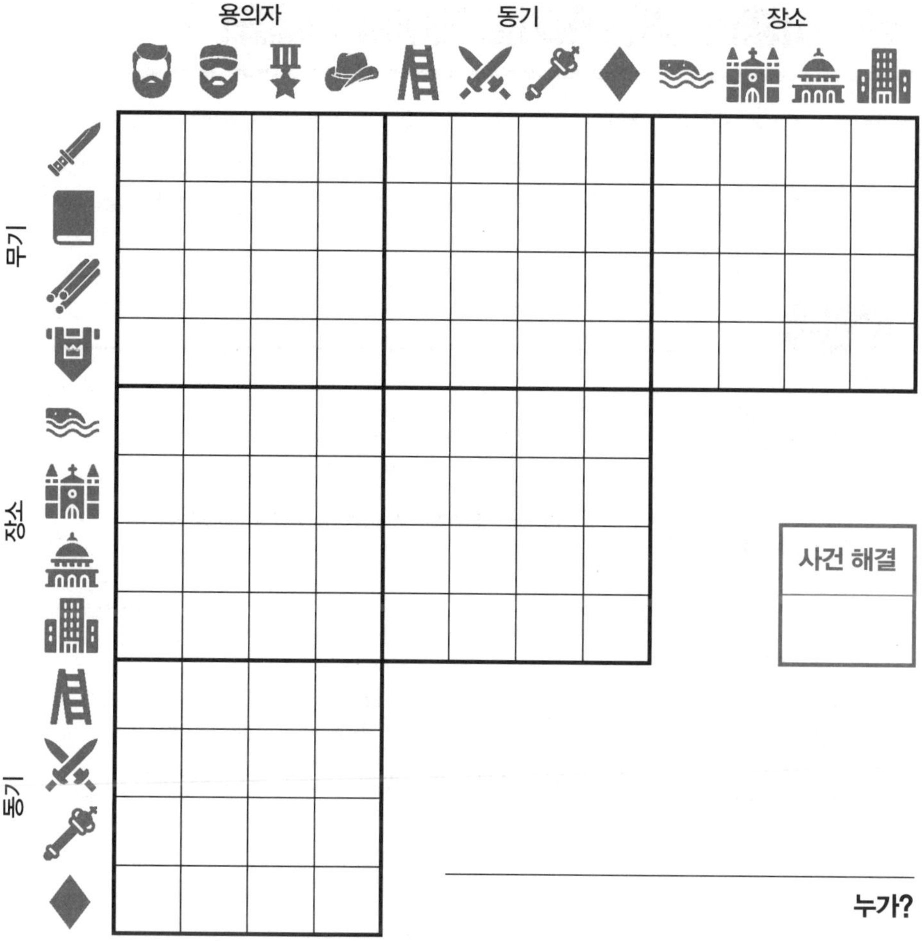

사건 해결

누가?

무엇으로?

어디에서?

왜?

99 | 비행선, 얼른 여기를 벗어나 주세요!

논리탐정 로지코와 신비탐정 이라티노는 로지코가 도착할 때 탔던 바로 그 비행선을 타고 불타는 인민도시 상공으로 떠올랐습니다. 불타는 도시를 내려다보고 있으니 이 일이 미래에 어떤 영향을 끼칠지 갈피를 잡을 수가 없었습니다. 하지만 일단은 새로 온 비행선 조종사의 살인 사건을 해결해야 했습니다.

용의자

미스 사프론

서서히 얼굴에 혈색이 돌아오고 눈에도 생기가 피어난다.
이제 더는 회색 인간이 아니다.

157cm / 왼손잡이 / 녹갈색 눈 / 금발 / 천칭자리

슬레이트 대위

우주비행사. 달의 뒷면을 탐험한 최초의 여성이자,
우주선 부조종사 살인 혐의를 받은 최초의 인물.

165cm / 왼손잡이 / 갈색 눈 / 갈색 머리 / 물병자리

샴페인 동무

부유한 공산주의자. 세계를 여행하며
휴가지의 동지들에게 공산주의 메시지를
전하는 것이 최고의 기쁨이다.

180cm / 왼손잡이 / 녹갈색 눈 / 금발 / 염소자리

건메탈 하사

제복에서 붉은 드라코니아의 훈장을 거칠게 떼어 내고
사람들 사이에 섞이려고 애쓰는 중이다.

170cm / 왼손잡이 / 녹색 눈 / 붉은 머리 / 천칭자리

장소

조종실
실내

로봇 조종사가 여전히
여기에서 로봇답게 일하고 있다.

화물칸
실내

전에는 명품 캐리어가 가득했지만 지금은
사람들이 급한 대로 챙겨온 물건들이 가득하다.

객실
실내

여객기는 좌석 공간이
이렇게 넓지도 않고 승객 수만큼
낙하산을 준비해 놓지도 않는다.

화장실
실내

이 비행선의 화장실은 냄새가 나쁘지 않다.
모든 것을 파이프로
공중에 뿌려 버리기 때문이다.

무기

골동품 화병
무거움 / 도자기 소재

직계 조상들 전부와
후손들 전부의 평생 수입을
합한 것보다 비싸다.

거대한 서류 더미
무거움 / 종이 소재

종이 한 장으로는 사람을 못 죽이지만
큰 종이 더미로는 죽일 수 있다.
종이는 몇 장부터 무기일까?

황금이 가득 찬 서류 가방
무거움 / 금속 · 가죽 소재

가치가 있는 것은 무엇이든 최대한
빨리 드라코니아 밖으로 나가고 있다.

성유물
보통 무게 / 뼈 소재

얼굴이 끔찍하게 생긴
옛 신의 토템 같다.

동기

다른 살인 은폐	강도 행각
지나친 승객 밀집	광적인 질투

단서

▶다른 살인을 은폐하려던 사람은 보통 무게 무기를 가지고 있었다.

▶회색 인간이었다가 회복 중인 사람은 골동품 화병을 가진 사람에게 반했다. 로맨스의 시작일까?

▶건메탈 하사는 로봇 조종사 옆에서 어슬렁거리고 있었다.

▶황금이 가득 찬 서류 가방을 가진 사람은 광적인 질투 때문에 살인을 할 사람이다.

▶샴페인 동무는 무거운 무기를 가지고 있었다.

▶우주비행사는 화물칸에 가지 않았다.

▶지나치게 승객이 많은 것이 싫어서 살인을 할 것 같은 사람은 객실에 있었다.

▶골동품 화병을 가진 용의자는 강도 행각을 벌일 필요가 없었다.

진술

※범인은 거짓말을, 나머지는 진실을 말합니다.

▶미스 사프론 :

제가 강도 행각을 벌이려고 누군가를 죽인다면, 뭐 그럴 수도 있겠네요.

▶슬레이트 대위 :

서류 더미는 화장실에 없었지.

▶샴페인 동무 :

미스 사프론은 화물칸에 없었지요.

▶건메탈 하사 :

미스 사프론이 거대한 서류 더미를 가지고 있던데.

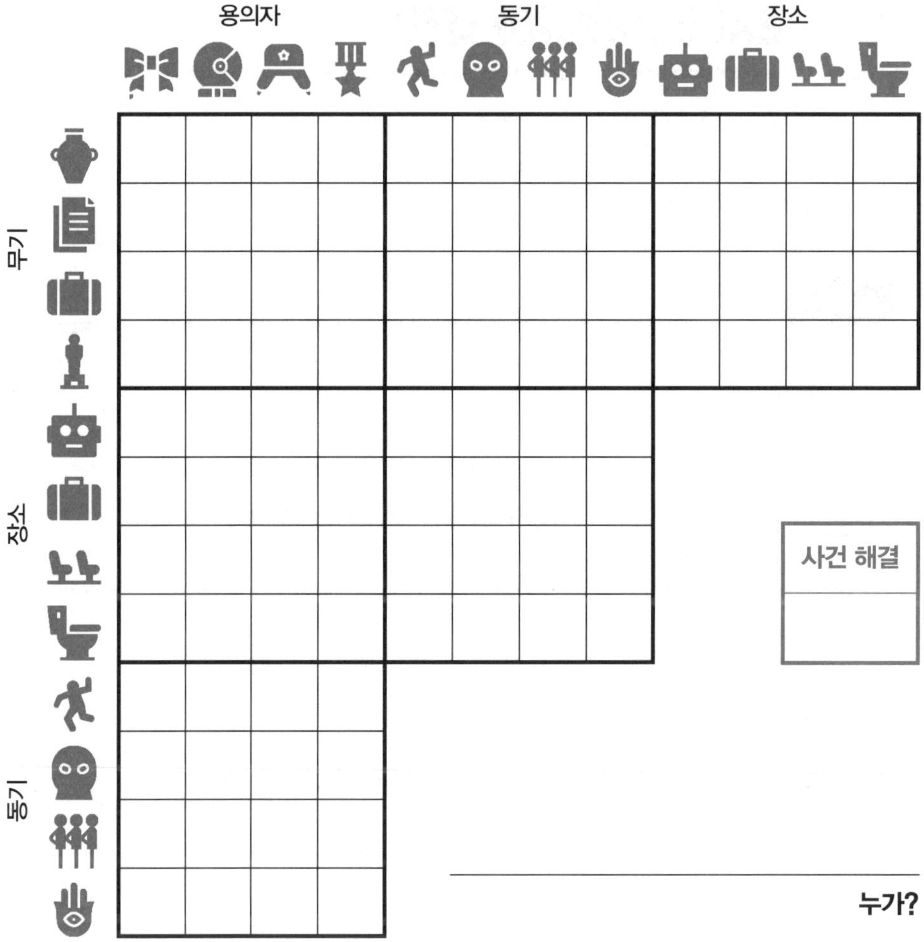

사건 해결

누가?

무엇으로?

어디에서?

왜?

100 | 2차 드라코니아 내전

그렇게 드라코니아는 다시 내전의 불길에 휩싸였습니다. 세력들은 제각기 자기 영토를 굳혀 나갔습니다. 지금까지 갈고 닦은 추리력으로 이 긴 전쟁의 승자가 누구인지 추리해 보세요. 전쟁 역시 마치 살인과 같이, 무고한 패자는 진실을 말합니다. 승자는 거짓말을 합니다.

용의자

포르퍼스 대주교

신성 드라코니아 교회의 대주교이자
세인트 루핀 정교 신도들의 유일하고도 진정한 지도자.
아무도 그 사실을 잊을 수 없다.

163cm / 오른손잡이 / 검은 눈 / 검은 머리 / 게자리

데미넌스 자작

지금까지 본 사람 중에서 가장 나이가 많다.
자기 아들들을 모두 먼저 보냈고 자기 아버지보다
먼저 태어났다고 한다.

157cm / 왼손잡이 / 회색 눈 / 갈색 머리 / 물고기자리

레드 소령

차르의 통치에서 드라코니아를 해방시키고
바로 권력을 틀어쥔 혁명 지도자.

188cm / 왼손잡이 / 갈색 눈 / 갈색 머리 / 양자리

화이트 대표

세력을 되찾으려는 귀족들의 정당인 왕당파 레지스탕스에서
적절한 절차에 따라 선출된 대표. 인장 반지를 끼었다.

178cm / 오른손잡이 / 회색 눈 / 백발 / 사자자리

장소

비명의 숲
실외

드라코니아의 유명한 야생림.
게릴라전을 펼치기에 완벽한 장소.

서쪽 성채
실외

드라코니아 서쪽 국경 분쟁 지역의 거대한 탑.
방비를 강화하기가 쉬운 군사 기지.

철의 궁전
실외

박물관에서
요새로 바뀌었다.

광기의 산줄기
실외

드라코니아의 거대한 산맥.
도저히 정복할 수 없다!

군대

세인트 루핀의 영혼 군단
참된 신자로 구성

진정한 신앙을 가진 사람들로 구성된
세인트 루핀 교회의 신성한 군대. 오랜 역사를
가진 강력한 수도사들로 구성된다.

인민의 군대
명목상 자원자로 구성

인민도시 사람이라면
누구나 자유롭게
입대할 수 있다. 예외는 없다.

국제회의 파견단
고연봉 병사들로 구성

국제회의의 군대다.
병사 개개인이 자기가 받은
태블릿으로 드론 공격을 할 수 있다.

신성 드라코니아 군대
농노들로 구성

날카롭게 간
상아 이빨을 장착했다.
전장에서 용맹하게 싸운다.

진짜 동기

영원한 삶	막대한 돈
끝없는 영광	무한한 권력

단서

▶세인트 루핀의 영혼 군단을 지휘한 사람은 오른손잡이였다.

▶끝없는 영광을 원했던 사람은 데미넌스 성 바로 남쪽의 장소로 가서 숨어 있었다
(자료 D 참조).

▶가장 나이가 많은 사람이 무한한 권력을 가지고 싶어 했다.

▶국제회의 파견단은 상징 숫자가 행운을 의미하는 사람 중에서 키가 큰 쪽이 지휘하고 있었다
(자료 B 참조).

▶신성 드라코니아 군대는 인민도시 바로 북쪽에 진지를 차렸다(자료 D 참조).

▶DNA 염기 서열에 'GCTT'가 들어 있는 지휘관의 진짜 동기는 막대한 돈이 아니었다
(자료 C 참조).

진술

※승자는 거짓말을, 나머지는 진실만을 말합니다.

▶**포르퍼스 대주교 :**
세인트 루핀께서 자주 말씀하셨듯이, 화이트 대표는 막대한 돈에 욕심이 있었지요.

▶**데미넌스 자작 :**
신성 드라코니아 군대는 철의 궁전에 없었는데.

▶**레드 소령 :**
혁명에 걸고, 세인트 루핀의 영혼 군단을 지휘하던 사람은 영원한 삶을 누리고자 했지.

▶**화이트 대표 :**
세인트 루핀의 영혼 군단은 서쪽 성채에 있던데.

용의자 동기 장소

군대

장소

동기

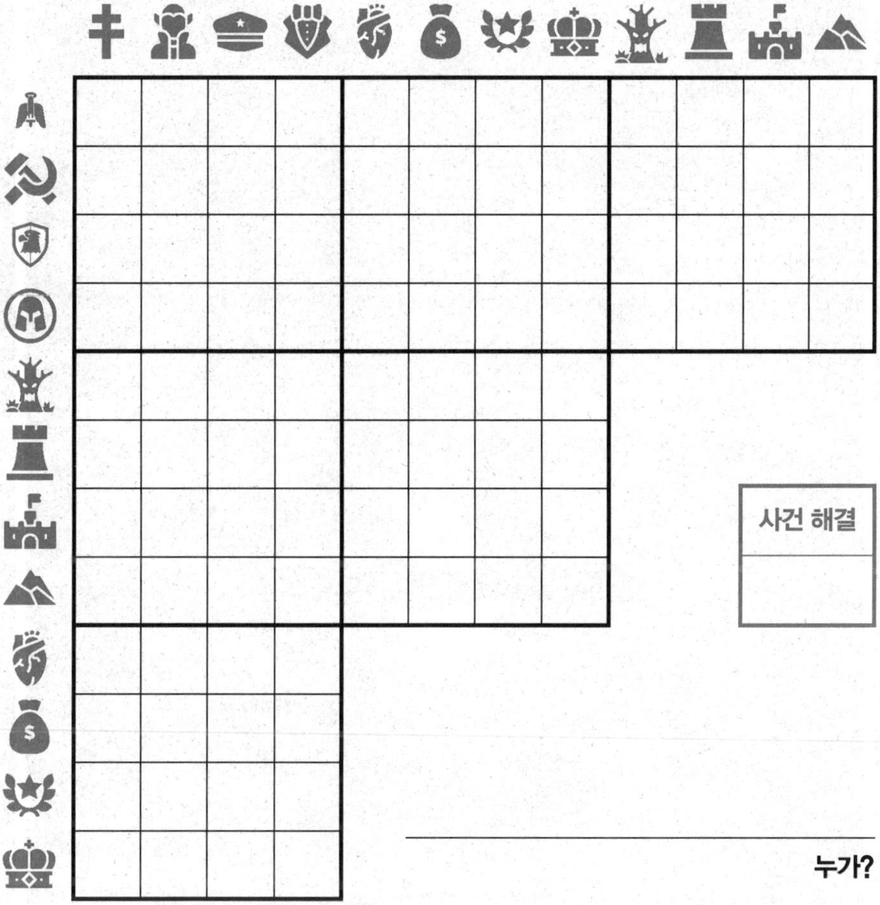

사건 해결

누가?

무엇으로?

어디에서?

왜?

힌트

HINTS

* * * * *

1 위대한 신비탐정 이라티노는 관련자를 하나하나 점검하며 오늘의 별자리 운세를 보더니 말했습니다. “미스 사프론이 비둘기 옆에 있었어요!” 가끔은 별점이 아주 구체적일 때도 있네요.

2 신비탐정 이라티노가 계시를 보고 항공 우편을 보냈습니다. 너무나 뜨거운 액체가 낙하산에 쏟아졌다는 내용입니다. 그리고 어두운 비밀이 너무 위험한 것은 아니었으면 좋겠다고 합니다.

3 신비탐정 이라티노가 논리탐정 로지코에게 보낸 메시지가 곧 도착했습니다. “커피 찌꺼기 모양을 보니 슬레이트 대위가 드라코니아 달러 수납함 옆에 있었어요.”

4 신비탐정 이라티노는 꿈에서 무거운 부츠를 신은 여성 경관의 발을 생생하게 보았습니다.

5 신비탐정 이라티노는 바람의 속삭임을 통해 들었던 수수께끼를 로지코에게 문자로 보냈습니다. “난간이 있는 곳에는 언제나 죽은 물고기의 일부가.” 무슨 뜻일까요?

6 신비탐정 이라티노는 제독이 연락선과 함께 가라앉는 꿈을 꾸고 로지코에게 전화했지만 음성 메시지로 연결되고 말았습니다. 그 섬들은 통화권 밖이었기 때문이죠.

7 신비탐정 이라티노는 텔레파시를 통해 로지코에게 단서를 전하려고 했습니다. 키가 가장 큰 용의자가 맹독성 복어를 가지고 있었다고요. 전해졌나요?

8 신비탐정 이라티노는 방금 다우징으로 알아낸 단서를 전보로 보냈습니다. 손님용 별

채 안에서 붉은 얼룩이 발견될 것이라고요(그 즈음이면 로지코가 비밀을 밝혀냈기를 바라면서).

9 신비탐정 이라티노는 섬으로 무선 통신을 보내지 못하자 로지코의 백일몽에 나타나서, 친왕파의 무기가 본채에 있었다고 말했습니다.

10 전서구 한 마리가 이라티노의 메시지를 가져왔습니다. "어떻게 알았는지는 묻지 말아요. 전설의 대스타 실버튼이 현금 자루를 가지고 있었어요."

11 신비탐정 이라티노는 살인 타로 카드를 뽑더니 말했습니다. "바이올렛 경 전기가 분수대 옆에 있었구나."

12 로지코는 이라티노가 늘 하던 말이 생각났습니다. 자객들이란 무거운 핸드백이나 가죽 장갑보다는 검을 들기 마련이지요.

13 신비탐정 이라티노가 로지코에게 텔레파시로 메시지를 보냈습니다. '키가 가장 작은 용의자는 절벽에 있었어요.' 물론 로지코가 그냥 떠올린 생각일 수도 있습니다.

14 신비탐정 이라티노는 이상한 예감이 들어서 옛 드라코니아의 전통적인 감사절 격언을 보냈습니다. '그레이비 보트는 언제나 사제의 손에.'

15 신비탐정 이라티노는 크리스마스광 세이블이 지팡이 사탕을 가지고 있었다는 당연한 진실에 충격을 받고 식은땀을 흘리며 깨어났습니다. 로지코에게 그 말을 전할 수 있었으면 좋았을 텐데요!

16 신비탐정 이라티노는 언어학자들이 부지깽이를 들고 다니는 옛 크리스마스 풍습을 알아냈습니다. 그래서 섬으로 무선 통신을 보내려고 했지만 연결되지 않았습니다!

17 신비탐정 이라티노는 로지코에게 다시 문자를 보냈습니다. '거기에서 함께 새해를 맞았으면 좋았을 텐데요. 하지만 기억해요. 샴페인과 지도는 항상 함께라는 것을.' 물론 그 문자는 전송되지 않았습니다.

18 신비탐정 이라티노는 살인 타로를 보니 오버진 주방장이 쇠지레를 가지고 있었다고 로지코에게 전하고 싶었습니다.

19 신비탐정 이라티노는 속삭임 통신망을 이용해서 로지코에게 두개골 수술톱이 수술대에 없었다고 전했습니다. 답이 오지 않자, 어두운 비밀과 무슨 관련이 있는 게 아닐까 걱정스러웠습니다.

20 신비탐정 이라티노는 누군가가 가짜 탐정을 미끼로 쓰는 것 같은 느낌이 들었습니다. 그리고 레이디 바이올렛이 빈 우리를 들고 다닌 듯한 느낌도 들었습니다.

21 어느 밤에, 신비탐정 이라티노는 키가 두 번째로 큰 용의자가 대형 홀을 돌아다니는 꿈을 꾸었습니다. 로지코도 그 꿈에 나온 것을 보니 이미 그 단서를 알아챈 것 같았습니다.

22 이라티노는 당황했습니다! 로지코가 곤경에 처한 것이 분명한데 연락이 끊겼습니다! 우주인 블루스키가 총검을 가지고 왔다는 말을 어떻게 전해야 할까요?

23 신비탐정 이라티노는 급히 공항으로 가서 드라코니아행 표를 끊었습니다. 로지코에게 하인 브라운스톤이 정동석을 가지고 있었다고 꼭 말해야 했습니다.

24 신비탐정 이라티노는 바다 위 하늘을 꾸물꾸물 기어가는 비행선 안에서 전화기에 대고 소리쳤습니다. "유명한 배우가 현금이 가득한 서류 가방을 들고 있었다니까요!"

25 신비탐정 이라티노가 세인트 루핀에 도착해 비행선에서 내리자 바이올렛 제도가 불길에 휩싸여 있었습니다. 하지만 로지코는 분명 탈출했을 것이라는 느낌이 들었습니다. 탐정 코드가 자음 순서를 거꾸로 뒤집고(ㄱ→ㅎ) 모음을 하나씩 선대칭으로 뒤집어(ㅑ→ㅕ, ㅗ→ㅜ, ㅐ→ㅔ) 쓰게 되어 있는 것을 당연히 알듯이오.

26 신비탐정 이라티노는 기도용 양초의 불꽃을 바라보며 점을 쳤습니다. 일렁이는 불꽃 사이로 치과의사 시셸 선생이 뒤틀린 관목 미로 사이에 있는 것이 보였습니다.

27 신비탐정 이라티노는 룬 점을 쳐서 총교주 코발트가 귀여운 천사를 가지고 있었던 것을 알았습니다.

28 로지코가 이라티노를 도우려고 보여준 CCTV 영상 속에서, 누군가가 금고실에서 업무에 방해가 되는 살인 추리극 웹 게임을 하고 있었습니다.

29 신비탐정 이라티노의 꿈에 나온 하이퍼큐브는 101호에서 발견되었습니다.

30 신비탐정 이라티노는 마술사 믹스달이 컴퍼스로 어떻게 그런 재주를 부렸는지 도무지 알 수가 없었습니다.

31 신비탐정 이라티노는 펜듈럼을 가지고 산꼭대기에 올라갔습니다. 그리고 먼 곳을 바라보며 가장 키 큰 용의자가 목 조르는 스카프를 가지고 있었던 것을 알아냈습니다.

32 신비탐정은 모브 부사장이 독이 든 칵테일을 가지고 있는 환영을 보았습니다.

33 신비탐정 이라티노가 살인 타로로 점을 치자, 암호를 풀려면 자료 B에 나온 값을 봐야 한다는 결과가 나왔습니다. 앞의 숫자는 열, 뒤의 숫자는 행을 나타냅니다.

34 신비탐정 이라티노가 펜듈럼을 써 보니 수학자 마블과 소화기 사이를 왔다 갔다 했습니다.

35 신비탐정 이라티노는 수정구를 들여다보다가, 그 수정구를 글라우 학장이 가지고 있었던 것을 알았습니다. 글라우 학장의 재산임을 나타내는 스티커가 붙어 있었거든요.

36 신비탐정 이라티노는 전에 본 영화를 기억하고는, 붐 마이크가 살인 추리극 촬영장에 있었다고 확신했습니다.

37 신비탐정 이라티노는 숫자들을 살펴본 후에 수비학적으로 흥미로운 결론을 얻었습니다. 경찰이 숟가락을 가지고 있었던 거죠.

38 신비탐정 이라티노는 로지코를 깨워서 더스티 감독이 피아노를 가지고 있었다고 말하려 했지만, 로지코가 너무 곤하게 자는 중이었습니다.

39 신비탐정 이라티노는 방금 이 상황에 관한 꿈을 꾸었는데, 꿈에서는 우주인 블루스키 대신 자기가 폭풍 대피소에 있었습니다.

40 신비탐정 이라티노는 로지코에게 다음 글자 암호는 모든 모음을 다음 모음으로, 모든 자음을 다음 자음으로 바꾸어 풀 수 있다는 점을 기억하라고 말했습니다.

41 신비탐정 이라티노가 조심스럽게 관찰해 보니 다람쥐들이 의외로 브로콜리를 아주 좋아하는 것 같았습니다.

42 신비탐정 이라티노는 수비학자 나이트와 수를 검토해 보고는 독이 발린 집게발이 TV 여섯 대 옆에 있었다고 말했습니다.

43 신비탐정 이라티노는 분석실에서 똑딱거리는 소리를 들었습니다.

44 신비탐정 이라티노는 협회에 전화를 걸어 초능력자들에게 최선을 다해 점을 쳐 달라고 부탁했더니, 우주인 블루스키가 옆문에 있었다고 말했습니다.

45 신비탐정 이라티노가 카드 두 장을 뽑았더니 티타늄 구체와 장서고가 나왔습니다. 흥미롭군요….

46 신비탐정 이라티노는 특별한 약을 들이켜고 하루 종일 앓더니 계시를 발표했습니다. 성별이 불분명한 용의자가 시든 잔디 위에 있었다고요.

47 신비탐정 이라티노는 불규칙해 보이는 수들을 늘어놓더니 숫자들이 의미하는 문자를 찾았습니다. "라피스 수녀가 피타고라스의 시신 옆에 있었다."

48 신비탐정 이라티노는 사람들의 손금을 모두 읽은 후 돌로 된 블록이 레버 옆에 있었다고 말했습니다.

49 신비탐정 이라티노는 [redacted]라는 기밀 점술 기법을 이용해서 로지코가 타지 않은 차에 어떤 색깔의 물고기가 있었던 것을 알아냈습니다.

50 신비탐정 이라티노가 연금술사의 전화를 받고 나서, 레드 소령이 참관석에 있었던 것을 보니 사건 해결에 그림자가 드리운 것 같다고 했습니다.

51 논리탐정 로지코는 이라티노에게 전화를 걸었지만 연결되지 않아 음성 메시지를 남겨야 했습니다. "이라티노, 나예요. 자유 드라코니아 사람들한테 잡힌 것 같아요. 뭔가 포로 교환 협상을 하려나 봐요. 이 메시지를 들으면 전화해 줘요. 아! 그리고 방금 초능력 연구실에 관한 기사를 읽었는데, 그 사람들은 항상 대조군을 실험실에 둔다고 해요."

52 신비탐정 이라티노는 논리탐정 로지코의 길을 따르려고 탐지견을 썼고, '금 매입'이라고 쓰인 간판 옆에서 벽돌 조각을 찾았습니다.

53 신비탐정 이라티노는 모든 용의자의 의료 기록을 확인했습니다. 로지코라면 그랬을 것이기 때문입니다. 그리고 그 DNA 표본이 마룬 남작의 것이라는 사실을 알아냈습니다.

54 논리탐정 로지코는 음성 메시지를 하나 더 남겼습니다. "이라티노, 나는 아직 이 자유 드라코니아 감옥에 갇혀 있어요. 여기 전화번호는 +××(×××)×××-××××이고요. 아 참, 협회 관련 서류를 좀 보고 있었는데, 살인 타로 카드를 연구한 사람이 천문대에 있었네요."

55 이라티노는 로지코가 쓰던 방법을 따라 모든 목격자와 대화를 나누었습니다. 두 사람이 금속 빨대로 에스프레소를 마시는 신기한 사람을 보았다고 말했습니다.

56 신비탐정 이라티노는 로지코의 방식을 따라서 지문을 채취하다가 의식용 단검을 쥐었던 사람이 A급 배우 애벌로니인 것을 알아냈습니다.

57 로지코가 다시 자유 드라코니아 감옥에서 음성 메시지를 남겼습니다. "이라티노! 이

메시지를 받고 내가 잘 있다는 것을 알아주면 좋겠지만, 붉은 세력에 연락은 꼭 해 봐요. 참, 여기 TV로 과격한 체스복싱 시합을 봤어요. 링 한가운데에서 킹스 갬빗을 쓰다니, 굉장했어요!"

58 신비탐정 이라티노는 오컬트를 이용해서 논리탐정 로지코의 머릿속을 보려다가, 가짜 보물지도를 가진 사람이 책을 좋아한다는 것을 추리해 냈습니다.

59 논리탐정 로지코라면 사람들이 주차한 곳에도 관심을 가졌을 것 같아서 살펴보다가, 이라티노는 하인 브라운스톤이 리무진을 몰았다는 것을 알았습니다.

60 신비탐정 이라티노는 CCTV 영상을 확인하다가 왕당파 레지스탕스에 자금 지원을 하고 싶었던 사람이 바에서 그 이야기를 한 것을 알아챘습니다.

61 이라티노는 이번에 로지코의 방법이 아닌 자기만의 방법을 쓰기로 했습니다. 그랬더니 이상하게도 무신론자가 제단에 있었을 것이라는 직감이 왔습니다. 아주 분명한 확신이었습니다.

62 로지코가 음성 메시지를 하나 더 남겼습니다. "저기, 신비탐정 씨. 방금 뉴스를 보니까 지난주에 드라코니아에 왔었다더라고요? 어떻게 그럴 수가?! 아니, 화가 난 건 아니고요. 제발 음성 사서함 확인을 좀 하라고요. 이렇게 되니까 전에 편집자 아이보리가 늘 회의실에 그레이트데인을 데려오던 기억이 나거든요. 그게 왜 기억나는지는 모르겠는데, 어쩐지 떠올랐어요."

63 신비탐정 이라티노는 이곳에서 설명하기에는 너무나 복잡한 과학적 방법을 이용해서 O형인 사람이 채혈실에 있었던 것을 알아냈습니다.

64 신비탐정 이라티노가 눈을 감을 때마다 귀족 세이블이 우리 안에 있는 환영이 보였습니다.

65 신비탐정 이라티노는 수사 회계분석을 이용해서 금괴를 가진 사람이 극빈층이라는 것을 알아냈습니다. 적어도 금을 발견하기 전까지는 그랬던 모양입니다! 하지만 그

사이에 또 로지코의 전화를 놓쳤습니다.

"저기, 나, 나예요. 목소리 듣고 싶어요. 자유 드라코니아 감옥에 외교전문을 보내 주면 같이 탈출할 방법을 찾을 수 있을 것 같은데요."

66 신비탐정 이라티노는 논리탐정 로지코가 소거법이라고 부르던 괴이한 기법을 이용했습니다. 그리고 드라코니아 갑옷을 가져온 사람은 자기가 제일 좋아하는 앵무새 소설에서 아이디어를 얻었을 것이라고 생각했습니다.

67 신비탐정 이라티노는 시간표를 주의 깊게 살펴보다가 석탄 한 덩이를 가지고 온 사람의 목적지가 암스테르담인 것을 알았습니다.

68 신비탐정 이라티노는 모든 용의자의 일기를 점검했습니다. 원래라면 사생활 침해였겠지만, 살인 사건 수사에 필요한 일은 무엇이든 하는 것이 당연합니다. 그 결과, 마술사 믹스달이 교묘한 체스 말을 가장 좋아한다는 사실을 알아냈습니다.

69 신비탐정 이라티노는 로지코의 방법에 따라 출석부를 확인하다가, 라즈베리 코치가 벗겨지는 페인트 근처에서 목격된 것을 알아냈습니다.

70 신비탐정 이라티노는 재가 든 통 안에서 마법 가루 주머니가 발견될 것이라는 느낌이 강하게 들었습니다. 그리고 통의 뚜껑을 열어 그 느낌이 맞았음을 증명했습니다.

71 신비탐정 이라티노는 책 점을 치기로 했습니다. 《크라임 퍼즐》을 들고 아무 페이지나 펼친 다음 아무 카드나 짚어 보니 독 탄 잉크병을 가진 사람은 철학자를 좋아한다는 결과가 나왔습니다.

72 신비탐정 이라티노는 커피 16잔을 마시고 남은 찌꺼기를 살펴보았습니다. 그리고 카페인 효과가 다 떨어질 때까지 계속 돌아다니면서 갑판 위에서 녹슨 체인을 발견했다는 이야기를 아무나 붙잡고 몇 번이고 반복했습니다.

73 신비탐정 이라티노는 화장실에서 드라코니아 음모의 가설들을 발견했습니다. 그 책은 [redacted]하는 동안 읽기에 아주 흥미진진했습니다.

74 신비탐정 이라티노는 오컬트용 양초 74개를 태운 후 삽을 가진 사람이 신중하게 처신했다는 결론을 내렸습니다.

75 신비탐정 이라티노는 세인트 루핀의 검 회원이 가시철조망 옆에 서 있는 환영을 보았습니다.

76 신문 48면에 중요한 내용이 있었습니다. 포르퍼스 대주교는 밤을 먹는 자의 상아 송곳니를 가지고 있었습니다!

77 신비탐정 이라티노는 유체 이탈을 해서 로지코에게 사랑을 쟁취하려는 사람이 비명의 숲에 있었다고 말하려 했지만, 로지코는 응답하지 않았습니다. 이라티노는 생각했습니다.
'나만 메시지를 확인 안 하는 건 아닌데.'

78 화이트 대표는 독이 든 술잔을 가진 사람이 괴물을 소탕하려고 했다며 여러 번 강조했습니다.

79 신비탐정 이라티노는 변증법을 연구하더니, 카퍼 경관이 총검을 가지고 있었다는 반박 불가능한 논리적 결론을 얻었습니다.

80 리드 총관은 말을 하다가 잠시 옆길로 새서, 나중에 널리 알려진 것처럼 레드 소령이 철 투구를 가지고 있었다고 언급했습니다.

81 살해되지 않은 다른 신문 판매원의 말에 따르면, 정부를 조종하려던 사람은 인민주택에 살고 있었다고 합니다.

82 신비탐정 이라티노가 한밤중에 홀로 잠에서 깨어났을 때, 머릿속에는 한 가지 생각만 가득했습니다. 우주인 블루스키가 239호에 있었다는 생각이었습니다.

83 신비탐정 이라티노는 로지코에게 전기충격기를 든 사람이 영원한 삶을 얻고 싶어 했다고 열심히 신호를 보내고 있었습니다.

84 신비탐정 이라티노는 신문을 넘겨 뒷면을 보았습니다. 기사는 뒷면까지 이어졌고, 붉은 경비대가 전기톱을 찾았다는 언급이 나와 있었습니다.

85 신비탐정 이라티노는 펜듈럼을 써서 조그만 토프가 부의 재분배를 원했다는 것을 알아냈습니다.

86 신비탐정 이라티노는 핵 블랙스턴에게 왜 거기에 갔는지 물었습니다. 블랙스턴은 미드나이트 영화사의 새 영화에 정치학 논문 내용을 응용하고 싶었다고 말했습니다. 하지만 아무리 연구해 봐도 노동의 상품화를 시각적으로 표현할 방법이 생각나지 않았습니다.

87 이라티노는 나무의 나이테를 살펴보고 나무 테 해석 사전을 뒤적인 끝에 커다란 붉은 책을 가진 사람이 정치 선전을 위해 살인할 생각이었다는 사실을 알았습니다.

88 신비탐정 이라티노는 기절했다가 깨어나더니, 모브 부사장이 커다란 붉은 책을 가지고 왔다고 확신했습니다.

89 애쉬 원로는 잠깐 옆길로 새서 신성한 돌이 비명의 숲에 있었다고 말했습니다.

90 신비탐정 이라티노는 거의 죽기 직전까지 물속에 머리를 담그고 있다가, 회색 인간이 잔치를 벌이려고 하는 무서운 환영을 보았습니다.

91 이라티노는 날씨의 변화 양상을 관찰하고 모든 것이 연결되어 있다는 비전학의 격언을 적용했습니다. 그 결과 아이스피켈을 가진 사람이 비밀문서를 은폐하려고 했다는 것을 알아냈습니다.

92 신비탐정 이라티노는 전에 읽은 수수께끼가 기억났습니다. 피를 수확하고 싶어 하는 것은 누구일까요? 버려진 저택에 있는 사람이지요. 정말 이상한 수수께끼였습니다.

93 신비탐정 이라티노는 말들과 대화를 나누며 히힝 거리는 소리를 해석하더니, 과격파 크림슨이 정치 선전을 위해 살인할 인물임을 알았습니다.

94 신비탐정 이라티노는 성 밑에서 중요한 레이 라인 두 개가 교차하는 것을 알았습니다. 그것을 보면, 키가 두 번째로 큰 용의자가 사슬 밑에 있었습니다.

95 신비탐정 이라티노는 거대한 기계의 일련번호에서 수비학적인 의미를 찾았습니다. 그 결과 자원 개발을 하고 싶었던 사람이 병상에 있었다는 것을 알았습니다.

96 이라티노가 포르퍼스 대주교의 무기 선택이 이상하지 않으냐고 묻자, 크림슨 원장이 코웃음을 쳤습니다. 포르퍼스 대주교는 영웅의 길을 가려고 했으니까요.

97 신비탐정 이라티노가 마구간에서 풀어준 말을 타고 도망치려는데, 크림슨 원장이 구슬 주머니를 가지고 있을 듯한 느낌이 희미하게 들었습니다.

98 이라티노는 코트에 불이 붙어서 가던 길을 멈추고 쓰러져 바닥을 굴렀습니다. 구르면서 봤더니, 뜻밖의 사고로나 살인을 할 것 같은 사람이 인민 대성당에 있었습니다.

99 신비탐정 이라티노는 책장을 아무렇게나 넘기다가 건메탈 하사가 성유물을 가져온 것을 알았습니다.

100 신비탐정 이라티노는 별에서 본 징조를 해석한 후에 말했습니다. “국제회의 파견단을 이끌던 사람은 막대한 돈을 가지고 싶었어요.”

사건 해결

SOLUTIONS

* * * * *

1. **"그랜드마스터 로즈가 음모론 회의실에서 붉은 청어로 죽였어요!"**
그랜드마스터 로즈가 격노했습니다. "틀렸어! 전부 틀렸어."
로지코가 물었습니다. "제 추리의 어느 부분이 틀렸나요?"
"첫째, 나는 잡히지 않게 되어 있었다고!"

미스 사프론 | 돋보기 | 옥상 전망대
커피 장군 | 《크라임 퍼즐》 | 탐정 키트 보관실
그랜드마스터 로즈 | 붉은 청어 | 음모론 회의실

2. **"크림슨 원장이 화물칸에서 전기 충격기로 죽였어요!"**
크림슨 원장은 혐의를 받자 크게 화를 냈습니다. 누명을 써서가 아니라 진짜 범인이었기 때문입니다. "충분한 이유가 있었고, 대의를 위해서였어요. 조금만 시간을 주면 설명할 수 있어요."
그래서 시간을 주니까 원장은 낙하산을 들고 비행선에서 뛰어내렸습니다.

슬레이트 대위 | 너무나 뜨거운 커피 | 객실
화이트 대표 | 소화기 | 조종실
크림슨 원장 | 전기 충격기 | 화물칸

3. **"차콜 두목이 수하물 수취대에서 벗겨진 전선으로 죽였어요!"**
차콜 두목은 코웃음을 쳤습니다. "어, 그래서 이제는 누굴 감전사시키는 것도 불법이라고?!" 로지코는 그게 합법이었던 적이 있는지 없는지 헷갈렸습니다.

슬레이트 대위 | 생수병 | 환전소
브론즈 운전사 | 1980년대 휴대폰 | 활주로

차콜 두목 | 벗겨진 전선 | 수하물 수취대

4. **"카퍼 경관이 취조실에서 무거운 부츠로 죽였어요!"**
카퍼 경관은 깜짝 놀랐습니다. "경찰이 한 건데 불법일 리가?!" 자유 드라코니아의 다른 사람들은 처벌이 없을 것이라며 경관을 안심시켰습니다.

카퍼 경관 | 무거운 부츠 | 취조실
삼페인 동무 | 커다란 붉은 책 | 관찰실
우주인 블루스키 | 싸구려 펜 | 비상 탈출구

5. **"버밀리온 공작부인이 선장실에서 다이아몬드 목걸이로 죽였어요!"**
공작부인은 피해자가 둘 사이의 밀회를 폭로하려고 했다고 말했습니다. "그랬는데 이제 논리탐정 로지코 당신 때문에 다 알려졌군요! 그럼 난 가겠어요!" 그러고는 배 밖으로 뛰어내렸습니다. 다다를 곳이 죽음인지 자유인지는 수영 실력이 정해 주겠지요….

네이비 제독 | 구명대 | 선외
버밀리온 공작부인 | 다이아몬드 목걸이 | 선장실
미드나이트 삼촌 | 물고기 뼈 | 갑판

6. **"미드나이트 삼촌이 외로운 묘비 옆에서 사나운 게로 죽였어요!"**
미드나이트 삼촌은 그저 흥이 식는 것을 막고 싶었을 뿐이라며 버텼습니다. 구조선이 도착하자, 사람들은 범인을 조그만 섬에 두고 떠났습니다. 이제는 조난 당한 미드나이트라고 불러야겠지요. 조난 당한 세이블은 이제 구조되었으니 어떻게 불러야 할까요?

조난 당한 세이블 | 상한 수프 | 야자수 한 그루
미드나이트 삼촌 | 사나운 게 | 외로운 묘비
네이비 제독 | 인간 두개골 | 좌초된 연락선

7. **"네이비 제독이 나무로 된 부두에서 맹독성 복어로 죽였어요!"**
"그거야!" 제독이 말했습니다. "라이벌 선원이 마음에 안 들게 생겨서 죽였네. 이제 성공했으니 여기 남을 이유가 없지. 그럼 가겠네!"
사람들이 지켜보는 가운데 제독은 바다에 뛰어들어 헤엄을 쳤고, 로지코는 레이디 바이올렛을 보며 말했습니다. "죄송합니다만, 저기 혹시, 초대하신 게 섬의 어두운 비밀이랑 관계가 있습니까?"
레이디 바이올렛이 웃으며 낚시꾼 오두막을 흘끗 보더니 말했습니다. "그럴 리가요. 그냥 축일 파티에 와 주셨으면 했답니다."

네이비 제독 | 맹독성 복어 | 나무로 된 부두
레이디 바이올렛 | 부러진 검 | 낚시꾼 오두막
조난 당한 세이블 | 독이 든 병 | 돌계단

8. **"마룬 남작이 바이올렛 경의 석상 앞에서 도토리 한 자루로 죽였어요!"**
레이디 바이올렛은 이것이 중범죄라고 선언한 후 로지코에게 설명했습니다. "내전이 끝난 뒤에 자칭 자유 드라코니아에서는 이 섬의 권리를 주장한 적이 없기 때문에, 여기는 사법권이 미치지 않아요. 우리는 포악한 붉은 정부처럼 죄수를 사형시키지도 않지요. 그냥 나가라고 할 뿐."

마룬 남작 | 도토리 한 자루 | 바이올렛 경의 석상
레이디 바이올렛 | 살인 타로 덱 | 절벽
시뇨르 에메랄드 | 와인병 | 손님용 별채

9. **"시뇨르 에메랄드가 본채에서 깃발로 죽였어요!"**
시뇨르 에메랄드는 무선 통신 기사가 붉은 드라코니아의 스파이였기 때문에 죽이는 편이 모두를 위해 좋았다고 해명했습니다. 즉석 투표를 마친 후, 화이트 대표는 사면을 선언했습니다.
로지코는 통계적으로 볼 때 하루 살인 건수가 너무 많다고 레이디 바이올렛에게 말했습니다. 하지만 레이디 바이올렛은 웃어 넘겼습니다. "로지코 씨는 걱정이 너무 많군요!"

시뇨르 에메랄드 | 깃발 | 본채
화이트 대표 | 삽 | 온실
레이디 바이올렛 | 전쟁 시집 | 정원 미로

10. **"데미넌스 자작이 웅장한 계단에서 나뭇조각으로 죽였어요!"**

"그래, 내가 했어요. 혁명의 첨병이었으니까 사라져야 하지요. 붉은 혁명이 사라져야 하는 것처럼. 하지만 옛 드라코니아의 전통은 남아야 해요. 귀족들은 남아야 합니다. 우리는 권리를 되찾을 겁니다. 믿음을 가지고 버티면서, 세인트 루핀의 말씀을 기억합시다. 신께서 우리를 위해 싸워 주시리라!"

자작은 그 말을 남기고 광기의 산줄기 높은 곳의 데미넌스 성으로 돌아가 혁명 후로 내내 그랬던 것처럼 가만히 기다리기 시작했습니다.

에이전트 애플그린 | 새틴 초커 | 거대한 문
데미넌스 자작 | 나뭇조각 | 웅장한 계단
전설의 대스타 실버튼 | 현금 자루 | 진입로

11. **"브론즈 운전사가 발코니에서 바이올렛 경 전기로 죽였어요!"**

손님들은 브론즈 운전사의 영웅적인 대처 소식을 전해 듣고 기념 파티를 열었습니다. 여기 귀족들에게 저택을 도둑들로부터 지키는 것은 악어 구덩이에서 고아를 구출하는 일이나 마찬가지였습니다. 그리고 모든 사람들이 바이올렛 경의 소중한 집사 베릴이 죽었을 때의 이야기가 생각난다고 소곤거렸습니다.

하녀 마블 | 대리석 흉상 | 손님용 욕실
하인 브라운스톤 | 독이 든 팅크 | 손님용 침실
브론즈 운전사 | 바이올렛 경 전기 | 발코니

12. **"흉악한 자객이 트윈 침대에서 평범한 검으로 죽였어요!"**

바이올렛 경은 소중한 집사 베릴이 죽은 것을 보고 흉악한 자객에게서 거칠게 칼을 빼앗아 반격했습니다. 하지만 그 공격이 빗나가 검은 두 조각으로 부러졌고, 흉악한 자객은 도망쳤습니다.

바이올렛 경은 소중한 친구이자 하인이었던 사람의 시신을 집 근처의 작은 섬에 묻었습니다. 그리고 레이디 바이올렛과 함께 조촐한 장례를 치르며 슬픔을 나눴습니다. 곧 슬픔은 분노가 되어 흉악한 자객과 자객을 보낸 붉은 세력에 대한 격분으로 바뀌었고, 바이올렛 경은 남은 평생을 신성 드라코니아 군대의 장교로서 보내기로 결심했습니다.

바이올렛 경 | 무거운 핸드백 | 조그만 창문
레이디 바이올렛 | 가죽 장갑 | 초라한 의자
흉악한 자객 | 평범한 검 | 트윈 침대

13. **"탐색하는 세이블이 바이올렛 경의 석상 옆에서 시판용 폭죽으로 죽였어요!"**
귀족들 중 한 명은 이제 살인자 세이블이라고 부르면 되겠다고 말했습니다. 하지만 로지코는 진실을 알았습니다. 이 사람들은 그냥 돈이 너무 많아서 춧값을 치를 일이 도통 없다는 것을요. 어쨌든 세이블은 마시던 음료를 다 비우고 나자 바로 쫓겨났습니다.

포르퍼스 대주교 | 세인트 루핀의 서 | 절벽
버밀리온 공작부인 | 당근 | 좌석들
탐색하는 세이블 | 시판용 폭죽 | 바이올렛 경의 석상

14. **"책임 프로듀서 스틸이 주방에서 칠면조 다리로 죽였어요!"**
책임 프로듀서 스틸은 마구 화를 내더니 단언했습니다.
"그래서, 내 방송을 중단시키겠다고?! 나는 절대로 중단되지 않아!"

책임 프로듀서 스틸 | 칠면조 다리 | 주방
망고 신부 | 그레이비 보트 | 식품저장고
레이디 바이올렛 | 포크 | 식당

15. **"아주어 주교가 분수대에서 석탄 한 덩이로 죽였어요!"**
아주어 주교는 산타가 붉은 세력의 스파이라고 확신했습니다. 그러니까 붉은옷을 입었겠지요! 자부심을 가지고 신의 뜻을 따르는 사람이라면 스파이를 죽이는 것이 당연합니다.

귀족들이 그 점에 아무 문제를 못 느꼈기 때문에, 주교는 계속 머물 수 있었습니다.

하녀 마블 | 예쁘게 포장한 폭탄 | 비밀 정원
크리스마스광 세이블 | 지팡이사탕 | 경비탑
아주어 주교 | 석탄 한 덩이 | 분수대

16. **"초크 회장이 계단통에서 나무토막으로 죽였어요!"**
"추위는 싫지만, 난로 수리 기사가 자기 원고를 내 가방에 몰래 넣으려고 했답니다! 난로 수리의 즐거움이라나. 추위보다 그게 훨씬 더 싫었으니까 당연한 일을 했지요!"
귀족들은 토론을 거치고 부르주아 민주주의의 모범을 따랐습니다. 결국은 한 표 차이로 회장을 남겨 두기로 결정했습니다.

초크 회장 | 나무토막 | 계단통
언어학자 플린트 | 부지깽이 | 무도회장
셀러돈 장관 | 평범한 눈덩이 | 바

17. **"파인 판사가 비밀 통로에서 고스트페퍼 가루로 죽였어요!"**
판사가 근엄하게 말했습니다. "이건 정의가 아니야! 정의는 나만 정할 수 있어!"
하지만 판사는 섬에서 쫓겨났습니다. 모두가 죽은 DJ를 좋아했기 때문이죠.

A급 배우 애벌로니 | 어마어마한 하이힐 | 장서고
레이디 바이올렛 | 샴페인 잔 | 지도의 방
파인 판사 | 고스트페퍼 가루 | 비밀 통로

18. **"포르퍼스 대주교가 빈방에서 무거운 암호책으로 죽였어요!"**
포르퍼스 대주교는 암호책을 왜 가져왔는지, 살인은 왜 저질렀는지 말하지 않았습니다. 하지만 로지코는 대주교의 살인 동기에 관심이 없었습니다. 무거운 철문 뒤에 무엇이 있는지가 더 궁금했습니다.
문을 밀어 열자 거기에는….

포르퍼스 대주교 | 무거운 암호책 | 빈방
오버진 주방장 | 쇠지레 | 커다란 잠긴 문
모브 부사장 | 무거운 양초 | 주 통로

19. **"셀러돈 장관이 거대한 의료 기기 옆에서 두개골 수술톱으로 죽였어요!"**

셀러돈 장관은 격분했습니다. "그 환자가 특별한 생명 연장 치료를 받기로 했으니까. 그걸 나 말고 아무 환자에게나 시켜 주다니! 나는 못 받았는데!"

크림슨 원장이 셀러돈 장관을 옆으로 밀어내는 사이, 논리탐정 로지코는 바이올렛 경의 오래된 의료 기록을 훑었습니다. 그리고 전혀 말이 안 되거나, 그게 아니라면 모든 것을 설명하는 내용을 발견했습니다….

이제 다시 용의자들을 모두 불러 모을 때가 왔습니다.

셀러돈 장관 | 두개골 수술톱 | 거대한 의료 기기
크림슨 원장 | 싸구려 펜 | 수술대
미스 사프론 | 병 속의 뇌 | 약장

20. **"레이디 바이올렛이 가죽 소파에서 빈 우리로 죽였어요!"**

신비탐정 이라티노에게서 배운 방법을 써서, 진짜 로지코가 식당에서 뛰어들며 말했습니다.

레이디 바이올렛은 화를 내다가 곧 차분해졌습니다. "가짜 사람을 죽인 건 범죄가 아니니까요!"

로지코는 그 말을 수긍하고 발표를 시작했습니다….

레이디 바이올렛 | 빈 우리 | 가죽 소파
오버진 주방장 | 바이올렛 경 초상화 | 벽난로
하녀 마블 | 촛대 | 발코니

21. **"철의 차르가 대형 홀에서 밤을 먹는 자의 상아 송곳니로 죽였어요!"**

로지코는 말을 이었습니다. "하지만 이 의문이 풀려도 다음 의문이 나옵니다! 사실 바이올렛 경의 일생에는 커다란 의문이 두 개 있어요.

1. 붉은 세력은 왜 바이올렛 경이 자기들 편일 때 자객을 보냈을까요?
2. 철의 차르는 바이올렛 경이 이미 왕당파 레지스탕스에 왔는데 왜 죽였을까요?"
손님들이 웅성거렸습니다. "그 두 가지 의문의 대답은 같아요. 그게 바로 바이올렛 제도의 어두운 비밀이고요!"
하지만 다음 말을 잇기 전에 포성이 울렸습니다!

리드 총관 | 커다란 붉은 책 | 알현실
철의 차르 | 밤을 먹는 자의 상아 송곳니 | 대형 홀
레드 소령 | 바주카포 | 웅장한 발코니

22. **"건메탈 하사가 절벽에서 망치와 낫으로 죽였어요!"**
하지만 레이디 바이올렛이 쫓아낸다고 붉은 세력이 나갈 것 같지는 않았기 때문에, 로지코는 다른 손님들과 함께 레이디 바이올렛을 따라 정원 미로의 비밀 통로에 들어갔습니다!

건메탈 하사 | 망치와 낫 | 절벽
삼페인 동무 | 시가 폭탄 | 정원 미로
우주인 블루스키 | 총검 | 본채

23. **"미스 사프론이 보석 밭에서 복슬복슬한 꼬리빗으로 죽였어요!"**
미스 사프론은 항의했지만, 붉은 군대의 발소리가 들리자 사람들은 살인범과 함께 잠수함을 탈지, 아니면 남겨두고 갈지를 놓고 어려운 선택을 해야 했습니다.
결국 레이디 바이올렛이 말했습니다. "그럼 잘 있어요!"

미스 사프론 | 복슬복슬한 꼬리빗 | 보석 밭
오버진 주방장 | 신성 드라코니아 트로피 | 지하 호수
하인 브라운스톤 | 정동석 | 거대한 구멍

24. **"버밀리온 공작이 선실에서 날다람쥐로 죽였어요!"**
공작이 말했습니다. "음, 그건 필요한 일이었어! 공기는 부족하고, 내 계산이 맞다면…." 그러고는 계산 과정을 보다가 2 하나가 도중에 누락된 것을 발견했습니다.

"음음, 이런."

이제 공기가 반쯤 남은 잠수함이 수면을 향해 올라가기 시작했습니다.

버밀리온 공작 | 날다람쥐 | 선실

슬레이트 대위 | 어뢰 | 제어실

전설의 대스타 실버튼 | 현금이 꽉 찬 서류 가방 | 기관실

25. **"소중한 집사 베릴이 초라한 의자에서 부러진 검으로 죽였어요!"**

사람들이 물었습니다. "그러면 어떻게 되는 거죠? 자살인가요?"

로지코가 대답했습니다. "자살은 아닙니다. 여기에 두 가지 질문이 있어요. 붉은 세력은 왜 이미 자기들 편인 바이올렛 경을 죽이려고 했을까요? 철의 차르에게 돌아간 뒤에 왜 철의 차르가 경을 죽였을까요?

두 질문 모두 대답은 같습니다. 붉은 세력은 바이올렛 경을 죽이려고 하지 않았고, 철의 차르도 바이올렛 경을 죽이지 않았어요.

붉은 세력은 바이올렛 경을 죽일 이유가 없었어요. 혁명을 지지했으니까요. 저택 아래에 있는 보석들을 이미 보셨지만(23번 사건 참조), 정말 많은 돈이 지원금으로 들어갔을 겁니다. 공산주의자도 돈을 거절하지는 않아요! 바이올렛 경을 죽이려고 한 것은 붉은 세력이 아니라 다른 사람입니다."

로지코가 몸을 돌려 누군가를 보았습니다.

"레이디 바이올렛!" 사람들이 모두 그녀를 보았고, 로지코가 이어서 말했습니다.

"원래는 이 모든 것을 물려받게 되어 있었지요. 하지만 아버지가 붉은 세력을 지지하면 그럴 수가 없습니다. 붉은 세력이 이기면 재산이 다 흩어지고, 붉은 세력이 지면 차르를 배신한 죄로 압수될 테니까요. 그걸 막아야겠지요. 하지만 어떻게요? 그래서 공범이 필요했습니다. 아버지에게 원한이 있는 사람이요. 충분히 좋은 대우를 받고 있지 못한, 소중한 집사 베릴이라고 불리는 사람이요!" 사람들은 모두 경악하며 로지코의 말에 귀기울였습니다.

"베릴이 바이올렛 경을 싫어한 이유는 두 가지입니다. 먼저, 바이올렛 경은 말과 행동이 달랐어요. 노동자 혁명을 지지하면서도 베릴은 조그만 방에 두고 다리가 세 개 달린 의자를 주었지요(12번 사건 참조). 둘째로, 마치 하인 브라운스톤이 그런 것처럼 베릴의 헌신은 개인이 아니라 계급과 지위, 가문을 향한 것이었어요. 집사가 공산주의자에게 충성할 수는 없어요. 품위 문제지요. 그래서 두 사람은 힘을 합쳤습니다.

바이올렛 경을 죽이고, 집사와 옷을 바꿔 입히고, 조그만 섬에 조용히 묻었어요(6번 사건 참조). 소중한 집사 베릴은 이제 새 바이올렛 경이 되어서 무기를 들고 철의 차르 편에서 혁명 세력과 맞섰습니다. 가면을 쓰고 고향과 먼 곳의 전선에서 싸우면 위장이 들키지 않으리라 생각했겠지요.

하지만 철의 차르는 속지 않았습니다. 바이올렛 경의 가면 너머에서 집사 베릴의 갈색 눈이 보이자, 바로 가짜라며 베어 죽였습니다. 바이올렛 경의 눈은 파란색이었으니까요. 초상화에는 파란 눈으로 그려져 있는데(20번 사건 참조) 전기에는 갈색 눈이라고 나와 있지요(12번 사건 참조). 저는 부검 결과를 보고 이 모순을 알아챘습니다(19번 사건 참조)."

모두가 충격을 받았습니다. 참조할 사건이 너무 많았거든요. 그래서 그냥 레이디 바이올렛의 반박을 기다렸습니다. 하지만 돌아온 것은 레이디 바이올렛의 한숨이었습니다.

"그래요. 맞았어요. 제가 했어요. 가진 것을 전부 같잖은 대의에 던지려고 했으니까. 그 무의미한 혁명에 저택을, 재산을, 내 섬을 잃을 위기였어요!"

하지만 로지코가 지적했듯이, 어차피 지금은 다 잃었습니다. 이제는 아버지마저도 없습니다. 그것이 바이올렛 제도의 어두운 비밀이었습니다.

소중한 집사 베릴 | 부러진 검 | 초라한 의자
바이올렛 경 | 무거운 핸드백 | 트윈 침대
레이디 바이올렛 | 가죽 장갑 | 조그만 창문

26. **"약초학자 오닉스가 천문대에서 수정구로 죽였어요!"**

신비탐정 이라티노는 화가 났습니다! 최고의 약초학자 없이 일을 하기도 어려웠지만, 살인자를 계속 고용할 정당한 사유를 생각하기는 더 어려웠기 때문입니다.

오닉스가 탄식했습니다. "그냥 식물들을 지켰어야 했는데."

치과의사 시셀 선생 | 기도용 양초 | 출구 없는 정원 미로
약초학자 오닉스 | 수정구 | 천문대
수비학자 나이트 | 독이 든 팅크 | 거대한 탑

27. **“총교주 코발트가 사과 과수원에서 귀여운 천사로 죽였어요!”**

“말도 안 되는 짓을 하길래! 나 말고는 아무도 새로운 수를 발명할 수 없다고. 셈을 멈췄다고 해서 내가 책임을 지는 것도 말이 안 되지! 내 신비학 동료들이 도와줄 테니 날 잡을 수도 없겠지!” 총교주 코발트는 그 말을 남기고 아주 빠르게 도망쳤습니다.

점성학자 아주어 | 프라임 스테이크 | 계수실
총교주 코발트 | 귀여운 천사 | 사과 과수원
수비학자 나이트 | 하이퍼큐브 | 계산실

28. **“망고 신부가 뒷방에서 가죽 장갑으로 죽였어요!”**

로지코는 그것이 유일한 방법임을 논리적으로 증명했습니다. 이라티노는 같은 사실을 직감으로 알았다고 설명했습니다. 여하튼 망고 신부의 범행이 드러났습니다.
신부는 외쳤습니다. “신의 영광을 위한 살인은 허용이 됩니다!” 하지만 속세의 법으로는 아니었습니다.

초크 회장 | 노트북 컴퓨터 | 금고실
망고 신부 | 가죽 장갑 | 뒷방
시뇨르 에메랄드 | 황금 한 자루 | 시계장치실

피타고라스의 첫 번째 수수께끼

답: 4. 6의 절반은 3입니다. 3의 두 배는 6입니다. 그 사이의 수는 4와 5이고, 그중에서 4만 짝수입니다.

29. **“시뇨르 에메랄드가 101호에서 하이퍼큐브로 죽였어요!”**

컨시어지는 시뇨르 에메랄드가 호텔 가운과 수건을 짐가방에 쑤셔 넣는 광경을 목격했기 때문에 제거되었습니다. 시뇨르 에메랄드는 다시 하이퍼큐브를 향해 손을 뻗었지만(이라티노가 숨겨 두었기 때문에), 이미 하이퍼큐브는 다른 차원으로 가 버려서 이제 우리의 3차원 세계에서는 닿을 수 없었습니다.
“이런 망할!” 시뇨르 에메랄드가 소리쳤습니다.

시뇨르 에메랄드 | 하이퍼큐브 | 101호
사회학자 엄버 | 독이 든 머핀 | 202호

수학자 마블 | 나이프가 꽉 찬 세탁물 가방 | 303호

30. **"애플그린 교장이 대형 홀에서 3D 프린터로 죽였어요!"**

애플그린 교장은 재빨리 칼을 만들어 내려고 했지만 컨벤션 참가자들이 저지했습니다. "이 컨벤션 전체가 F 플러스야!"

브라운스톤 수사 | 각도기 | 접수대

마술사 믹스달 | 컴퍼스 | 화장실

애플그린 교장 | 3D 프린터 | 대형 홀

피타고라스의 두 번째 수수께끼

답: 6. 학생 2명이 문제 8개를 4일 동안 풀었다면, 한 명이 하루에 문제 하나를 푸는 셈입니다. 2일 동안 학생 3명은 문제 총 6개를 풀 수 있습니다. 모두가 서로 힘을 합하면 더 빨리 풀 수 있지 않을까요.

31. **"버디그리 부제가 숲에서 독이 든 핫초코로 죽였어요!"**

버디그리 부제가 외쳤습니다. "저주가 있을 겁니다! 교회는 이 산에 신성 드라코니아에 있던 것만큼 거대한 성전을 지으려고 했어요! 그걸 방해하다니! 로지코, 당신은 분명 신의 저주를 받을 거라고요!"

다행히 이라티노가 로지코를 안심시켰습니다. 신의 저주를 받더라도 여전히 좋아할 것이라고요.

그랜드마스터 로즈 | 목 조르는 스카프 | 눈에 안 띄는 동굴

버디그리 부제 | 독이 든 핫초코 | 숲

편집자 아이보리 | 스키 폴 | 슬로프

32. **"파인 판사가 식당에서 골프공이 가득 찬 자루로 죽였어요!"**

파인 판사가 격노했습니다. "골프에서 속임수를 쓰는 인간은 어떻게든 해야지!"

로지코는 사람을 죽일 만큼 골프가 대단하지는 않다고 설득하려 했지만, 컨트리 클럽의 다른 회원들이 전혀 동의하지 않았습니다.

MX. 탠저린 | 우승 트로피 | 캐디 대기실
파인 판사 | 골프공이 가득 찬 자루 | 식당
모브 부사장 | 독이 든 칵테일 | 18번 홀

33. **"앳된 블루 씨가 포커 테이블에서 구두 나이프로 죽였어요!"**

블루 씨는 살인을 저질렀을 뿐만 아니라, 도박 연령 제한에도 걸리는 것 같았습니다. 앳된 블루 씨가 울먹였습니다. "엄마를 불러줘요!"

차콜 두목 | 소매 파이프 | 정문
전설의 대스타 실버튼 | 황금 한 자루 | 출납대
앳된 블루 씨 | 구두 나이프 | 포커 테이블

피타고라스의 세 번째 수수께끼

답: 2. 절반이 두 개 모이면 1이 되고, 1은 2의 절반입니다.

34. **"사회학자 엄버가 동전 던지기 방에서 계산기로 죽였어요!"**

사회학자 엄버는 자기 주장이 먹혔다고 생각될 때까지 독일의 철학자 아도르노와 베버를 인용해 논지를 강화하면서 설명을 계속했습니다.
"동의하지 않는다면, 일단 책을 더 읽으세요."

수학자 마블 | 소화기 | 컴퓨터실
버밀리온 공작부인 | 날카로운 연필 | 타자기실
사회학자 엄버 | 계산기 | 동전 던지기 방

35. **"글라우 학장이 감각 차단실에서 수정구로 죽였어요!"**

글라우 학장이 대답했습니다. "나는 거기에서 감각이 차단된 상태였으니까 어쩔 수가 없었네! 눈에 처음 띈 사람을 죽여야 했지. 같은 상황이 또 온다면 다시 그럴 걸세!" 학장이 수정구를 향해 손을 뻗었지만, 그 수정구는 이라티노가 이미 들고 있었습니다. 범죄가 탄로 나고 무기도 빼앗긴 글라우 학장은 어쩔 수 없이 체포에 응했습니다.

점성학자 아주어 | 다우징 막대 | 마당

모브 부사장 | 준영구기관 | 주방
글라우 학장 | 수정구 | 감각 차단실

36. **"미드나이트 2세가 방음 스튜디오 A에서 붐 마이크로 죽였어요!"**
미드나이트 2세는 화가 나서 씩씩댔습니다. "그 영화에 그 감독은 당치도 않아! 분명 영화를 망쳤을 테니까! 더 나은 사람을 앉히려면 죽여야만 했지. 우리에게 필요한 감독은 불쌍한 귀족들에 대한 예술 영화를 만들 사람이 아니고, 더스티 감독 같은 유명한 사람이라고!"

포르퍼스 대주교 | 날카로운 연필 | 미드나이트 1세 조각상
그레이 백작 | 무대 조명 | 보안실
미드나이트 2세 | 붐 마이크 | 방음 스튜디오 A

37. **"대연금술사 레이븐이 신선식품 코너에서 포크로 죽였어요!"**
레이븐이 더듬거리며 대답했습니다. "가격표를 도무지 믿을 수가 없어서! 어떻게든 해야 했으니까요! 이제 가격을 너무 높이 매기면 살인이 일어난다는 걸 모든 식품점에서 알겠죠!"
로지코가 말했습니다. "정확하게는 직원이 살해되는 것이지요." 이라티노가 말했어요. "뭐, 새 직원을 교육하는 비용도 기피 요인이 되기는 하겠지요."

대연금술사 레이븐 | 포크 | 신선식품 코너
오버진 주방장 | 코르크 따개 | 베이커리
카퍼 경관 | 숟가락 | 델리 코너

38. **"더스티 감독이 어린 시절의 집에서 피아노로 죽였어요!"**
더스티 감독이 자포자기해서 자만심 가득한 태도로 죄를 고백하려는 참에 로지코는 잠이 깼습니다. 그러자 신비탐정 이라티노가 걱정스러운 얼굴로 말했습니다.
"밖에 폭풍이 쳐요! 토네이도가 오는 것 같아요! 살인 사건도 일어났어요!"

신비탐정 이라티노 | 고스트페퍼 가루 | 근처 카페

더스티 감독 | 피아노 | 어린 시절의 집
부키상 수상자 게인스 | 커다란 붉은 책 | 구름

39. **"룰리언 경이 폭풍을 뒤쫓는 밴에서 위성 안테나로 죽였어요!"**
룰리언 경은 무죄를 주장했지만, 숨기는 것도 많고 신뢰가 가지 않았습니다. 아무도 그 말을 믿지 않는 것이 뻔해지자 룰리언 경은 소리쳤습니다.
"망할 인간들이, 어떻게 나에게 이런 짓을!"

슬레이트 대위 | 오토바이 헬멧 | 회오리
우주인 블루스키 | 피뢰침 | 폭풍 대피소
룰리언 경 | 위성 안테나 | 폭풍을 뒤쫓는 밴

40. **"샴페인 동무가 자연의 방에서 노트북 컴퓨터로 죽였어요!"**
샴페인 동무는 화를 내지도, 반박을 하지도 않았습니다. 그냥 크게 웃기 시작했습니다. "레드 소령께서 세계 혁명을 이루시고 나면 나는 감옥에서 풀려나겠지! 물론 그 전에 비싼 변호사를 고용하고 보석금을 낼 거지만!"

샴페인 동무 | 노트북 컴퓨터 | 자연의 방
모브 부사장 | 현금이 가득한 서류 가방 | 회의실
화이트 대표 | 황금 육면체 | 홀로그램 무대

41. **"신비동물학자 클라우드가 라마 보금자리에서 묵직한 양배추로 죽였어요!"**
"생명을 구하려고 한 일인데도 살인이 될까요?!" 신비동물학자 클라우드가 말을 이었습니다. "제가 죽인 한 명의 목숨은 어째서 그 사람이 평생 죽인 동물 수천 마리의 목숨보다 중한가요? 난 잘못하지 않았어요!"
로지코는 살인에 아예 연관되지 않는 편이 채식 식단을 홍보하기에는 훨씬 좋을 것이라고 반박했습니다.
"그거야, 잡힐 것이라고는 생각하지 않았으니까요!"

앳된 블루 씨 | 브로콜리 | 다람쥐 보호 구역

신비동물학자 클라우드 | 묵직한 양배추 | 라마 보금자리
MX. 탠저린 | 당근 | 돼지우리

42. **"수학자 마블이 서버실에서 마법 버섯 다발로 죽였어요!"**
"네, 그 사람은 수학을 사악한 일에 쓰고 있었기 때문에 독살 당해도 쌉니다!" 마블은 탐정 클럽 사람들에게 끌려가며 소리를 질렀습니다.
소동이 가라앉은 후, 이라티노는 자기가 산 암호 화폐의 가격을 확인하고 실망했습니다. CEO가 사악하다는 이유로 살해된 일은 포트폴리오에 타격이 컸습니다.
로지코가 말했습니다. "걱정 말아요. 내가 여러 달 전에 그 아이디를 해킹해서 암호 화폐를 전부 팔았으니까."

수학자 마블 | 마법 버섯 다발 | 서버실
책임 프로듀서 스틸 | 후드 티 | 컴퓨터실
룰리언 경 | 사나운 게 | 펜트하우스

43. **"커피 장군이 결승전 경기장에서 체스 강의서로 죽였어요!"**
커피 장군이 마시던 에스프레소를 내려놓고 시인했습니다. "죽이지 않으면 결코 이기지 못할 것을 알았지."
로지코가 말했습니다. "하지만 이제 실격입니다. 죽였어도 이길 수 없었어요."

커피 장군 | 체스 강의서 | 결승전 경기장
차콜 두목 | 낡은 체스용 시계 | 분석실
그랜드마스터 로즈 | 폭발하는 비숍 | 길 건너 카페

피타고라스의 네 번째 수수께끼

답: 3. 시침은 12시간 동안 시계판 위에서 360°를 돕니다. 360°÷12를 하면 한 시간에 30° 씩입니다. 1분에는 30°÷60, 즉 0.5°를 돕니다. 따라서 6분이면 3°를 움직입니다.

44. **"우주인 블루스키가 옆문에서 체스판으로 죽였어요!"**

"이제 국제회의도 자유 드라코니아를 인정해야만 할걸! 붉은 혁명에 영광을! 모든 곳의 억압 받는 자들에게 자유를!"

이라티노는 세상에서 가장 심하게 억압 받는 사람에 살인 피해자가 들어갈 것이라고 말했지만, 블루스키는 인간 생명의 존엄성에 대한 세인트 루핀의 헛소리는 신경 쓰지 않는다고 대꾸했습니다.

포르퍼스 대주교 | 골동품 화승총 | 뒷문
우주인 블루스키 | 체스판 | 옆문
화이트 대표 | 1980년대 휴대폰 | 정문

45. **"수비학자 나이트가 후면 테라스에서 프라임 스테이크로 죽였어요!"**

그때 수학 교수가 중독의 흔적도 하나 없이 벌떡 일어났습니다. "몇 년 전에 계산을 해 보니까 이렇게 될 확률이 높아서 미리 조심을 했지요."

그리고 로지코를 보며 말했습니다. "자네를 여기로 부른 건 부탁하고 싶은 일이 있어서지. 세계 전체에 막대한 영향을 끼칠 중요한 일이야."

그러고는 로지코에게 접힌 종이를 주었습니다. 로지코가 그 종이를 펼치자 지도가 보였습니다.

수비학자 나이트 | 프라임 스테이크 | 후면 테라스
모브 부사장 | 티타늄 구체 | 장서고
옵시디언 부인 | 봉투칼 | 서재

피타고라스의 다섯 번째 수수께끼

답: 1. 삼각형의 짧은 변 두 개를 합한 값이 나머지 한 변보다 길어야 삼각형을 이룰 수 있습니다. 1 + 3 〈 5이고 1 + 5 〈 7이기 때문에 1은 이 삼각형의 일부가 될 수 없습니다.

46. **"MX. 탠저린이 마당에서 금속으로 된 커다란 0으로 죽였어요!"**

"이런! 내가 그러고 싶어서 그랬다고 생각해요?! 세계를 구하려면 어쩔 수 없었던 건데!"

MX. 탠저린은 도망쳤고, 로지코는 시체의 옷에 달린 비밀 주머니에서 이번에는 다른 지도를 찾았습니다….

버밀리온 공작부인 | 사나운 거위 | 계단통
마룬 남작 | 녹슨 시침 | 시계장치들
MX. 탠저린 | 금속으로 된 커다란 0 | 마당

피타고라스의 여섯 번째 수수께끼

답: 4. 말 3개를 뽑으면 어느 한 가지 색은 반드시 두 개가 나옵니다. 말 2개를 뽑으면 같은 색 두 개나 두 가지 색 하나씩이 나옵니다. 세 번째 말을 뽑으면 그중에 같은 색이 두 개 이상은 반드시 있습니다. 3보다 1 큰 값은 4입니다.

47. **"라피스 수녀가 묘실에서 고대의 파피루스로 죽였어요!"**
"단 하나의 진정한 신앙을 외면하고 숫자를 숭배했으니까요!" 그러자 이라티노가 말했습니다. "다들 자기가 믿는 것이 단 하나의 진정한 신앙이라고 생각하지요. 사실은—." 로지코가 말을 이었습니다. "진정한 신앙은 존재하지 않는데요." 하지만 이라티노도 계속 말을 하고 있었습니다. "모든 신앙은 진정합니다." 어떤 의미에서는 같은 말이라고도 할 수 있습니다. 그때 갑자기, 삐걱거리는 소리가 들리더니 **쿵!**

우주인 블루스키 | 석상의 팔 | 무너지는 입구
사회학자 엄버 | 수학 교과서 | 수비학의 전당
라피스 수녀 | 고대의 파피루스 | 묘실

48. **"치과의사 시엘 선생이 돌로 된 거대한 다이얼 옆에서 돌로 된 블록으로 죽였어요!"**
로지코는 살인 사건만 해결한 것이 아니었습니다. 다이얼을 일곱 숫자로 돌리더니 레버를 당겼습니다. 그러자…
방이 하나 더 열리고 로지코의 눈앞에 세상을 바꿀 무언가가 나타났습니다.
"이라티노, 내가 국제회의에서 연설을 할 수 있게 해줄 만한 친구가 있나요?"
물론 이라티노는 그럴 만한 사람을 알았습니다. 그렇게 해서 국제회의로 가는 호송대가 생겼습니다.
피타고라스의 일곱 수수께끼는 다 풀어 보셨나요? 그렇다면 아래에서 뒤집힌 글자를 읽고 답을 확인해 보세요.

귀족 세이블 | 수학 교과서 | 숫자가 가득한 벽

치과의사 시셸 선생 | 돌로 된 블록 | 돌로 된 거대한 다이얼

고고학자 에크루 | 성배 | 석상

피타고라스의 일곱 번째이자 마지막 수수께끼

답: 6. 각 단어는 자료 B에 나온 숫자 3, 4, 5를 가리킵니다. 하나씩 커지고 있으니 빈 줄은 6을 나타냅니다.

따라서, 로지코가 피타고라스의 일곱 수수께끼를 풀고 다이얼에 넣은 수는 '4 6 2 3 1 4 6' 입니다.

자료 B에서 이 숫자들을 단어로 바꿔 보세요. 무엇인가요?

정답은… 다음 사건 후에 밝혀집니다!

49. **"카퍼 경관이 운송 차량에서 나이프 펜으로 죽였어요!"**

하지만 범인은 사실 카퍼 경관이 아니었습니다. 카퍼 경관 대신에 온 비슷하게 생긴 사람이었습니다. 키도, 눈 색도, 머리색도, (이라티노에게는 창피한 일이지만) 별자리조차도 달랐습니다.

"그 수식이 뭐가 그렇게 중요하지요?"

"말하자면 복잡해요…. 하지만 그걸 연 암호는 간단했고, 필요한 것은 다 들어 있었어요."

"그게 뭔데요?"

암호에 들어 있던 메시지는 아래에 나와 있습니다.

과격파 크림슨 | 방탄조끼 | 도로

카퍼 경관 | 나이프 펜 | 운송 차량

조그만 토프 | 붉은 청어 | 미끼 차량

피타고라스의 암호

각 숫자는 이라티노의 수비학 가이드에 나온 문자 중 하나에 대응됩니다. 로지코는 약간 애를 써서 메시지를 해독한 후, ㅍ ㅏ ㄴ ㄷ ㅗ ㄹ ㅏ, 즉 판도라라는 말을 찾아냈습니다.

이 수식은 현대에 나온 판도라의 상자였습니다. 세계를 완전히 바꾸거나 영원히 파괴할 힘이 있었습니다.

누군가 로지코를 죽이려고 했던 것은 그 때문입니다.

50. **"레드 소령이 참관석에서 의사봉으로 죽였어요!"**
신비탐정 이라티노는 논리탐정 로지코가 그렇게 말하려고 했던 것을 알았습니다. 하지만 로지코는 그 말을 실제로 하지 못했습니다. 모두에게 충격을 남기고 실종되었기 때문입니다! 자리에는 수수께끼의 혈흔만 남아 있었습니다.
이라티노는 그게 로지코의 피가 아니기를 빌었습니다. 평소에는 무엇이든 자신의 느낌을 믿을 수 있었는데도, 이번만은 그게 착각일 것 같아 너무나 걱정스러웠습니다. 로지코가 안전하다고 믿고 싶은 마음이 간절했지만….

아마란스 대통령 | 회원용 핀 | 회의장
화이트 대표 | 종이 한 연 | 연단
레드 소령 | 의사봉 | 참관석

51. **"수정의 여신이 지붕에서 유사과학 장치로 죽였어요! 염력 실험을 받던 중이었고요!"**
범인은 자기에게 염력이 있다는 말을 빼고는 전부 부인했습니다. 그리고 이라티노를 염력으로 죽여서 자기 말을 입증하려고 했습니다. 이라티노는 무사했지만, 실망이 컸습니다. 수정의 여신은 로지코의 실종에 관해서도 모르고, 초능력으로 사람을 죽이는 법도 모르는 게 확실했으니까요.

수정의 여신 | 유사과학 장치 | 지붕 | 염력
치과의사 시셸 선생 | 다우징 막대 | 마당 | 오라 감지
약초학자 오닉스 | 죽은 자의 전언 | 감각 차단실 | 점술
총교주 코발트 | 몽롱해지는 회중시계 | 실험실 | 대조군

52. **"영화광 스모키가 중고차 매장에서 와인병으로 죽였어요! 12인승 밴을 몰고 왔고요!"**
영화광 스모키가 대답했습니다. "와, 우와! 미드나이트 영화사의 추리극이랑 똑같아요!"
하지만 현실은 미드나이트 영화사 추리극과 달랐습니다. 미드나이트 영화사 추리극

이었다면 스모키가 이라티노에게 로지코 실종에 관한 단서를 주었을 테니까요. 영화광 스모키는 이라티노에게 사인을 부탁할 뿐이었습니다.

> **영화광 스모키 | 와인병 | 중고차 매장 | 12인승 밴**
> 라피스 수녀 | 평범한 벽돌 | 쇠락한 상점가 | 오토바이와 사이드카
> 차콜 두목 | 골동품 시계 | 중고품 상점 | 연비 나쁜 SUV
> MX. 탠저린 | 도끼 | 프랜차이즈 식당 | 중년 위기의 상징 컨버터블

53. **"미드나이트 삼촌이 지붕에서 수술용 메스로 죽였어요! 혈액형은 AB형이고요!"**

미드나이트 삼촌이 격분했습니다. 전염병을 앓는다는 이유만으로 병원 이사가 외출을 금지하는 바람에 생일 파티에 못 간 것이 분하다고 했습니다. 그래서 동원할 수 있는 유일한 방법은 바로 살인이었다고 주장했습니다.

"하지만 이제 다들 당신이 전염병에 걸린 살인범이라는 사실을 알게 되었는데, 그래도 생일 파티에 참석해 줄까요?"

"당연하지!"

> 크림슨 원장 | 클립보드 | 선물 가게 | A형
> 라즈베리 코치 | 소화기 | 휴게실 | B형
> 마룬 남작 | 무거운 현미경 | 주차장 | O형
> **미드나이트 삼촌 | 수술용 메스 | 지붕 | AB형**

54. **"총교주 코발트가 천문대에서 독이 든 머핀으로 죽였어요! 관심 분야는 살인 타로 카드였고요!"**

총교주 코발트가 씩씩댔습니다. "다들 이 사회의 형이상학적 기반을 안다고 생각하겠지만, 틀렸어! 우리 공동체에 들어오는 사람만이 진실을 볼 수 있다니까."

이라티노는 그 목소리에서 힘과 신념을 느꼈지만, 믿지는 않았습니다. 이 과대망상 환자가 로지코에게 일어난 일을 알 것 같지도 않았습니다.

> 대연금술사 레이븐 | 옵시디언 부인의 소설 | 거대한 문 | 커피 찌꺼기 점
> **총교주 코발트 | 독이 든 머핀 | 천문대 | 살인 타로 카드**
> 룰리언 경 | 의식용 단검 | 미니 골프 코스 | 점성학

마술사 믹스달 | 와인병 | 웅장한 저택 | 수비학

55. **"옵시디언 부인이 원두 창고에서 벽돌로 죽였어요! 벌꿀 밀크티를 주문했고요!"**

"중요한 메시지를 전해야 했기 때문이라고 하면 믿으시겠어요?"

신비탐정 이라티노는 무엇이든 믿는 재능이 있었지만, 그래도 이건 진실이라고 하기에는 너무 편리해 보였습니다. 그래도 옵시디언 부인에게서 이 말은 들을 수 있었습니다. "로지코는 안전해요… 당장은."

이라티노가 그 말을 듣고 감정이 북받쳐서 어쩔 줄을 모르는 사이에, 부인은 도망쳤습니다.

부키상 수상자 게인스 | 끓는 냄비 | 카운터 | 오늘의 드립 커피

허니 시장 | 버터나이프 | 안뜰 | 크리스마스 라테

옵시디언 부인 | 벽돌 | 원두 창고 | 벌꿀 밀크티

커피 장군 | 금속 빨대 | 화장실 | 에스프레소 네 샷

56. **"전설의 대스타 실버튼이 매점에서 독이 든 팝콘으로 죽였어요. 좋아하는 영화는 〈크라임 퍼즐: 더 무비〉고요!"**

전설의 대스타 실버튼이 웃었습니다. "그래요, 알아냈군요. 나는 그저 내가 마지막으로 출연했던, 제일 좋아하는 영화를 상영해 달라고 했을 뿐인데 글쎄 거절을 하더라니까요. 그래서 어쩔 수 없었지요! 하지만 홍보 효과를 생각해 봐요. 〈크라임 퍼즐: 더 무비〉의 스타가 영화를 위해 살인을 하다니. 그러면 그 영화가 더 유명해져서 속편이 나오겠지요."

이라티노는 논리탐정 로지코를 찾아야 더 확실하게 속편을 만들 수 있다고 생각했습니다. 그러지 못하면 아주 우울한 속편이 될 테니까요.

A급 배우 애벌로니 | 의식용 단검 | 상영관 | 〈말타의 펭귄〉

전설의 대스타 실버튼 | 독이 든 팝콘 | 매점 | 〈크라임 퍼즐: 더 무비〉

에이전트 애플그린 | 상한 초코바 | 매표소 | 〈스푼스 아웃〉

부키상 수상자 게인스 | 현금 자루 | 로비 | 〈누가 보버트 버니를 모함했나?〉

57. **"차콜 두목이 옥상 라운지에서 권투장갑으로 죽였어요. 오프닝은 루이 로페스였죠!"**
차콜 두목이 웃으며 시인했습니다. "돈을 안 갚는데 나라고 어쩔 수 있겠어?"
이라티노는 로지코에게 항상 돈이 없었던 것이 생각났고, 그래서 피해자와 비슷한 일을 겪었을까 걱정이 되었습니다. 하지만 차콜 두목은 전에 자신의 범행을 밝혀냈을 때도 자기는 로지코를 죽이지 않았었다며 안심시켰습니다. 이라티노는 그 말을 믿었습니다.

마술사 믹스달 | 거대한 나이트 | 링 | 킹스 갬빗
네이비 제독 | 접이식 의자 | 링 바로 옆 | 프라이드 리버
차콜 두목 | 권투장갑 | 옥상 라운지 | 루이 로페스
MX. 탠저린 | 체스판 | 관중석 | 이탈리안 게임

58. **"오버진 주방장이 비밀 입구에서 현금이 가득한 서류 가방으로 죽였어요. 좋아하는 추리 미디어는 디너 극장이고요!"**
회계 담당자가 벌떡 일어났습니다. 애초에 죽지 않았던 것입니다! 오버진 주방장과 피해자는 크게 허리를 굽혀 인사했고, 오버진 주방장은 요리를 내왔습니다.
"제가 직접 디너 극장을 열고 싶었답니다." 이라티노는 다른 회원들에게 로지코의 실종 사건을 함께 해결하지 않겠느냐고 물었지만, 다들 디너 쇼 요리를 먹느라 정신이 없었습니다.

오버진 주방장 | 현금이 가득한 서류 가방 | 비밀 입구 | 디너 극장
샴페인 동무 | 가짜 보물지도 | 백과사전의 방 | 책
파인 판사 | 부비 트랩 페도라 | 주차장 | 추리극 파티
앳된 블루 씨 | 황금새 | 정문 | 온라인 게임

59. **"하인 브라운스톤이 최상층에서 커다란 붉은 책으로 죽였어요! 리무진을 몰고 왔고요!"**
"그렇다! 나는 바이올렛 경이 사실은 집사였다는 것을 알고 바이올렛 가문을 나왔지! 저택 리무진을 훔쳐 타고 나온 뒤에는 레드 소령을 따르기로 했어."
"레드 소령이 제보자를 죽이라고 했어요?" 이라티노가 물었습니다.
하인 브라운스톤은 대답하지 않고 최상층에서 뛰어내렸습니다. 자살인가 싶었지만,

이라티노가 내려다보니 브라운스톤은 다른 리무진에 탄 상태였습니다. 그리고 리무진은 속도를 높여 멀어졌습니다.

하인 브라운스톤 | 커다란 붉은 책 | 최상층 | 아주 긴 클래식 리무진
라피스 수녀 | 쇠지레 | 지하실 | 최고급 하이브리드
라즈베리 코치 | 예비 타이어 | 계단통 | 눈에 잘 안 띄는 영구차
대연금술사 레이븐 | 시가 폭탄 | 전기실 | 2인용 자전거

60. **"조그만 토프가 바에서 무거운 핸드백으로 죽였어요! 왕당파 레지스탕스에 자금 지원을 하고 싶어 했고요!"**

조그만 토프가 말했습니다. "아 진짜! 그놈이 자꾸 위대한 붉은 혁명이 어쩌고 사악한 레지스탕스가 어쩌고 하니까 어쩔 수 없었다고. 이 정도면 내 입장을 알았겠지! 뭐, 여하튼 반론은 안 하고 있으니까 됐고."

갑자기 취객 한 명이 이라티노를 옆으로 당기더니, 친구의 살인 사건을 해결하고 싶으면 자유 드라코니아 공화국에 가서 인민 대성당을 찾으라고 몇 번이나 계속 말했습니다. 이라티노는 취중 진담이라는 말이 떠올랐습니다. 그래서 취객의 말은 진실일 것이라고 단정하고 드라코니아로 떠났습니다.

미드나이트 삼촌 | 싸구려 펜 | 화장실 | 나라 전체를 폭격
조그만 토프 | 무거운 핸드백 | 바 | 왕당파 레지스탕스에 자금 지원
부키상 수상자 게인스 | 독이 든 열대 칵테일 | 테라스 좌석 | 붉은 정부 인정
고고학자 에크루 | 작살 | 구석의 부스 자리 | 드라코니아 침공

61. **"미스 사프론이 종탑에서 묵주로 죽였어요! 루핀 정교 신도였고요!"**

미스 사프론은 이 인민회관 전체가 자기 신앙을 모욕하고 있다고 설명했습니다. 멋대로 훔쳐가서는 부정한 것들의 소굴로 바꿔 놓았다고요.

신비탐정 이라티노는 그렇다고 여기서 살인을 하면 덜 부정한 곳이 되는지 알 길이 없었습니다. 하지만 여기 있는 사람들이 논리탐정 로지코의 실종에 관해 아무것도 모르는 것은 확실했습니다.

카퍼 경관 | 성유병 | 웅장한 계단 | 뉴에이지

미스 사프론 | 묵주 | 종탑 | 루핀 정교
MX. 탠저린 | 성유물 | 장의자 | 가톨릭
초크 회장 | 성찬식 와인 | 제단 | 무신론

62. **"그레이스케일 회계사가 방석의 방에서 리드 줄로 살해하려고 했었죠. 사랑하는 푸들도 있으면서!"**

그레이스케일 회계사는 이라티노에게 거래를 제안했습니다. 그냥 훈방 조치로 끝내면 로지코의 실종에 관한 단서가 있는 곳을 말해 주겠다고요. 이라티노는 그러겠다고 대답했지만, 그레이스케일의 지도를 받는 즉시 그를 탐정 클럽에 넘겼습니다.

회계사가 소리쳤습니다. "알았다고 했잖아요!"

이라티노가 대답했습니다. "난 개를 살해하려고 드는 사람하고 협상하지 않아요."

그레이스케일 회계사 | 리드 줄 | 방석의 방 | 푸들
모브 부사장 | 에메랄드 밥그릇 | 접수 구역 | 닥스훈트
편집자 아이보리 | 거대한 뼈 | 뒷마당 | 그레이트데인
더스티 감독 | 화가 난 고양이 | 수면실 | 믹스견

63. **"에이전트 아가일이 채혈실에서 구불구불한 단검으로 죽였어요! 혈액형은 O형이고요!"**

"그래요! 나는 완전히 망했어요! 몇 달 동안 영화를 한 편도 못 팔았으니까! 그래서 여기에 피를 팔러 왔더니… 그 망할 가십 칼럼 기고가가 있었어요. 그래서 죽여야만 했죠. 저에게는 재앙이 될 테니까요. 완전히 망해서 피를 팔러 다니는 에이전트는 아무도 찾아 주지 않으니까요!"

하지만 이라티노는 그 말을 듣지 않았습니다. 그레이스케일이 준 지도를 지금까지 거꾸로 들고 보았다는 것을 방금 알았기 때문입니다. 지도의 목적지는 지하 혈액은행이 아니라 그보다도 더 끔찍한 곳이었습니다….

에이전트 아가일 | 구불구불한 단검 | 채혈실 | O형
점성학자 아주어 | 현금 자루 | 비밀 입구 | A형
라피스 수녀 | 200도 알코올 | 투입 센터 | AB형

슬레이트 대위 | 얇은 종이책 | 혈액 탱크 | B형

64. **"귀족 세이블이 우리에서 닭 뼈로 죽였어요! 육식 100%를 지향하면서!"**
세이블이 항변했습니다. "어쩔 수 없었어요! 그 섬에 갇혀 있는 동안 사람 고기를 좋아하게 되었으니까."
이라티노가 대답했습니다. "그 섬에는 고작 6일 있었을 뿐이잖아요!"
"못 견디게 지루했으니까요! 게다가 평민이 동물들이랑 다를 게 뭐죠?" 그 점은 어떤 면에선 이라티노가 보기에도 옳았습니다. 우리는 모두 동물이니까요. 그래서 도살장에 있던 동물들을 모두 풀어준 다음 건물을 완전히 불태웠습니다. 물론 그건 범죄였지만, 그 사건을 해결할 사람은 어차피 세상에 단 두 명이었습니다. 그리고 그중에서 한 명은 실종된 채였습니다.

커피 장군 | 녹슨 톱 | 포장 공장 | 채식(페스코)
귀족 세이블 | 닭 뼈 | 우리 | 육식 100%
카퍼 경관 | [redacted] 한 동이 | 도축장 | 대체로 비건
샴페인 동무 | 삽 | 선물 가게 | 구석기 다이어트

65. **"시너리어스 추기경이 녹슨 철로에서 정동석으로 죽였어요! 부유층인데도!"**
추기경이 말했습니다. "이 광산은 제 것이 되어야 합니다! 여기는 그냥 방치된 광산이지, 고갈된 광산이 아닙니다. 그걸로 우리 교회가 얼마나 많은 돈을 벌 수 있는지 아시겠어요? 그런데 그 가난한 멍청이가 온 세상에 떠벌려서 일을 망치려고 했다고요. 그러면 제가 해야 할 일은 뻔하지 않겠어요."
"음, 꼭 해야 할 일이라고는 볼 수가…." 하지만 추기경은 교회가 누릴 선이 자기가 벌인 악에 비해 월등하기 때문에 궁극적으로는 그래야 할 도덕적 의무가 생긴다고 설명했습니다. 이라티노는 평생 처음으로 무한한 믿음의 그늘을 보았습니다.

라즈베리 코치 | 금괴 | 방치된 갱도 | 극빈층
시너리어스 추기경 | 정동석 | 녹슨 철로 | 부유층
파인 판사 | 톱니바퀴 | 잠긴 문 | 중산층
시뇨르 에메랄드 | 오염된 밀주 | 무너진 사무실 | 서민층

66. **“그레이 백작이 마을 광장에서 피아노로 죽였어요. 좋아하는 작품은 《똑똑… 누구세요? 살인입니다!》고요.”**

그레이 백작은 범행과 동기를 모두 인정했습니다. “비밀을 지키려고 했고, 비밀은 지켰어요.”

하지만 이라티노는 시간이 없었습니다. 휴가는 끝났고, 로지코에게는 이라티노가 필요합니다! 마을의 비밀이야 나중에 다시 와서 풀면 됩니다. 그게 아니면 다른 탐정이 풀겠지요(혹시 여러분이 풀 수 있을까요?).

그레이 백작 | 피아노 | 마을 광장 | 《똑똑… 누구세요? 살인입니다!》
아주어 주교 | 신문지로 감싼 쇠지레 | 작은 오두막 | 《매우 적절한 살인》
버밀리온 공작부인 | 드라코니아 갑옷 한 벌 | 낡은 폐방앗간 | 《당황스러운 앵무새 문제》
룰리언 경 | 체스판 | 마을 술집 | 《옥시덴트 지역 열차 살인》

67. **“고고학자 에크루가 전망차에서 와인병으로 죽였어요. 영원한 로마로 향하는 길에서!”**

“아, 그래요! 내가 승무원을 죽였어요! 하지만 짐을 나르다가 고대 유물을 떨어뜨렸는걸요. 물론 내가 발견한 무덤에서 그 유물들을 가지고 오느라 국제법 몇 개를 어기기는 했지만, 어차피 박물관에 팔 생각이었으니까요. 원래 그런 건 박물관으로 가야 하니까. 결국은 아무 피해도 없이 순리대로 다 잘된 것 아닌가요?”

이라티노는 분명 피해가 있었고, 그 많은 법을 어기는 것이 순리에 맞지도 않을 것이라는 느낌이 들었습니다. 하지만 여전히 논리탐정 로지코의 실종에 관해서는 아무것도 알아내지 못했습니다.

라벤더 경 | 골동품 시계 | 식당차 | 낭만적인 파리
글라우 학장 | 석탄 한 덩이 | 승무원실 | 튤립이 가득한 암스테르담
슬레이트 대위 | 가죽 짐가방 | 침대차 | 세계로 열린 마드리드
고고학자 에크루 | 와인병 | 전망차 | 영원한 로마

68. **“마술사 믹스달이 체스판의 방에서 가죽 장갑으로 죽였어요! 가장 좋아하는 체스 말은 교묘한 나이트군요!”**

"날 쫓아내려고 해서 어쩔 수 없이 죽였어요!"
이라티노가 물었습니다. "왜 쫓아내려고 했나요?"
"제가 그 사람을 살해할 예정이었으니까요."
이상한 역설이었습니다. 이번에도 로지코를 찾는 길에 다가갈 수는 없었습니다.

마술사 믹스달 | 가죽 장갑 | 체스판의 방 | 교묘한 나이트
조그만 토프 | 피아노 줄 | 돌다리 | 음흉한 비숍
그랜드마스터 로즈 | 와인병 | 숙소 | 든든한 룩
브라운스톤 수사 | 체스 강의서 | 폰 석상 | 강력한 퀸

69. **"라즈베리 코치가 구본관에서 노트북으로 죽였어요. 수사학을 연구하면서요!"**
"아, 쳇, 잡혔군! 하지만 내 가설을 몇 개만 자세히 설명하게 해 주면 분명 내 편을 들게 될 거야. 일단 이렇게 가정해 보면—"
하지만 이라티노는 장황한 수사를 듣고 있을 시간이 없었습니다. 로지코를 찾아야 했습니다! 희망이 깎여 나가기 시작했습니다.

통계학자 마블 | 날카로운 연필 | 서점 | 엄밀한 논리학
라즈베리 코치 | 노트북 컴퓨터 | 구본관 | 웅대한 수사학
애플그린 교장 | 무거운 백팩 | 수목원 | 신비로운 음악 이론
에이전트 잉크 | 학위복 술끈 | 경기장 | 고급 문법

70. **"아프리콧 계리사가 봉안당에서 마법 가루 주머니로 죽였어요.
자기 시신을 과학 연구용으로 기부하고 싶다고 하셨군요!"**
이라티노는 범인을 현장에서 잡았기 때문에 누구보다도 확실히 사실을 알 수 있었습니다. 마법 가루의 흔적이 남았고, 모든 정보가 범인을 정확하게 가리키고 있었고, 별자리 점을 보아도 그렇게 나왔고, 자백까지 했으니까 더 이상 확실할 수가 없었습니다.

아프리콧 계리사 | 마법 가루 주머니 | 봉안당 | 과학 연구를 위해 기부
마룬 남작 | 지구본 | 이상한 오두막 | 화장
크림슨 원장 | 인간 두개골 | 입구 | 땅 밑에 매장

모브 부사장 | 팔뼈 | 선물 가게 | 바다에 수장

71. **"편집자 아이보리가 정원에서 골동품 타자기로 죽였어요! 좋아하는 작가는 옵시디언 부인이고요!"**

"이거 봐요! 침입자잖아요. 원고를 가지고 있었고. 그러면 죽여야죠. 그게 회사 방침이니까."

이라티노는 아이보리의 출판 방침보다 살인 방침에 더 반성의 여지가 많아 보였지만, 그와 동시에 여기에 신경을 쓰느라 진짜 임무가 표류한다는 생각도 들었습니다.

치과의사 시셸 선생 | 독 탄 잉크병 | 사무실 | 철학자 본
편집자 아이보리 | 골동품 타자기 | 정원 | 옵시디언 부인
책임 프로듀서 스틸 | 얇은 종이책 | 옥상 | 논리탐정 로지코(의 대필작가)
에이전트 잉크 | 거대한 책 더미 | 인쇄기 | 부키상 수상자 게인스

72. **"초크 회장이 갑판에서 오래된 닻으로 죽였어요! 지루하다는 불만이 많았죠!"**

"그래, 맞아요. 지루해서 죽였지. 애초에 이 크루즈에는 도대체 왜 왔는지도 모르겠어, 내 요트를 두고서. 아내가 그냥 푹 쉬면서 크루즈나 가서 긴장을 풀라길래 그렇게 했는데. 하나도 재미도 없고, 변변한 것도 없고. 유일하게 재미있었던 게 그 사람 죽이는 거였고!"

신비탐정 이라티노는 논리탐정 로지코를 찾을 수는 있을지 걱정되기 시작했습니다.

앳된 블루 씨 | 독 탄 잉크병 | 선외 | 집에 대한 향수병
초크 회장 | 오래된 닻 | 갑판 | 눈물 나게 지루함
셀러돈 장관 | 얇은 종이책 | 망루 | 너무 심한 뱃멀미
포르퍼스 대주교 | 기념용 펜 | 기관실 | 물에 빠질까 봐 두려움

73. **"화이트 대표가 대형 홀에서 방탄조끼로 죽였어요. 모든 살인에는 거대한 내막이 있다고 주장하면서!"**

"물론 그렇습니다. 이 컨벤션의 주최자를 죽인 이유는, 살인범들이 죄를 면할 수 있게 돕고 있었기 때문이지요. 나는 이 음모의 내막을 밝히고 살인범들이 가장 두려워

하는 사람을 구하려고 합니다. 그 일을 도울, 믿을 만한 사람이 필요해요."
이라티노가 물었습니다. "살인범들이 가장 두려워하는 사람이 누구지요?"
"물론 당신 친구, 논리탐정 로지코지요!"
이라티노는 그 말을 믿고, 화이트 대표를 따라 비밀의 장소에 가기로 했습니다. 위험이 따를 것이 분명했지만, 감수할 만한 가치가 있었습니다.

화이트 대표 | 방탄조끼 | 대형 홀 | 모든 살인에는 거대한 비밀이 있다
커피 장군 | 기념 컵받침 | 접수대 | 시간은 지난 화요일에 시작되었다
치과의사 시셸 선생 | 붉은 실 | 거대한 게시판 | 잠은 존재하지 않는다
수정의 여신 | 《드라코니아 음모의 가설들》 | 화장실 | 외계인이 세계를 지배한다

74. **"커피 장군이 포대에서 삽으로 죽였어요! 그는 전쟁터에서 신중한 편이죠!"**
"전쟁에 새 전설이 필요할 할 때인데 그 친구가 걸리적거렸지. 해야 할 일을 했을 뿐이지만, 그래야 했던 게 기쁘지는 않아. 다만 전장에서 일어난 과실일 뿐이고 배상의 책임은 지지 않는다는 공문서를 발급해 줄 수는 있네."
이라티노는 그것으로 괜찮다고 생각했습니다. 계속 화이트 대표를 따라서 거대한 요새 탑으로 가면 될 것 같았습니다. 그 유명한 서쪽 성채를 향해서….

네이비 제독 | 낡은 검 | 방벽 | 용맹함
커피 장군 | 삽 | 포대 | 신중함
건메탈 하사 | 너무나 뜨거운 커피 | 초소 | 겁이 많음
리드 총관 | 바주카포 | 비밀 터널 | 어리석음

75. **"셀러돈 장관이 철문에서 삽으로 죽였어요! 백색 친위대 소속이고요!"**
셀러돈 장관은 이라티노를 옆으로 밀치고 설명했습니다. "꼭 필요한 일이었기 때문에 했고, 이제 했으니까 해결되었습니다. 우리가 이렇게 힘겹게 이룬 목적이 무엇이었는지 알고 나면 그 일이 필요했던 이유도 이해가 갈 겁니다."
이라티노가 혼란스러워하고 있는데 화이트 대표가 발표했습니다. "조약이 체결되었습니다! 임무가 끝났습니다! 붉은 세력의 포로로 잡혀 있는 논리탐정 로지코를 신비탐정 이라티노와 교환하기로 했습니다."
그 즉시 붉은 병사들이 이라티노를 끌고 가 감옥에 가뒀습니다. 그와 동시에 같은 곳

에서 경비들이 논리탐정 로지코를 풀어주고 있었습니다.
이라티노가 외쳤습니다. "이게 어떻게 된 거죠?!"
로지코가 소리쳤습니다. "음성 메시지를 100만 개는 남긴 것 같은데! 제발 메시지 좀 확인해요!"
이라티노는 자유 드라코니아에 휴대폰을 빼앗기기 전에 마지막으로 음성 메시지를 확인했습니다. 로지코에게서 온 수많은 부재중 통화와 탐정 클럽의 문자 하나가 있었습니다. 그 문자는 수수께끼의 혈액 표본이 거꾸로 연결되어 있다는 내용이었고, 그걸 본 이라티노는 배열을 뒤에서부터 확인했습니다(자료 C 참조).

우주인 블루스키 | 무거운 부츠 | 대형 홀 | 비밀경찰
셀러돈 장관 | 삽 | 철문 | 백색 친위대
화이트 대표 | 위조 치아 | 가시철조망 | 세인트 루핀의 검
건메탈 하사 | 커다란 붉은 책 | 보안실 | 박쥐단

76. **"과격파 크림슨이 인민 해방을 위해 인민도시에서 붉은 바나나로 죽였어요!"**
과격파 크림슨의 말이 신문 기사에 인용되어 있었습니다. "붉은 정부는 너무 미지근하다! 부자들의 땅을 빼앗아 놓고 여전히 부자들의 의회 말을 듣다니! 부자들의 돈까지 받고! 완전한 자유야말로 진정한 자유다!"
그 후로 10년이 지났지만 이 나라는 아직 엉망입니다.

화이트 대표 | 거대한 그림 | 데미넌스 성 | 귀족제 복원
레드 소령 | 고대의 검 | 철의 궁전 | 국가 지배
과격파 크림슨 | 붉은 바나나 | 인민도시 | 인민 해방
포르퍼스 대주교 | 밤을 먹는 자의 상아 송곳니 | 비명의 숲 | 토지 수복

77. **"마룬 남작이 배신자를 처단하려고 방책 옆에서 체스판으로 죽였어요!"**
마룬 남작이 엄숙하게 선언했습니다. "내가 죽인 그 귀족은 배신자였으니까요. 자, 그럼 실례지만, 좀 힘이 없어서 의사에게 가야겠군요."
로지코는 화이트 대표가 세인트 루핀 정교 성서인 세인트 루핀의 서를 읽고 있는 서재로 갔습니다. 화이트 대표는 책에서 눈을 떼고 고개를 들더니 로지코에게 물었습니다. "국제회의에서 밝히려던 비밀이 무엇이었지요?"

"판도라의 상자입니다. 세계에 알리면 상상도 못할 고통을 풀어 놓게 될 고대 수학의 비밀이지요."

화이트 대표가 대답했습니다. "한 가지 이야기를 해 드리지요."

마룬 남작 | 체스판 | 방책 | 배신자 처단
버밀리온 공작부인 | 세인트 루핀의 서 | 비명의 숲 | 사랑을 쟁취
레이디 바이올렛 | 위엄 있는 망토 | 도주용 리무진 | 돈
화이트 대표 | 샴페인 잔 | 웅장한 저택 | 오컬트 진흥

78. **"강도 블랙이 세인트 루핀의 사업을 저지하려고 고통 받는 나무 옆에서 흡혈 박쥐로 죽였어요!"**

화이트 대표가 말했습니다. "그게 우리가 싸우는 이유랍니다. 붉은 정부는 숲에서 튀어나와 위대한 성인을 죽인 강도들과 다를 게 없어요!"

그 대단한 수사학에는 로지코조차 감명을 받았습니다. "그래서 우리는 마을 주민들의 모범을 따라야 합니다. 세인트 루핀이 돌아가신 것을 발견했을 때, 주민들은 두 가지를 했어요. 먼저 힘을 합해 대성당을 완공했고, 다음으로는 그 자리에서 강도들을 죽였답니다."

로지코는 그 말을 잘 알아들었습니다. 하지만 그래도 피타고라스의 무덤에서 발견한 수학적 비밀을 밝힐 수는 없었습니다. 판도라의 상자는 닫아 두어야 했습니다.

강도 블루 | 신성한 돌 | 작은 나무 오두막 | 인민 해방
강도 블랙 | 흡혈 박쥐 | 고통 받는 나무 | 세인트 루핀의 사업 저지
강도 브라운 | 독이 든 술잔 | 울타리 | 괴물 소탕
마을 주민 화이트 | 나무 말뚝 | 주춧돌 | 방사능 중독

79. **"리드 총관이 정부에 충성하려고 관찰실에서 커다란 붉은 책으로 죽였어요!"**

"최고위에서 내려온 명령이라고 했어. 붉은 정부의 명령은 말 그대로 차질 없이 따라야만 하지."

이라티노가 이해하지 못하자, 리드 총관은 철의 차르가 죽을 때의 이야기를 들려주었습니다.

우주인 블루스키 | 망치와 낫 | 비상 탈출구 | 가족 부양
샴페인 동무 | 골동품 타자기 | 유치장 | 묘지 도굴
리드 총관 | 커다란 붉은 책 | 관찰실 | 정부에 충성
카퍼 경관 | 총검 | 취조실 | 아버지의 복수

80. **"레드 소령이 드라코니아를 정복하려고 묘지에서 철 투구로 죽였어요!"**
그 뒤에 소령은 이렇게 말했다고 합니다. "드디어 내가 성공했다. 철의 차르의 얼굴에서 투구를 뜯어내서, 위로 높이 쳐들었다가 머리를 내려쳐서 깨 버렸지. 혁명의 영광이여!"
이라티노는 무서워졌습니다. "왜 저한테 그 이야기를 하시는 건가요?"
리드 총관이 대답했습니다. "그야, 레드 소령이 하라고 하는 일은 꼭 해야 한다고 알려주려고."

과격파 크림슨 | 바주카포 | 거대한 철문 | 혁명 성공
조그만 토프 | 골동품 화승총 | 드넓은 알현실 | 명령 이행
레드 소령 | 철 투구 | 묘지 | 드라코니아 정복
포르퍼스 대주교 | 붉은 바나나 | 찬란한 성당 | 세인트 루핀의 영광

81. **"샴페인 동무가 혁명을 성공시키려고 붉은 만에서 골동품 화승총으로 죽였어요!"**
샴페인 동무가 단호하게 말했습니다. "역도들이 우리의 치세를 받아들이지 않습니다! 이 신문 판매원을 보세요. 붉은 정부가 실수한 것들에 관해서만 소리 높여 외치고 있었습니다. 도대체 우리가 뭘 어떻게 해야 하겠습니까?"
"실수를 만회해야겠죠?" 로지코는 그렇게 말했지만, 돌아오는 눈빛이 흉흉한 것을 보니 아무래도 조용히 있는 편이 나았을 것 같았습니다.

리드 총관 | 병 속의 뇌 | 의사당 | 방사능 중독
화이트 대표 | 체스판 | 인민 대성당 | 전설의 주인공
레드 소령 | 커다란 붉은 책 | 인민주택 | 정부 조종
샴페인 동무 | 골동품 화승총 | 붉은 만 | 혁명 성공

82. **"우주인 블루스키가 전방 발령을 회피하려고 239호에서 브로콜리로 죽였어요!"**

"나를 강제로 최전방에 보내서 싸움에 투입하려고 했어! 내 재능을 잘 쓰는 방법은 그런 게 아니야, 홍보 모델로 쓰는 거지!"

로지코는 그 마음을 알 것 같았습니다. 하지만 방금 받은 다음 글자 암호 메시지도 알 것 같았다는 것이 훨씬 중요했습니다.

"더으쳐, 기국 스디크겨슴그니. 비딜눞스 기듄 옳스더혀 펌그니. 뱌놉댜소!"

회색 인간 | 커다란 붉은 책 | 103호 | 혁명 성공

조그만 토프 | 담배 | 324호 | 광적인 질투

과격파 크림슨 | 샴페인 한 병 | 207호 | 의회의 자리 확보

우주인 블루스키 | 브로콜리 | 239호 | 전방 발령 회피

83. **"조그만 토프가 살인을 저지하려고 관중 마당에서 기념 컵받침으로 죽였어요!"**

"살인을 막고 싶었을 뿐인데! 이미 너무 많은 사람이 죽었어요!"

하지만 군중은 그것도 다 왕당파 레지스탕스의 선전일 뿐임을 알고 있었기 때문에 조그만 토프에게 달려들었습니다.

로지코는 혼란을 틈타 이라티노를 구해낸 후 단두대에서 멀리 떨어진 곳으로 데려갔습니다. 이라티노가 물었습니다. "이제 어디로 가죠? 그 섬의 저택으로 갈까요?"

로지코는 그럴 수 없을 거라고 생각했습니다. 방금 신문에서 바이올렛 제도에 관한 기사를 읽었거든요….

영화광 스모키 | 마늘 타래 | 경비탑 | 국가 지배

파인 판사 | 전기충격기 | 단상 | 영원한 삶

조그만 토프 | 기념 컵받침 | 관중 마당 | 살인 저지

과격파 크림슨 | 망치와 낫 | 높은 자리 | 사악한 주문 완성

84. **"버밀리온 공작부인이 공포를 선사하려고 부두에서 전기톱으로 죽였구나!"**

아무래도 신문에서 살인 사건 기사를 읽는 것은 실제 현장에 있는 것과 달랐습니다. 어느 섬에서 살인 한 건이 일어났다고 해도 그렇게까지 무서울 일은 아닌 것 같았거든요.

이라티노가 말했습니다. "글쎄요. 전기톱이라면 충분히 무서운데."

라피스 수녀 | 성난 순록 | 절벽 | 압도적인 두려움
버밀리온 공작부인 | 전기톱 | 부두 | 공포를 선사
시뇨르 에메랄드 | 오토만 | 농장 | 분노 조절 문제
회색 인간 | 곰 가죽 깔개 | 저택 | 탈출

85. **"하인 브라운스톤이 귀족제를 복원하려고 상영실에서 골동품 화승총으로 죽였어요!"**

"제가 진짜 붉은 세력에 속한다고 생각했어요? 리무진을 몰고 도망쳤는데(59번 사건 참조). 전대의 소중한 집사 베릴이 그랬던 것처럼 저도 귀족제를 영광스럽던 예전 시절로 되돌리기 위해 살고 죽을 것입니다! 평화와 행복 속에서 그분들을 모실 거라고요!"

붉은 세력의 지지자 여러 사람이 붙어서 레지스탕스보다는 혁명 세력이 계급의 이익에 더 도움이 된다고 설득했지만, 소용이 없었습니다. 그래서 사람들은 하인 브라운스톤을 단두대로 보냈습니다.

레드 소령 | 싸구려 펜 | 대기실 | 목격자 제거
조그만 토프 | 커다란 붉은 책 | 보좌관 사무실 | 부의 재분배
하인 브라운스톤 | 골동품 화승총 | 상영실 | 귀족제 복원
네이비 제독 | 철 투구 | 레드 소령의 개인 사무실 | 협박 끝내기

86. **"레드 소령이 전통을 계승하려고 비밀 통로에서 밤을 먹는 자의 상아 송곳니로 죽였어요!"**

"나도 그러고 싶진 않았어. 필요한 것보다 많이 죽일 생각은 없어. 하지만 필요한 것보다 적게 죽여서야 안 될 일이지."

이라티노와 로지코는 그 말의 논리를 따라가 보려고 애썼습니다.

레드 소령이 말을 이었습니다. "드라코니아에는 지도자가 물리친 적을 먹는 전통이 있으니까, 나도 따라야 하지! 개인적인 감정은 전혀 없어."

논리탐정 로지코와 신비탐정 이라티노는 허겁지겁 [redacted]을 나갔습니다.

커피 장군 | 철 부츠 | 레드 소령의 책들 | 정부 조종

크림슨 원장 | 독이 든 술잔 | 레드 소령의 책상 | 떠오른 보름달
핵 블랙스턴 | 정치학 논문 | 레드 소령의 그림 | 비밀문서 은폐
레드 소령 | 밤을 먹는 자의 상아 송곳니 | 비밀 통로 | 전통 계승

87. **"건메탈 하사가 나무를 보호하려고 끓는 웅덩이에서 나무 말뚝으로 죽였어요!"**

"여기 있는 나무들은 인민의 것입니다! 저는 그걸 보호할 의무가 있다고요!"
하지만 로지코는 여기에서 걱정할 일은 그게 다가 아니라고 생각했습니다. 끓는 웅덩이, 고통 받는 나무, 죽음의 강. 이는 전부 한 가지 원인에서 파생된 결과였습니다. 끓는 웅덩이는 바닥에 있는 방사능 연료봉들이 물을 끓이고 있기 때문입니다. 고통 받는 나무는 방사능 때문에 유전자 변이가 일어나 뒤틀렸습니다. 그리고 그 방사능이 강의 모든 생물을 죽이고 있었습니다.
이 숲은 버려진 핵반응로 때문에 독에 찌들어 있었습니다. 두 사람은 곧 숲속에서 핵반응로를 발견했습니다.
이라티노가 말했습니다. "여기, 나쁜 기운이 느껴진다고 했잖아요!"

건메탈 하사 | 나무 말뚝 | 끓는 웅덩이 | 나무 보호
애쉬 원로 | 예티 가죽 | 고통 받는 나무 | 생존
오버진 주방장 | 마법 버섯 다발 | 악마바위 | 소중한 책 훔치기
네이비 제독 | 커다란 붉은 책 | 죽음의 강 | 정치 선전

88. **"애쉬 원로가 은신처의 비밀을 보호하려고 핵폐기물 보관실에서 돌이 된 사과로 죽였어요!"**

애쉬 원로는 처음에는 그 말에 반발했지만, 로지코의 설명이 자기에게 불리하게 흐르자 자백했습니다. "이 핵 폐허에서 우리 조력자의 아이들이 생겨났지요."
이라티노가 물었습니다. "붉은 혁명과 왕당파 레지스탕스 중에 어느 편인가요?"
"어느 쪽도 아니랍니다. 우리는 세인트 루핀의 진실을 알기 때문이지요. 들어 보시겠어요?" 두 사람 모두 동의했습니다.

모브 부사장 | 커다란 붉은 책 | 반응로 코어 | 가족 부양
차콜 두목 | 소화기 | 잠긴 문 | 미신 신봉

89. **"세인트 루핀이 아이들의 처지 때문에 근처 마을에서 쇠스랑으로 죽였어요!"**

"세 조력자는 처음 세인트 루핀을 만났을 때 병든 세 고아가 아니었어요. 세인트 루핀이 아버지를 죽여서 고아가 되었습니다. 세인트 루핀은 값싼 노동력이 필요하던 참에 여기에서 기회를 만들었지요. 세 아이를 고아로 만든 것은 아이들의 처지 때문에 한 일이었지만, 아이들을 위한 일은 아니었어요. 자기가 데려가려고 한 것이었지요.

그것만으로는 부족했던지, 성당을 지을 돌들을 옮기라고 시켜서 고아들을 병들게 만들기까지 했어요. 빛나는 신성한 돌은 방사성이 있어서 닿은 사람들을 중독시켰지요. 하지만 아이들은 밤낮도 없이 일해야 했고, 잠도 비바람을 그대로 맞으면서 밖에서 잤어요. 세인트 루핀이 자던 오두막은 한 사람이 겨우 누울 크기였으니까요." (78번 사건 참조)

로지코와 이라티노가 경악했지만, 애쉬는 말을 계속했습니다. "하지만 조력자 세 명은 힘을 합쳐 저항했어요. 머리와 손과 마음을 모아 세인트 루핀을 죽이기로 했지요. 세인트 루핀의 신도들이 그렇게나 떠받드는 이야기 속에 강도 세 명이 나오지요? 그 셋은 강도가 아니라 조력자라고 불리던 병든 고아들이었어요.

세인트 루핀을 죽인 강도들의 키가 그렇게나 작았던 이유, 그 세 사람의 동기가 해방과 괴물 소탕, 사업 저지였던 것도 바로 그 이유랍니다. 세인트 루핀의 사업 때문에 세 사람은 죽어가고 있었어요.

조력자들은 마을 사람들에게 성인의 진면목을 폭로했지만, 사람들은 믿지 않았어요. 오히려 쇠스랑과 횃불을 들고 몰려와 세 조력자를 죽였답니다. 세 사람이 죽자 이제 세인트 루핀의 위대함을 부정할 사람은 남지 않았어요. 그래도 진실을 영원히 감출 수는 없는 법이지요. 진짜 세인트 루핀의 이야기는 추리할 사람만 남아 있다면 계속 살아남겠지요."

이라티노는 그 말을 믿었지만 로지코는 의심했습니다. 그러자 애쉬 원로가 대답했습니다. "근거도 댈 수 있답니다. 세인트 루핀이 살해되었다는 고통 받는 나무는 대성당이 아니라 핵발전소 옆에 있지요(61번, 78번 사건 참고). 이 핵발전소의 폐기물이 강을 오염시켰어요. 세인트 루핀의 거짓말이 우리나라를 오염시킨 것처럼요. 신성 드라코니아의 진정한 의미란 그런 것이지요."

조력자 블랙 | 신성한 돌 | 비명의 숲 | 괴물 소탕
조력자 블루 | 무거운 부츠 | 아름다운 풀밭 | 뜻밖의 사고
세인트 루핀 | 쇠스랑 | 근처 마을 | 아이들의 처지
조력자 브라운 | 삽 | 돌무지 | 압도적인 두려움

90. **"네이비 제독이 혁명을 완수하려고 죽음의 강물에서 마늘 타래로 죽였어요!"**
네이비 제독이 단호하게 말했습니다. "나는 바다의 법만 따르지!"
로지코는 여기가 강이라고 지적하자, 제독은 잠깐 당황하는 것 같더니 말을 고쳤습니다. "나는 항로의 법만 따르지!"
로지코와 이라티노는 밤을 먹는 자가 과연 존재하는지, 자작이 그런 존재인지에 관해 토론하면서 데미넌스 성을 향해 전진했습니다. 이라티노가 말했습니다. "자작이잖아요! 밤을 먹는 자에게 딱 어울릴 것 같은 작위가 아닐까요."
로지코가 말했습니다. "하지만, 다시 반복하는데, 밤을 먹는 자는 존재하지 않아요."

사회학자 엄버 | 나뭇조각 | 지저분한 갑판 | 미신 신봉
회색 인간 | 인간 대퇴골 | 썩어가는 선창 | 잔치
네이비 제독 | 마늘 타래 | 죽음의 강물 | 혁명 완수
조그만 토프 | 사나운 게 | 부서진 다리 | 은신처의 비밀 보호

91. **"포르퍼스 대주교가 비밀문서를 은폐하려고 구불구불한 길에서 아이스피켈로 죽였어요!"**
"물론 그랬지요! 세인트 루핀의 진짜 역사를 적은 문서를 뿌리려고 했으니까요. 당연히 제가 어떻게든 해야 하지 않았겠어요? 천년의 종교 전통을 무너뜨리고 우리를 공격할 강력한 무기를 붉은 세력에 넘겨줄 수는 없으니까요. 그런 건 누가 봐도 당연하지요?"
로지코는 당연하지 않다고 생각했습니다. 이라티노는 가던 길을 계속 가야 한다고 생각했습니다.

회색 인간 | 가죽 장갑 | 높은 절벽 | 복수
설인 | 암살용 뱀 | 신비한 동굴 | 가족 부양

고고학자 에크루 | 신문지로 감싼 쇠지레 | 눈에 잘 안 띄는 숲 | 떠오른 보름달
포르퍼스 대주교 | 아이스피켈 | 구불구불한 길 | 비밀문서 은폐

92. **"신비동물학자 클라우드가 방사능 중독 때문에 빈 오두막에서 돌연변이 피라냐로 죽였어요!"**

신비동물학자 클라우드는 비틀거리며 돌아다니고, 사람들에게 소리를 지르고, 언젠가 빅풋이 마을에 와서 주민들을 전부 잡아먹으면 다들 후회할 것이라고 악담을 퍼부었습니다.

방사능 중독 증세가 심한 것이 분명해서 심하게 탓을 할 수도 없었습니다.

이라티노가 말했습니다. "밤을 먹는 자가 저 사람을 방사능에 노출시킨 건 아닐까요." 그리고 데미넌스 성을 올려다보면서 그 추측이 옳다고 확신했습니다.

건메탈 하사 | 불량식품 | 버려진 저택 | 피 수확
신비동물학자 클라우드 | 돌연변이 피라냐 | 빈 오두막 | 방사능 중독
그레이 백작 | 왕실 인장 반지 | 마른 우물 | 선언문 홍보
과격파 크림슨 | 은 탄환 | 죽어가는 밭 | 과학 발전

93. **"룰리언 경이 아버지의 복수를 하려고 안뜰에서 나무 말뚝으로 죽였어요!"**

"나는 아버지의 복수를 하려고 여기에 왔어요. 아버지는 근처 마을에 살던 농노였지요. 그래요. 나는 몸가짐이 반듯하고 단정하지만, 사실 귀족이 아니었어요! 가난한 농노의 자식이지요. 아버지가 몇 년 전에 이 성에서 피살되셨어요! 저는 이번 살인으로 당시의 비통함을 갚았을 뿐입니다."

"하지만 이번에 죽은 사람이 예전의 범인이 아닐 수도 있지 않나요?"

"그런 것은 중요하지 않아요. 제가 복수를 위해 누군가를 죽였다는 사실이 중요하죠."

과격파 크림슨 | 돌이 된 심장 | 경비초소 | 정치 선전
고고학자 에크루 | 암살용 뱀 | 아성 | 떠오른 보름달
건메탈 하사 | 마늘 타래 | 해자 | 인민 해방
룰리언 경 | 나무 말뚝 | 안뜰 | 아버지의 복수

94. **"데미넌스 자작이 생존을 위해 거처에서 부지깽이로 죽였어요!"**
이라티노가 말했습니다. "젊은 여성을 죽였다고요?! 밤을 먹는 자들이 하는 짓 아닌가요!"
데미넌스 자작이 몸을 곧게 펴고 서자 벽에 무시무시한 그림자가 생겼습니다. 마치 거대한 박쥐와도 같은 모습이었습니다! 자작이 우렁차게 외쳤습니다. "감히 이 몸에게 뭐라고?!" 그러고는 바로 몸을 돌려 도망쳤습니다.

데미넌스 자작 | 부지깽이 | 거처 | 생존
크림슨 원장 | 새틴 커튼 | 대형 홀 | 사악한 주문 완성
회색 인간 | 병 속의 뇌 | 지하 감옥 | 죽은 자의 부활
레이디 바이올렛 | 핵연료봉 | 성벽 | 압도적인 두려움

95. **"크림슨 원장이 생명을 연장하려고 발코니에서 과학 교양서로 죽였어요!"**
"그래요. 사소한 귀족들의 피를 빼서 귀중하신 데미넌스 자작의 생명을 연장하려고 했지요."
로지코가 물었습니다. "그러면 회색 인간들이 그 귀족들인가요?"
"그렇지요. 동정심을 발휘한 결과랄까요. 어떤 귀족들이 제 병원에 오면(19번, 53번 사건) 저는 수술을 해요. 그 사람들의 생명력으로 VIP 환자의 생명을 연장하는 수술이지요. 그래도 죽이지는 않아요. 죽이면 훨씬 효율적으로 더 큰 효과를 얻을 수 있지만 그냥 살려 둔다고요."
"그건 죽음보다도 가혹한 운명입니다. 게다가 이번에는 실제로 죽였고요." 이라티노가 죽은 회색 인간을 가리키며 말했습니다.
"수술을 거부했거든요. 자작님의 생명을 연장하려면 어쩔 수 없었어요."
로지코가 물었습니다. "도대체 그 자작이 왜 그렇게 중요한데요?"
크림슨 원장이 말했습니다. "혁명의 진짜 사정을 모르시는군요. 제가 알려드리지요."

크림슨 원장 | 과학 교양서 | 발코니 | 생명 연장
하인 브라운스톤 | 밤을 먹는 자의 상아 송곳니 | 혈액 탱크 | 자작의 복수
회색 인간 | 드라코니아 갑옷 한 벌 | 거대한 기계 | 성을 상속
모브 부사장 | 문장 | 병상 | 자원 개발

96. **"철의 차르가 국가를 지배하려고 거대한 철문 옆에서 붉은 바나나로 죽였어요!"**

철의 차르가 상병을 죽였을 때 곧 레드 소령과 혁명군이 몰려들었습니다. 다행히 철의 차르는 곧장 도망쳤습니다. 아무도 미처 생각하지 못했던 일이었습니다.

철의 차르는 비명의 숲을 지나, 죽음의 강을 건너, 광기의 산줄기를 올라, 자기가 믿을 수 있는 유일한 왕당파였던 데미넌스 자작에게 갔습니다. 하지만 한 가지 문제가 있었습니다. 이미 나이가 많아도 너무 많았던 자작은 쓰러져 죽은 뒤였습니다. 철의 차르는 당시에는 그저 가짜 바이올렛 경이라고 생각했던, 소중한 집사 베릴의 이야기를 기억하고 한 가지 아이디어를 떠올렸습니다.

몇 년 전부터 아무도 데미넌스 자작의 얼굴을 본 적이 없고, 철의 차르가 된 이후로 차르 얼굴을 본 사람도 없었습니다. 그래서 부츠에서 10cm짜리 키높이 깔창을 빼고(86번 사건 참조) 투구를 벗은 후에(80번, 85번, 96번 사건 참조) 데미넌스 자작이 되어 논리탐정 로지코의 앞에 여러 번 모습을 보였습니다(나중에 탐정 클럽에서 이라티노에게 연락한 바에 따르면, 로지코가 실종되었을 당시의 범죄 현장에서 발견된 혈액을 레드 소령의 피로 생각한 것은 실수였다고 합니다. 그 표본은 사실 데미넌스 자작의 피였습니다. DNA가 뒤집혔다는 말은 뒤에서부터 앞으로 찍혔다는 의미가 아니라, 각 염기 서열을 짝을 이루는 염기로 바꿔야 한다는 뜻이었습니다. A - T를 서로 바꾸고 G - C를 서로 바꾸면서요). 크림슨 원장은 환자의 혈액을 일부 가지고 다니면서 기증할 사람의 피와 맞춰 보고 있었습니다.

크림슨 원장의 이야기는 계속되었습니다. "그래서, 철의 차르는 시간을 벌면서 자유 드라코니아의 붉은 정부가 붕괴하고 자기가 다시 왕좌에 오를 날을 기다리고 있었어요. 하지만 철의 차르가 몸을 숨길 수 있었던 바로 그 이유 때문에, 레드 소령은 승리를 얻을 수 있었어요. 죽은 상병에게 철의 차르의 옷을 입히고 철의 차르가 죽었다고 선포했지요. 그 덕에 붉은 정부의 기반도 잘 닦였고요. 처음에 철의 차르는 며칠만 기다리자고 생각했는데 그게 몇 달이 되고, 몇 년이 되었어요. 결국 자기가 죽기 전에 붉은 혁명의 기세가 줄지 않을 것 같아서 걱정이 되기 시작했지요. 하지만 거기에 제가 나타났어요."

크림슨 원장은 자기가 새로 개발한 방법을 설명했습니다. 젊은 사람의 피를 빼서 철의 차르에게 넣으면서 권좌를 되찾을 때까지 생명을 연장하는 방법이었습니다. 철의 차르와 비교하면 누구든 젊은 사람이었으니까 쓸 만한 피도 많았습니다. 원장이 그렇게 해 온 것은 철의 차르를 지지하기 때문도 아니고, 드라코니아의 정치에 관심이 있어서도 아니고, 그저 돈이 좋아서였습니다.

이라티노가 말했습니다. "잠깐만요. 그러니까 저분이 밤을 먹는 자라고요?"
원장이 대답했습니다. "그게 뭔가요?"
로지코가 대답했습니다. "아니, 그게 아니라 원장님은 의학적이고 과학적인 기법으로—."
"죄 없는 사람들의 피로 생명을 연장하고 있는데 지금 밤을 먹는 자가 아니라고 굳이 말을 해야겠어요?"
로지코는 다른 의문이 들자, 바로 크림슨 원장에게 물었습니다. "지금 그 이야기를 왜 하는 거죠?"
"이제 끝났으니까요."
"그게 무슨 뜻인가요?"
"철의 차르가 권좌를 찾는 날이 오늘이거든요. 국제회의 군대가 붉은 정부에 대항하기로 결의하고 지원군을 보내서, 인민도시는 끝났어요. 세계에서 최고로 유명한 탐정 두 명이 갑자기 실종된 덕이 컸지요. 이제 화이트 대표가 차르를 위해서 자유 드라코니아를 정복할 겁니다. 드디어 끝났어요!"

철의 차르 | 붉은 바나나 | 거대한 철문 | 국가 지배
포르퍼스 대주교 | 바주카포 | 찬란한 성당 | 영웅의 길
레드 소령 | 철 투구 | 묘지 | 정치적 목적
조그만 토프 | 골동품 화승총 | 드넓은 알현실 | 묵은 원한

97. **"크림슨 원장이 탈출을 하려고 가장자리 너머에서 구슬 주머니를 썼어요!"**
크림슨 원장이 판 함정에 동생이 빠졌습니다. 그리고 거대한 탑 아래로 떨어졌습니다. 나중에 크림슨 원장은 이 자매 대결에 대해 다른 사람들에게 이렇게 말했습니다. "그렇게나 가지가지 대의에 빠져 대더니." 그러고는 헬리콥터를 타고 2차 내전에 접어든 나라를 빠져나온 이야기, 그리고 영생의 비밀을 숨긴 채 탈출한 이야기를 했습니다.
크림슨 원장을 잘 아는 사람이 아니었다면 별로 신경이 안 쓰였을 것입니다. 항상 플랫 슈즈를 즐겨 신었던 것도 몰랐을 테고요.
지금은 5cm 힐을 신고 다니는 것도요.

회색 인간 | 두개골 수술톱 | 헬리콥터 | 혼란스러운 상황
회색 인간 | 쇠스랑 | 계단통 | 뇌 확보

크림슨 원장 | 구슬 주머니 | 가장자리 너머 | 탈출
과격파 크림슨 | 메스 | 성벽 | 혈육을 저지

98. **"고고학자 에크루가 루비를 훔치려고 인민주택에서 총검으로 죽였어요!"**
"박물관에 보내거나 개인 소장품으로 챙기기에 딱 좋은 보물들을 얻을 절호의 기회가 왔잖아요. 뭐 어쩔 건데요? 체포라도 하게요?! 정부도 없는데!"
할 수 있는 일이 하나는 있었습니다. 그 일이란 같은 비행선에 못 타게 하는 것이었습니다.

리드 총관 | 문장 | 의사당 | 국가 지배
차콜 두목 | 핵연료봉 | 붉은 만 | 전세 역전
건메탈 하사 | 커다란 붉은 책 | 인민 대성당 | 뜻밖의 사고
고고학자 에크루 | 총검 | 인민주택 | 루비 절도

99. **"슬레이트 대위가 승객이 너무 많은 게 답답해서 객실에서 골동품 화병으로 죽였어요!"**
슬레이트 대위는 무죄를 주장했지만, 논리탐정 로지코의 정연한 설명이 자기에게 불리하게 맞아 들어가고 신비탐정 이라티노의 신비한 증거까지 더해지자 자신감을 잃었습니다. 결국은 이렇게 자백했습니다.
"계속 우주에 있었어야 했는데…."

미스 사프론 | 거대한 서류 더미 | 화장실 | 강도 행각
슬레이트 대위 | 골동품 화병 | 객실 | 지나친 승객 밀집
샴페인 동무 | 황금이 가득 찬 서류 가방 | 화물칸 | 광적인 질투
건메탈 하사 | 성유물 | 조종실 | 다른 살인 은폐

100. **"화이트 대표가 국제회의 파견단을 이끌고 서쪽 성채에서 승리했어요. 이제 막대한 돈을 얻겠군요!"**
나중에 로지코는 화이트 대표가 국제 무기 산업에 거액을 투자한 사실을 알아냈습니다. 국제회의에 드론을 팔았을 뿐만 아니라 인민의 군대에는 다이너마이트를 팔았

고, 신성 드라코니아 군대에는 상아를 팔았습니다. 게다가 로지코가 없는 사이 피타고라스의 무덤에서 밝혀진 수학적 비밀을 이용해 더 끔찍하고 흉악한 무기들을 만들었습니다.

화이트 대표는 무기 사업에 계속 다른 이름을 사용했지만, 자아가 하도 대단하다 보니 매번 힌트를 흘렸습니다. 상아를 수입한 회사는 이름이 이-화트 무역이었습니다(86번 사건 참조). 바주카포를 제조한 곳은 트이화 코퍼레이션입니다(74번 사건 참조). 핵연료봉을 담당하는 곳은 이온 트레이드 화학 및 원자핵 에너지였습니다(98번 사건). 심지어는 총검에 쓰이는 금속마저 이트 화공업 및 제조라는 회사에서 만들었습니다. 그 모든 곳에 화이트의 이름이 변형되어 들어 있었습니다.

네 군대가 최후까지 서로 싸우는 사이에 나라 전체는 불길 속에서 파괴되었고, 화이트 대표의 재산은 끝없이 늘어만 갔습니다.

아쉽지만《크라임 퍼즐 시즌 2》는 이렇게 막을 내렸습니다.

포르퍼스 대주교 | 세인트 루핀의 영혼 군단 | 철의 궁전 | 영원한 삶

데미넌스 자작 | 신성 드라코니아 군대 | 비명의 숲 | 무한한 권력

레드 소령 | 인민의 군대 | 광기의 산줄기 | 끝없는 영광

화이트 대표 | 국제회의 파견단 | 서쪽 성채 | 막대한 돈

[감사의 말]

이번에는 1권에 나온 감사의 말에 덧붙이는 부분만 새로 적겠습니다. 전에 도움을 주셨던 분들은 지금도 도움을 주셨고 제가 느끼는 감사 또한 지금 더 커졌지만, 지면의 제약 때문에 그 모든 분께 전부 같은 감사를 다시 전하기가 어렵습니다.

하지만 몇 분은 너무나 많은 일을 해 주셔서 거듭 감사를 드리고 싶습니다. 담당 에이전트 멜리사 에드워즈, 편집자 커트니 리틀러, 저의 동반자 대니 메서슈미트에게 큰 감사를 드립니다.

저에게 영감을 주고 퍼즐에 관한 조언도 해 준 대니얼 도너휴, 그리고 모든 용의자의 별자리를 점쳐 준 코미디의 천재 베일리 노튼에게도 감사를 전합니다.

탐정 클럽에서 퍼즐 테스트에 참여해 주신 분들께도 감사를 드립니다. 새로 합류해 주신 에이런 페이지, 미란다 페어, 이던 N., 그리고 복귀한 전문가 알렉산더 모건, 하우이, 제니 윌킨슨을 환영합니다.

이벤트 기획을 도와주신 다재다능한 서적 전문가 대니얼 리시와 영화에서 손을 놓고 있는 동안 저를 죽이지 않고 봐 준 아민 오스만에게 특별한 감사를 전합니다.

타라와 타라스 히말라얀 퀴진의 모든 분께도 아주 특별한 감사를 전합니다. 이 책을 집필하는 동안 큰 동력이 되어 준 갈릭 두부를 만들어 주셔서, 그리고 꾸준히 살인 추리극 디너쇼를 열어 주셔서 감사합니다.

자유 드라코니아 공화국 설정이 마음에 드셨다면, 브람 스토커의 《드라큘라》와 아이작 도이처의 세 권짜리 트로츠키 전기를 추천합니다. 피타고라스의 수수께끼가 마음에 드셨다면 보리스 A. 코르뎀스키의 《모스크바 수학퍼즐》 시리즈와 마틴 가드너의 작품들을 추천합니다.

마지막으로 제가 기대에 부응하지 못할 때조차 항상 저를 믿고, 지지하고, 지켜주고, 자랑해 주신 어머니께 이 책을 바칩니다. 어머니, 사랑합니다. 그 모든 일을 해 주셔서 정말 감사합니다.

문장 속에 숨겨진 범인을 찾는 두뇌 게임 100

크라임 퍼즐 시즌 2

초판1쇄 2024년 2월 26일
2쇄 2024년 3월 29일

지은이 | G. T. Karber
옮긴이 | 박나림

발행인 | 박장희
대표이사 · 제작총괄 | 정철근
본부장 | 이정아
편집장 | 조한별
책임편집 | 최민경

기획위원 | 박정호

마케팅 | 김주희 박화인 이현지 한륜아

디자인 | design co*kkiri

발행처 | 중앙일보에스(주)
주소 | (03909) 서울시 마포구 상암산로 48-6
등록 | 2008년 1월 25일 제2014-000178호
문의 | jbooks@joongang.co.kr
홈페이지 | jbooks.joins.com
네이버 포스트 | post.naver.com/joongangbooks
인스타그램 | @j_books

ISBN 978-89-278-1316-3 03170